AF385471

INTRODUCTION

A L'ÉTUDE DE LA

PHONÉTIQUE ÉGYPTIENNE

PAR

G. MASPERO

MEMBRE DE L'INSTITUT
DIRECTEUR D'ÉTUDES A L'ÉCOLE PRATIQUE DES HAUTES ÉTUDES
PROFESSEUR AU COLLÈGE DE FRANCE

Extrait des volumes XXXVII-XXXVIII du *Recueil de Travaux relatifs à la Philologie et à l'Archéologie égyptiennes et assyriennes*

PARIS (VIᵉ)

LIBRAIRIE HONORÉ CHAMPION, ÉDITEUR

(Téléphone 828-20)

5, QUAI MALAQUAIS, 5

1917

INTRODUCTION

A L'ÉTUDE DE LA

PHONÉTIQUE ÉGYPTIENNE

PAR

G. MASPERO

MEMBRE DE L'INSTITUT
DIRECTEUR D'ÉTUDES A L'ÉCOLE PRATIQUE DES HAUTES ÉTUDES
PROFESSEUR AU COLLÈGE DE FRANCE

Extrait des volumes XXXVII-XXXVIII du *Recueil de Travaux relatifs à la Philologie et à l'Archéologie égyptiennes et assyriennes.*

PARIS (VIe)

LIBRAIRIE HONORÉ CHAMPION, ÉDITEUR

(Téléphone 828-20)

5, QUAI MALAQUAIS, 5

1917

INTRODUCTION

A L'ÉTUDE DE LA

PHONÉTIQUE ÉGYPTIENNE

J'ai commencé, dès mes débuts en 1867, à entasser les notes sur des points de grammaire, et, depuis lors, je n'ai cessé d'en publier quelques-unes sans essayer d'en composer une théorie d'ensemble, estimant que, dans ce genre d'étude plus que dans les autres, il ne pouvait y avoir qu'avantage à laisser le temps accroître la masse des matériaux et mûrir les idées. Si j'étais certain de pouvoir vivre une dizaine d'années de plus, je suivrais encore le même système, et je continuerais à donner seulement des fragments sans lien apparent, dont la génération nouvelle ne saisirait pas la portée, tant mes recherches m'ont mené loin du cercle de doctrines où elle se meut. Malheureusement l'âge est venu, et j'en suis arrivé à ce moment de l'existence où l'on doit ne plus compter sur l'avenir, mais où l'on accepte avec reconnaissance chaque jour qui vient : si je ne veux pas risquer d'emporter avec moi toute l'expérience que j'ai pu acquérir pendant un demi-siècle de labeur assidu, il convient de mettre la main à l'œuvre et de me hâter. Je n'ai pas l'ambition de composer ici une véritable *Grammaire égyptienne*, car, malgré tout ce qui a été publié sous ce titre, en France, en Angleterre, en Italie, en Allemagne, j'estime que nous n'en savons pas encore assez pour y réussir : le livre que je commence à rédiger aujourd'hui et que je désirerais, sans trop y compter, pouvoir mener jusqu'au bout, ne sera tout au plus qu'une *Introduction à l'étude de la Grammaire égyptienne*. Peut-être s'étonnera-t-on de voir le plan sur lequel j'ai essayé de le construire. Comme je l'ai dit un nombre infini de fois et imprimé à plusieurs reprises, nous avons eu la chance de trouver table rase en matière de langue au commencement de notre science, et nous avons abordé le déchiffrement sans encombrement de théories préconçues ou de paradigmes préétablis : ne vaut-il pas mieux profiter de la liberté absolue, dont la fortune nous a gratifiés de la sorte, pour créer à l'égyptien une grammaire qui ne soit inspirée exclusivement ni des modèles purement classiques, ni des modèles indo-européens, ni des modèles sémitiques, mais qui ressorte entièrement d'une analyse des

---

1. Le premier chapitre que je ne publie pas ici sera consacré à l'étude *pour l'œil* du système graphique égyptien : le présent chapitre qui sera le second de l'ouvrage complet est consacré à l'étude *pour l'oreille*.

textes entreprise avec l'aide de tous les moyens que la philologie peut nous prêter à quelque ordre de langue qu'elle s'applique? C'est une partie d'un chapitre préliminaire, conçu dans cet esprit, que je publie ci-joint, à titre de spécimen de l'ouvrage entier. — G. M.

Au point de vue de la prononciation, le système graphique de l'égyptien exprime trois sortes d'articulations différentes : |1° des consonnes proprement dites supposant l'existence de phonèmes occlusifs et sifflants; 2° des voyelles; 3° des sonnantes.

1° CONSONNES PROPREMENT DITES

A. OCCLUSIVES

Les quatre catégories possibles d'occlusives sont représentées dans le système, les labiales par les caractères-types ▢, ⌡, ⤸, et par leurs équivalents graphiques, les dentales par les caractères-types ◠, ⊨, ⤷, ⌷, et par leurs équivalents graphiques, les gutturales et les aspirées par ⬭, ◿, ⬭, ⊓, ⸾, ⬤, ⬸, et par leurs équivalents, enfin les sifflantes et les chuintantes par ⤙, ⎮, ⬓, et leurs équivalents, aux diverses époques. Les caractères ne couvrent pas exactement toutes les nuances de son employées dans l'usage courant de la langue, mais chacun d'eux cache, à côté de l'articulation fondamentale qu'il représentait à l'origine, des articulations secondaires appartenant à des dialectes différents ou survenues dans un même dialecte au cours des siècles. Je vais essayer d'établir leur histoire, tout au moins depuis le début du second empire thébain, XVIᵉ siècle avant Jésus-Christ, jusqu'à nos jours.

a. Labiales.

▢, 𓅡

Au début du second empire thébain, il semble que ▢ et sa variante 𓅡 couvrent déjà deux sons, notre sourde simple *p* et son aspirée *ph*, φ : peut-être l'orthographe fréquente à l'âge memphite, rare plus tard, ▢𓅡𓅡, ▢𓅡, marque-t-elle un essai des scribes pour rendre la prononciation sourde *p*, aux temps antérieurs, mais cela est bien incertain. Il semble que cette double prononciation, dont nous ne pouvons rien dire à l'origine, devienne un fait dialectale à mesure qu'on avance dans le temps; à partir de l'époque saïte, la prononciation *ph*, φ, est celle des dialectes du Nord, et la prononciation *p-b* est celle des dialectes du Sud dans certaines positions, tant qu'enfin, dans le copte, elle s'exprime par π dans les dialectes du Saïd et par ϕ dans ceux du Delta. La prononciation *f* du ϕ s'est maintenue jusqu'à la fin dans l'alexandrin-memphitique, et, aujourd'hui encore, les Coptes la conservent par tradition, mais la prononciation *p* du π saïdique a disparu sous l'influence de l'arabe qui ne connaît point l'articulation *p*, et elle est devenue celle de la sonore *b* dans toutes les positions.

Voici quelques-unes des preuves graphiques qu'on peut donner de cette histoire :

1° *Du XVIᵉ siècle avant notre ère à la fin de l'époque saïte.* — Dans les transcriptions en hiéroglyphes données des noms sémitiques par les listes géographiques depuis Thoutmôsis III jusqu'à Shashanq, ⬚ et 𓅓 répondent au ‫ב‬ hébraïque, 𓇋𓏤 ⬚𓅿 △ אֲפֵקָה *A*pphé*kah*, فُوكِين *Foukîn*, 𓅿𓃀 ― ‫פַחַר فَخَّار‬, 𓇋𓏤⬚ ⊙ אַכְשָׁף *A*k̲̇sa*ph*, 𓃀⬚𓃀𓅿 חֲפָרַיִם *Hapharaîm*, 𓅿𓏤 ― ⬚𓇋𓏤 ‫צְרִפְתָה صَرَفَند‬ *Sare*pta, *Sare*phta, *Sera*phend, etc. Il est difficile de faire là le départ des deux prononciations du ‫ף‬ = pp ou p, mais plusieurs exemples montrent que les scribes essayaient parfois de les distinguer par l'écriture : 𓅿𓏥 𓅿 ― 𓏤 𓅿 𓎡; où le premier élément du nom correspond à l'hébreu ‫כַּף‬, rend le ‫ף‬ de ce mot par ⊐, et de même ― 𓏤 𓇋𓏤 𓅿⌃ ‫כַּף‬, 𓅿𓇋𓏤 ‫כַּף‬, etc.[1]

Les transcriptions cunéiformes des noms égyptiens nous donnent :

Pour l'époque d'Aménôthès III et d'Aménôthès IV, dans les noms propres formés avec 𓅓 initial, P*ahamnáta*, 𓅓𓏤𓇋𓏤𓅿 *Paouéra* 𓅓𓅿 ― 𓅿𓇋𓏤𓅿 *Pariyamahou* 𓅓𓇋𓏤𓃀 [𓅿𓅿], dans le corps et à la fin des mots 𓇋𓏤 ― ⬚𓅿 *Amanhat*pe, 𓇋𓏤 ― 𓇋𓏤⬚𓅿 *Amana*ppa, ⊙ ― 𓆣 *Manah*ppiriya;

Pour celle de Ramsès II, ― ⊙ *Satep-na-riya*;

Pour celle d'Asarhaddon et d'Assourbanipal, dans les noms géographiques en ⬚𓏤, *Panoubou* ⬚𓏤 ⬚, *Poushirou* ⬚𓏤 𓅿, *Pishaptou* ⬚𓏤 △⊗, dans le titre *Pirouâ* ⬚, dans les noms d'hommes en ⬚ et en 𓅓, *Petoubashti* ⬚𓏤𓅿, 𓇋𓏤𓅿 *Pakrourou*, 𓅓𓅿𓅿 𓅿 *Pisanhourou*.

Les transcriptions hébraïques et grecques des noms d'époque saïte, que les prophètes et Hérodote nous ont conservées, nous permettent de saisir dans la prononciation du ⬚ des nuances qui nous avaient échappé jusqu'alors. En effet, avec la confusion graphique que les cunéiformes établissent entre les syllabiques en *b* et ceux en *p*, ou entre les prononciations sourde *p* et aspirée *ph* de leurs signes qui renferment un *p*, confusion qui se retrouve en hébreu pour ‫ף‬, nous ne pouvons pas dire si les Égyptiens prononçaient les noms ainsi écrits P*ahira* ou pp*ahira*, *Sare*pta ou *Sare*phta, *Pera*ô ou pp*era*ô, ni, par conséquent, si les différences de prononciation répondaient à des différences dialectales. Au contraire, quand Hérodote nous raconte la légende de Phérôn et qu'il la rattache à un édifice memphite, nous pouvons en conclure avec un certain degré de vraisemblance que pp*érô* était une prononciation septentrionale de ⬚. D'autre part, quand il emprunte à Hécatée de Milet, qui, lui-même, l'avait recueillie à Thèbes, la légende des *Pirômis*, fils des *Pirômis*, nous sommes en droit de conclure que c'était là aussi une prononciation locale qui énonçait le groupe ⬚𓅿 ― 𓅿 P*ei-rômi*[é], donnant à ⬚ la valeur sourde quand l'autre lui donnait dans le même temps la valeur aspirée. Il est probable que la même différence se retrouvait régulièrement dans les autres mots en ⬚ et que les deux dialectes qu'elle caractérise existaient déjà sous une forme plus archaïque que celle que le copte nous fait connaître. C'est ce que les trans-

―――――

[1]. Cf. p. 12 du présent volume. Pour gagner de l'espace, je n'ai point inséré les traductions des mots cités.

criptions grecques de l'âge ptolémaïque et romain tendront à nous indiquer de plus en plus.

2° Du commencement de l'époque macédonienne au commencement de l'âge copte. — Elles nous montrent, en effet, le □, transcrit tantôt π, tantôt φ, dans des conditions qu'il s'agit de déterminer, Παμώνθης, Ἁρπαῆσις, Πουῆρις, Πμένχης, Ἀπάθης-Ἀπάης, Φμούθης, Πετεφρῆς, Φθᾶς, et ainsi de suite. Certaines de ces formes où □ est rendu par φ s'expliquent sans qu'il soit besoin de recourir à l'hypothèse du dialecte. Ainsi, dans Πετεφρῆς, l'aspiration du second □ s'explique par le caractère de l'ʀ de , qui est accompagnée d'une aspiration personnelle rendue par un ʽ en grec, Ραμέσσης, Rhamsès; cette aspiration peut influer sur la prononciation du □ précédent, même lorsque celui-ci n'est pas contigu à , comme dans Φαρῆς, Φαράω, Φερνοῦφις, mais, elle disparaît dans des mots du même type Πετεαρπρῆς, (?) Περμᾶμις, Περχαμασσινῆιτ, prouvant ainsi qu'il y a dans la prononciation Φ du □ au voisinage de , ρ, un fait probable d'influence dialectale. Il n'en est pas de même dans le rendu Φρι... de l'initiale □ ou de toute une série de noms composés, Φρισόμτους, Φριψενχῶνσις, Φριπετόσιρις, etc.: le Φ répond, dans tous ces noms, à la combinaison □ + 𝟠 de l'égyptien, et, par conséquent, il doit se rencontrer dans les dialectes au Sud comme au Nord, partout où il y a rencontre des sons exprimés par ces deux signes. On a, en effet, à Thèbes comme à Memphis, Φατρῆς pour , Φῖϐις pour , Φᾶφις pour ; toutefois, ces deux derniers peuvent devenir Πῖϐις et Πᾶπις par affaiblissement et disparition de l'aspirée. Le même fait d'usure se retrouve dans la transcription hiéroglyphique des noms grecs en Φ. Régulièrement elle se produit par un □ + aspirée, ⌸ ou 𝟠, Φιλόθεος, Φίλων, etc., mais on le trouve exprimé plus fréquemment encore par un □, non suivi d'un signe d'aspiration, Φιλοτέρα, Φίλινος, Τρυφῶν, Φίλιππος, Φιλάμμων. Comme on voit dans ce dernier cas, le scribe égyptien qui traduisit en hiéroglyphes l'original grec ne reconnut pas le nom du dieu Ἀμμων. Les exemples de □ ou = φ se trouvent à la dizaine.

Toutefois, un certain nombre de transcriptions grecques nous révèlent pour des noms égyptiens des doublets qui semblent bien indiquer une origine dialectale. □ *le chat* est dans les textes différents Φμόϊς et Πμόϊς, Πμοῦϊς, sans qu'on puisse expliquer la prononciation aspirée du □ par l'influence de *ma-mo*, qui suit; *Celui qui appartient au chéîkh (Osiris)* est Παῆρις et Φαῆρις, Πιμῖνις et Φαμῖνις, Πανοῦφις et Φανῶφις-Φανοῦφις, Παμοῦτις et Φμούθης, Ἀμενῶπις et Ἀμενῶφις, Σενενοῦφις et Σενενοῦπις; Ἀπῶφις et Ἀφῶφις, Πάνησις et Φανῆσις, et d'autres doublets du même genre. Si l'on songe qu'ils renferment la même équivalence □ π, φ, qu'on remarque des dialectes du Saïd à ceux du Delta, on ne peut s'empêcher de penser qu'ils appartiennent à des formes antérieures de ces dialectes et que Πμῆϊς, Πμοῦϊς, Πιμῖνις, Πανοῦφις, Παῆρις, Παμοῦτις, Ἀμενῶπις, Σενενοῦπις, Ἀπῶφις, sont des formes saïdiennes tandis que Φμῆϊς, Φαμῖνις, Φανοῦφις, Φαῆρις, Φμοῦθης, Ἀμενῶφις, Σενενοῦφις, Ἀφῶφις, sont plutôt des formes septentrionales. Le passage du □ *p*, sourde simple, à la sourde aspirée φ s'accentue par le passage de φ à la sonore β-*b* dans des noms de lieu commençant par ⌐¬, tels que Βούβαστις [hiéroglyphes], Βούσιρις [hiéroglyphes], Βουτώ [hiéroglyphes], et dans le nom du dieu [hiéroglyphes] Ἀνοῦβις et dans ses composés □ [hiéroglyphes] Ψενανούβις, [hiéroglyphes] Θανοῦβις, dans la variante Ἀφῶβις de Ἀπῶφις, Ἀφῶφις de [hiéroglyphes] et ailleurs : le [hiéroglyphe] tardif est souvent ⌐¬ de jadis.

3° *Du commencement de l'âge copte jusqu'à nos jours.* — Avec l'introduction dans l'égyptien d'un alphabet dérivé de l'alphabet grec, la distinction des deux sons que cachait □ se manifeste entièrement : les dialectes méridionaux ont la valeur ⲡ-π à l'initiale à la médiale, à la finale : les dialectes septentrionaux prennent la valeur aspirée ⲡ + ϩ = φ, d'une manière générale à l'initiale et à l'attaque de la syllabe accentuée, et réservent la valeur ⲡ pour la finale et pour les syllabes non accentuées. On aura donc [hiéroglyphe] ⲫⲉ *M.* ⲡⲉ *T.*, [hiéroglyphe] ⲫⲓⲏ *M.* ⲡⲓⲏ *T.*, [hiéroglyphe] ⲫⲟϩ *M.* ⲡⲟϩ *T.*, [hiéroglyphe] ⲁⲫⲟⲧ *M.* ⲁⲡⲟⲧ *T.*, [hiéroglyphes], ⲭⲫⲟ *M.* ⲭⲡⲟ *T.*, mais [hiéroglyphe] ϣⲱⲡⲓ *M.* ϣⲱⲡⲉ *T.*, [hiéroglyphes] ⲃⲉⲛⲓⲛⲓ *M.* ⲡⲉⲛⲓⲛⲉ-ⲃⲉⲛⲓⲛⲉ *T.*, [hiéroglyphe] ⲡⲉ *M. T. B.*, et ainsi de suite, régulièrement : le thébain ne conserve le ⲫ que comme équivalent de ⲡ + aspirée, ⲡ + ϩ, dans les mots égyptiens, ⲡ + ʻ dans les mots grecs, ⲫⲱⲃ pour ⲡ + ϩⲱⲃ, ⲫⲁⲡ pour ⲡ + ϩⲁⲡ, ⲫⲏⲕⲉ pour ⲡ + ϩⲏⲕⲉ, ⲫⲁⲅⲓⲟⲥ pour ⲡ + ϩⲁⲅⲓⲟⲥ, ⲫⲛⲧⲉⲙⲱⲛ pour ⲡ + ϩⲛⲧⲉⲙⲱⲛ. D'autre part, la tendance à transformer le ⲡ en ⲃ dans la prononciation, qui se manifeste dès avant la conquête arabe, s'accentue, après cette conquête, sous l'influence de la langue nouvelle qui ne possédait pas d'articulation ⲡ, si bien qu'assez rapidement, à partir du XIe ou du XIIe siècle, dans tout ce qui subsiste des anciens dialectes, le ⲡ se prononce ⲃ. C'est ainsi que le texte arabe transcrit en lettres coptes, qu'ont publié Le Page-Renouf et Casanova, écrit ⲡⲁⲣⲁ, ⲡⲉⲗϩⲓϣⲉ, ⲥⲁⲛⲉⲣ, ⲓⲉⲛⲉⲣⲉⲕ, ⲡⲉⲕⲓ, ⲉⲡⲓ, ⲡⲟⲕⲣⲁ, pour بعد، بالمشا، صبر، نكي، بقى الى، بكرة. Le vocabulaire franco-copte que j'ai interprété donne ⲡⲁⲓⲛ, ⲡⲁⲗⲁⲛⲥ, ⲣⲱⲡⲉϩ, ⲙⲁⲣⲡⲣⲉ, ϣⲟⲩⲡⲡⲉⲕ, ⲃⲁⲓⲛ, ⲃⲁⲗⲁⲛⲥⲉ, ⲣⲟⲃⲉ, *marbre, choubbék*, mais ⲁⲡⲟⲥⲉⲗⲉ, ⲡⲁⲧⲣⲓⲁⲣϣⲟⲧϩ, ⲡⲓⲛⲥⲉⲓϩ, *apôtre, patriarche, pensez*, et même ⲡⲁⲥⲭⲟⲧϩ, ⲥⲉⲡⲟⲧⲥ, ⲡⲛⲁⲣⲅⲉⲛⲑ, probablement entendus et prononcés par le drogman égyptien *basque, sébous, bibarjent*, pour *évesque, séez-vous, vif-argent*; cela ne l'empêche pas d'employer le ⲫ pour des mots où il sentait plus fortement le son du ⲡ, ⲫⲟⲧⲣⲉ, ⲗⲓⲫⲁⲓⲛⲃⲉⲛⲉⲑ, ⲗⲁⲫⲗⲓⲟⲧϩ, ⲫⲟⲧⲉⲣⲟⲑ, ⲫⲉⲓⲡⲉ, ⲫⲁⲗⲗⲓⲥ, ⲫⲁⲣⲡⲁⲙⲁϩ, *père, le pain bénit, la pluie, porte, peigne, parlez, parle-moi*. Le manuscrit à transcriptions arabes du copte, découvert par Galtier, donne inversement مارافشوبى ⲙⲁⲣⲉϥϣⲱⲡⲓ، امبارازان ⲙ̄ⲡⲉⲣⲉⲡⲧⲉⲛ، بيباب هو ⲡⲓⲡⲉⲧϩⲱⲟⲧ، بانوي ⲡⲁⲛⲟⲃⲓ، هوبوس ϩⲟⲛⲟⲥ، اهنوا ϩⲏⲛⲡⲉ, etc., et il réserve le ⲫ pour l'articulation ⲡϩ, F, نفاورى ⲛⲓⲫⲛⲟⲧⲓ، امفوا ⲙ̄ⲫⲟⲟⲧ، اسفوضوا ⲥⲫⲟⲧⲟⲧ، ابافورا ⲁⲛⲁⲫⲟⲣⲁ, sauf quelques cas où ils lui laissent la valeur de la sonore simple ⲃ, ابنودى ⲫ†، ام ابرادى ⲙ̄ⲫⲣⲏ†، اتبا ⲧⲫⲉ. Les mêmes phénomènes se retrouvent dans les translitérations en caractères latins que divers savants ont données de la prononciation des Coptes depuis le XVIIIe siècle jusqu'à nos jours : pour Petræus, ⲡ est ʙ, ⲙ̄ⲡⲓⲣⲱⲙⲓ *aмʙіromi*, ⲙ̄ⲡⲉϥϣⲉ *aмʙáfscha*, ϣⲟⲡ *schoʙ*, ⲛⲁⲓⲣⲏϯ *ʙâirádi*, mais ϥ est, au moins dans le texte cité, un ⲡ non aspiré, prononcé ʙ, ⲉⲓϥ̄ⲗⲱⲓⲧ *hiiʙmóid*, ϥ̄ⲛⲟⲙⲟⲥ *iʙnomos*, ϥⲛⲉⲧⲛⲁϯ *ʙiadnádi*, ⲙ̄ϥⲣⲏϯ *amiʙⲘⲣádi*, ⲉⲟⲃⲉ ϥⲁⲓ *atwa ʙâi* ; Rochemonteix, qui a consulté surtout des Coptes de la Haute-Égypte, connaît pour le ⲡ la prononciation ʙ universelle et pour le ϥ à la fin d'une syllabe la prononciation ʙ également, ϥϯ *eʙnúdi*, ⲙ̄ϥⲣⲏϯ *emeʙradi*, ⲉ̀ϥⲣⲉⲛ *a'eʙran*, mais partout, ailleurs, les prononciations ʙ et ꜰ se rencontrent sans règle évidente, la prononciation ʙ sous l'influence d'une tradition ancienne dans les plus usités des mots où les Thébains écrivaient un ⲡ ʙ, ϥⲁⲓ *ʙai* (*T.* ⲡⲁⲓ), ϥⲛⲉ̀ⲧⲁⲧⲙⲁⲥϥ *ʙⲓadâomesf* (*T.* ⲡⲏ), et la prononciation ꜰ, qui est celle du seul dialecte encore employé à l'église, dans la plupart des cas, ϥⲟⲩⲱϣ *ꜰouôsh*, ⲛⲓϥⲛⲟⲧⲓ *ne'iꜰa'oui*, ⲡⲓⲡⲣⲟϥⲏⲧⲏⲥ *biebro'ꜰidas*, ϯϥⲧⲥⲓⲥ *diꜰisis*, ϥⲱⲧ *ꜰod*. J'ai constaté l'exactitude des assertions de Rochemonteix, en me faisant lire les mêmes textes bibliques par un prêtre de Bibéh.

De même que ▢, 𓅿, ce 𓃀, 𓅿, semble couvrir déjà deux phonèmes différents au début du second empire thébain, une sonore ʙ, dont les scribes ont essayé de marquer parfois la présence par la combinaison 𓃀𓅿 ou 𓃀𓅿, analogue à ▢𓅿, et une spirante labio-dentale v, qui s'affaiblit probablement en w anglais, quand 𓃀, 𓅿, est intervocalique ou initial. Ce mouvement dans la langue s'y produisit évidemment en parallélisme avec celui qui entraîna les prononciations ʙ, v, φ, ꜰ, de ▢, 𓅿 ; et, à mesure que celles-ci prévalurent, surtout après l'invasion arabe, elle substitua la spirante labio-dentale v à la sonore ʙ, et le 𓃀 intervocalique ou initial devint v. La valeur ʙ pour ⲃ, successeur de 𓃀, 𓅿, ne se conserva plus qu'à la fin des syllabes ou des mots, quand ce signe ne précède pas une voyelle, sauf dans quelques endroits où elle s'altère en ꜰ, ainsi que nous le verrons plus loin.

Les faits graphiques qu'on peut apporter à l'appui de cette façon de concevoir l'histoire de 𓃀-ⲃ, égyptien et copte, sont les suivants :

1° *Du XVIe siècle avant notre ère à l'époque saïte.* — Le ב des noms cananéens dans toutes ses positions est traduit presque universellement par 𓃀, 𓅿, 𓃀𓅿, 𓃀𓅿, dans les listes géographiques depuis Thoutmôsis III jusqu'à Shashanq, בְּאֵר 𓃀𓇰, 𓃀𓅿𓇰, et au pluriel, 𓃀𓅿𓏥𓇰𓅿, בְּאֵרוֹת 𓃀𓅿𓏤𓏭, בֵּית־כְּנוֹת 𓃀𓅿𓏥𓂋, אָבֵל 𓃀𓅿𓈖, רְחוֹב 𓃀𓅿𓏥, יָקְלְעָם 𓈗𓃀𓅿𓈖, שְׁבֻלָת 𓈗𓃀𓅿𓈖, et il en est de même dans les noms communs que les scribes sémitisants affectèrent de mêler à l'égyptien vers la même époque, 𓅿𓂋 מֶרְכָּבוֹת, 𓃀𓅿𓏤𓈗 pour 𓃀𓅿𓇰𓏤𓈗 בְּרָכוֹת, où une fausse assonance avec le mot

précédent a probablement amené par erreur l'intercalation de la syllabe interposée
[hieroglyphes], עָנָב, [hieroglyphes] סוֹבֵב *Po*, de סָבַב, et ainsi de suite.

Les transcriptions cunéiformes des noms égyptiens ne sont pas moins concordantes. Ce sont :

Pour l'époque d'Aménôthès III et d'Aménôthès IV, [hieroglyphes] *Niвmouriya* et avec assimilation de в à м postérieur, *Niммouriya*, [hieroglyphes] *shouiвda*, et peut-être [hieroglyphes] *kouвou*, si le signe final a bien, ici, la valeur *bou* et non la valeur *pou* ;

Pour celle de Ramsès II, [hieroglyphes] *insiвiya*. La forme égyptienne de ce titre devait être à l'origine *nasouiti-baiti* avec la flexion en [hieroglyphes] et en [hieroglyphes] *-ti* des noms d'agent ou d'état, mais, l'ı final s'étant amui dans la prononciation, dans [hieroglyphes], reste de [hieroglyphes], analogue pour la forme à ⲙⲉⲣⲓⲧ *T.*, reste de [hieroglyphes], le [hieroglyphe] final s'est amui à son tour, comme tous les [hieroglyphe] féminins, et l'ensemble a dû se prononcer *nsi-biyé*, d'où *nsi-biya* qui est l'orthographe cunéiforme. Peut-être la variante [hieroglyphes], déjà fréquente relativement sous le premier empire thébain, est-elle un témoin graphique de l'amuissement du [hieroglyphe], final, et un indice de la prononciation *nesi-biyé, nsi-biyé*, à cette époque ;

Pour l'époque d'Asarhaddon et d'Assourbanipal, les noms en [hieroglyphes] initial, [hieroglyphes] *Boukkourninip*, Bocchoris (la dérivation de [hieroglyphes] que Sethe a proposée pour ce nom ne me paraît pas admissible), [hieroglyphes] *Boukkounannipi*, puis [hieroglyphes] *Ḥatḫiriвi*, Athribis, [hieroglyphes] *Pounouвou*, [hieroglyphes] *Zaвnouti*, [hieroglyphes] *Shaвakou*. Dans tous ces noms, [hieroglyphe], [hieroglyphe], conserve sa valeur pleine, et il est notre в sonore ; une fois, pourtant, entre deux voyelles et à la syllabe accentuée, il couvre le son du w anglais, *Paṭouashtou* [hieroglyphes], mais, comme c'est dans un texte néo-babylonien et que la transcription assyrienne officielle *Pouṭouвeshti* donne le в, il est possible que nous avons dans *Paṭouashtou* une prononciation dialectale non égyptienne. Je dois dire pourtant que dans la suite on trouve aussi ⲡⲟⲩⲁⲥϯ pour Βούβαστις, Ἁρμάῖς pour [hieroglyphes], Σοῦχος, Σεχνοῦφις, Σουχάμμων, etc., pour [hieroglyphes], [hieroglyphes], [hieroglyphes], etc., où un [hieroglyphe] intervocalique s'est probablement changé en ϝ, puis s'est volatilisé complètement. En tout cas, à l'époque qui nous occupe, Hérodote et ses contemporains conservent dans la prononciation le son du [hieroglyphe] et le rendent par β, prononcé comme notre в, Βούβαστις [hieroglyphes], Βόκχωρις [hieroglyphes], Σαβακῶν [hieroglyphes], Ἄβυδος [hieroglyphes], Ἀτάρβηχις [hieroglyphes], Ἀθάῤῥαβις, Ἄθριβις [hieroglyphes], Λίβυες, Λιβύη [hieroglyphes], etc.

2° Du commencement de l'époque macédonienne au commencement de l'âge copte.
— Toutes les transcriptions grecques de noms hiéroglyphiques que nous connaissons pour cette période de temps nous montrent un β pour le signe [hieroglyphe], sauf quelques cas où le son couvert par β, [hieroglyphe], passe à la nasale μ. Ainsi l'on a, conformément à la règle générale que je viens d'indiquer, Βινῶθρις [hieroglyphes], βαῖ [hieroglyphe], [hieroglyphe], au pluriel βηύ [hieroglyphes],

Βύτος, *Bytes,* [hiéroglyphes], Κήϐ [hiéroglyphes], [hiéroglyphes], Ἐσεγχῆϐις [hiéroglyphes], Βοῦχις, *Bacis,* [hiéroglyphes], Νεκτανέϐης, Νακτονάϐο, Νεκτανεϐῶς [hiéroglyphes], etc., mais aussi, par exception, des transcriptions telles que Μερόη pour [hiéroglyphes], devenu [hiéroglyphes] à l'époque gréco-romaine, Παχνοῦϐις pour [hiéroglyphes] Παχνοῦμις, et Χέμμις pour [hiéroglyphes]. Dans ce dernier cas au moins, nous possédons une forme intermédiaire qui nous montre comment la transformation s'est produite, Χέμϐις. Il paraît avoir existé dans le dialecte local une prononciation analogue à celle de la Thébaïde ϧⲁⲃ avec son ʙ redoublé : les deux ʙ se sont dissimilés, et la première sonore s'est nasalisée en ᴍ devant la seconde labiale Χέμϐις, puis elle a fini par s'assimiler celle-ci, Χέμμις. C'est un exemple de cette altération de son ʙ en ᴍ, qui est rare à ma connaissance, mais une forme] Μερόη pour [hiéroglyphes] suffirait pourtant pour montrer que ce phénomène remonte loin dans le passé : on a même, dès le premier empire thébain [hiéroglyphes] près de [hiéroglyphes] et plus tard [hiéroglyphes] près de [hiéroglyphes] ⲙⲟⲧⲣⲓ *M.* †, tandis que [hiéroglyphes] se rattache à [hiéroglyphes] ⲃⲁⲥⲕⲏⲧ-ⲃⲁⲥⲕⲓⲧ *M.* ⲃⲁⲥⲕⲉⲧ *T.* Le nom de la déesse [hiéroglyphes] a pris en grec l'orthographe Νέφθυς, où il semble que le [hiéroglyphe], compris dans le premier élément [hiéroglyphe] du mot, ait eu une valeur particulière, rendue par φ, mais l'explication du fait est, je crois, assez simple en elle-même. La rencontre du ◠ final de [hiéroglyphe] et du premier élément [hiéroglyphe] de [hiéroglyphe] a produit dans la prononciation rapide une sourde aspirée ᴛʜ, que les Grecs ont traduite par θ, et celle-ci a déterminé par contact, pour [hiéroglyphe], une sonore aspirée ʙʜ, à laquelle répond en grec φ : ɴᴇʙʜᴛʜᴜɪ, — Νέφθυς. Il semble d'ailleurs que les Grecs, ou les Égyptiens écrivant le grec, aient eu conscience du fait, car on trouve encore en copte la transcription ⲛⲉⲃⲑⲱ à côté du grec Νέφθυς. La valeur de [hiéroglyphe] = φ en ce mot est une valeur de position très individuelle et non une valeur organique. Les transcriptions fort nombreuses des noms grecs et latins en hiéroglyphes fournissent le même traitement pour le [hiéroglyphe] et ses variantes. Elles présentent les équivalences Βερενίκη [hiéroglyphes], [hiéroglyphes], Τιϐέριος, *Tiberius* [hiéroglyphes], [hiéroglyphes], Σαϐίνα, *Sabina* [hiéroglyphes], Σεϐαστή [hiéroglyphes], Ἀρχίϐιος [hiéroglyphes], Σωσίϐιος [hiéroglyphes], où [hiéroglyphe] ϐ a bien le son ʙ.

3° *Du commencement de l'âge copte jusqu'à nos jours.* — Rien n'indique dans l'écriture que le signe [hiéroglyphe] et ses variantes couvrissent déjà le son ᴠ, mais il ressort avec évidence du rendu β-ου dans les noms grecs ou dans les transcriptions grecques de mots égyptiens qu'ils possédaient aussi cette valeur avant le dernier stage du système hiéroglyphique, lorsque [hiéroglyphe] rendit le β grec, prononcé ᵛ. En tout cas, dans le copte ⲡ étant devenu la sonore ʙ, ⲃ, à son tour, se déplace d'un degré lorsqu'il est initial ou intervocalique, ne conservant le son ʙ qu'à la finale ou dans le corps des mots, puis, sous l'influence de l'arabe, il fut rendu généralement dans la prononciation par ᴠ-ꝺ, sauf au milieu des mots où, après une consonne, il est rendu par ꜰ, et à la fin des syllabes où il demeure ʙ. Les variantes des manuscrits memphites et thébains sont significatives à cet égard, car, à partir de l'invasion arabe, on y trouve, par exemple, [hiéroglyphes] ⲅⲟⲛ *M.* pour ϩⲱⲃ; on a de même les leçons ⲃⲉⲛⲓⲛⲓ *M.*, V*eniBi*, contre ⲡⲉⲛⲓⲡⲉ *T.*, Ben*iBe*, et beaucoup de variantes dans les manuscrits, surtout dans les memphitiques, montrant la substitution de ⲛ à ⲃ dans l'orthographe pour indiquer la lecture ʙ à mesure que ⲃ s'altère en v. Dans le vocabulaire français transcrit en lettres coptes, on ne s'étonnera donc pas de trouver des graphies comme ⲃⲁⲛⲁⲉⲣⲉⲁⲓ, ⲃⲓⲃⲁ, ⲃⲉⲛⲟ, ⲃⲛⲓⲣ, *Vendredi, vive, vent, venir*, tout en notant d'autres cas où ⲛ-ʙ lui-même s'affaiblit à son tour et où ⲛ prend la valeur v comme dans ⲛⲣⲁϩ, *verai-vrai*. Le texte arabe transcrit en lettres coptes donne ⲃ pour و, non qu'il ait prononcé و comme le w anglais, mais il a été influencé par la prononciation turque de و, *vékîl, vakouf*, وقف, وكيك, etc., et il a admis, pour ce cas, l'égalité و = v :

وكانت Bⲉⲭⲉⲛⲉⲑ, وياطلقه Bⲉⲓⲉⲑⲗⲁⲕⲟϩ, وقت عظيم Bⲁⲕⲑ ϩⲁϫⲓⲙ, فوجده ⲓⲉBⲉⲭⲉⲁⲟϩ, ولما Bⲉⲗⲉⲙⲙⲉ, وينم Bⲉⲓⲉⲛⲉⲙ, *vékănet, véiethlakoh, vakt âzîm*, ꜰ*évădjădho, véienăm*, etc. La même remarque s'applique aux transcriptions en lettres coptes des mots arabes du traité d'alchimie de Stern[1] : ⲁⲗⲭⲁⲣⲣⲟⲡⲡⲉ الخروبه, ⲁⲛⲓⲁⲧ ابيض, ⲁⲛⲣⲓⲥ ابريز, ⲁϣϣⲓⲡⲉ الشب, et au texte copte transcrit en lettres arabes de Galtier : on y voit écrit اورل ⲉⲃⲟⲗ, ⲁⲛⲡⲉⲣⲃⲉⲣⲃⲱⲣⲧ لبرموارموورت اوول, ⲉⲓⲉⲧⲟⲩⲃⲟ اياضواى, ⲁⲧⲉⲣⲃⲟⲕⲓ اواروكى, ⲛⲓⲃⲉⲛ نيوان, ⲛⲁⲛⲟⲃⲓ باننوى ⲉⲃⲟⲗ, prononcés probablement *évol, banovi, nivén, aouervoki, eiétouvo*, ᵉ*mbervervort évol*. Je suis confirmé dans cette opinion par les transcriptions de Thomas Petræus et de Rochemonteix. En effet, d'un côté, Petræus emploie, pour rendre le ⲃ, le w allemand qui est notre v, *asawâs* ⲁⲥⲉⲃⲏⲥ, ʼ*afarnówi* ⲉϥⲉⲣⲛⲟⲃⲓ, *ujóûwi* ⲟⲩϫⲟⲩⲃⲓ, *huʙ niwăn* ϩⲱⲃ ⲛⲓⲃⲉⲛ, *aûúl* ⲉⲃⲟⲗ, *atwa* ⲉⲧⲃⲉ, prononcés *afarnovi, oujooûvi, hoⱼʙ nivan, aoùoul, atva*, et Rochemonteix, de l'autre côté, définit ainsi la prononciation actuelle des Coptes : « Leur ⲃ ne sonne ni comme un *v* ni comme un *w*, mais plutôt comme le *b* de
» certaines provinces d'Espagne, c'est l'arrêt mou correspondant au *b* français: pour
» l'articuler, les lèvres prennent la même position que pour former notre explosive,
» mais sans brusquer le contact.... Le ⲃ est de nature une consonne assez peu solide.
» Avec une prononciation rapide et forte, il semble osciller, sous l'influence des lettres
». qui l'environnent ou d'habitudes individuelles, entre les diverses spirantes labiales,
» sourdes et sonores, dont une oreille attentive peut, néanmoins, les distinguer. Chez
» ceux qui articulent mollement, il s'affaiblit jusqu'à n'être qu'un esprit doux. Ex. :
» ⲉⲃⲟⲗ *aʼol*, ⲁϥⲓⲉⲃⲱⲛ *afʼemʼon*. C'est la prononciation que Petræus a rendue *aûúl*
» pour ⲉⲃⲟⲗ. A la fin des mots, au contraire, soit qu'il ferme la syllabe ou qu'il
» soit suivi d'une autre consonne, il devient un *b*. Ex. : ϩⲱⲃ *hóʙ*, ϩⲁⲛⲟⲩⲏⲃ *hanuaʙ*,
» ⲛⲓϩⲓⲏⲃ *bihiaʙ*, ⲁϥϭⲱⲧⲉⲃ *afkʼódaʙ*[2]. » Le renforcement de la prononciation v en ꜰ se rencontre dans quelques noms de lieu, ⲁⲧⲃⲱ ادفوا, ⲃⲉⲣϭⲟⲟⲩⲧ فرشوط, ⲙⲁⲛⲃⲁⲗⲟⲧ منفلوط, ⲕⲃⲁϩⲥ اقفهس, etc., et la prononciation renforcée du ⲃ se traduit, en certains cas, dans l'orthographe des manuscrits d'origine memphitique, par des fautes qui substituent dans l'écriture un ⲃ à un ϥ, ⲉⲃ-, ⲁⲁⲃ, ⲧⲏⲣⲃ, ⲃⲓ, pour ⲉϥ-, ⲁⲁϥ, ⲧⲏⲣϥ, ϥⲓ, ou un ϥ à un ⲃ, ⲉⲧϥⲉ, ϩⲱϥ, ϩϥⲥⲱ, ⲁϥⲣⲁϩⲁⲙ, pour ⲉⲧⲃⲉ, ϩⲱⲃ, ϩⲃⲥⲱ, ⲁⲃⲣⲁϩⲁⲙ; cette double substitution se rencontre, mais beaucoup plus rare, dans quelques manuscrits thébains, ⲃⲟ, ⲃⲱⲧⲉ,

---

1. *Zeitschrift*, 1885, p. 102-119.
2. Rochemonteix, *Œuvres diverses*, p. 108-109; cf. Tuki, *Rudimenta linguæ copticæ seu ægyptiacæ*, p. 2.

ⲟⲩⲱϣϥ, etc., pour ϙⲟ, ϙⲱⲧⲉ, ⲟⲩⲱϣⲁ̆. Les prononciations de ⲫ étaient donc les mêmes dans les dialectes de la langue mourante qu'elles sont à présent.

Contrairement à 𓊪 et à 𓃀, 𓆑 ne couvre, dès le commencement du second empire thébain, qu'un seul phonème. C'est une véritable aspirée sourde, l'aspirée du 𓊪, mais qui ne s'émet pas avec une aspiration distincte du son ᴘ de ce signe : comme nous l'avons vu plus haut[1], le ᴘ aspiré de cette dernière façon, ou il ne se note pas 𓊪𓏲, ou il s'écrit 𓊪𓏤 ou 𓊪𓎘. Le vrai son de 𓆑 tenait donc très probablement le milieu entre ᴘ et ʙ, et il se comportait par rapport au son ᴘ 𓊪, comme ꜰ du gothique ou du haut-allemand, ꜰ*ôtus*, ꜰ*adar*, ꜰ*ater*, se comporte par rapport au son ᴘ, représenté par le π du grec, πούς, πατήρ. Il est apparenté, d'autre part, à la semi-voyelle ᴜ-ᴡ, et un nombre de mots en 𓆑 initial ont une forme secondaire en 𓏲𓏭, par exemple. Il se confond assez tôt avec le ᴘ aspiré, devenu l'équivalent de φ, comme le prouvent les transcriptions hébraïques et assyriennes, et, gardé en copte dans les mots d'origine égyptienne sous la forme ϥ, il est transcrit en arabe ف et, comme cette lettre, il se prononce franchement ꜰ dans toutes les positions.

1° *Du XVIᵉ siècle avant notre ère à l'époque saïte.* — Les transcriptions hiéroglyphiques des noms sémitiques nous fournissent, jusqu'à présent, assez peu d'exemples de 𓆑, et celui-ci est employé toujours pour rendre la forme aspirée du ᴪ : ainsi, [hiéroglyphes] כָּפָר dans [hiéroglyphes], cité déjà[2], [hiéroglyphes], צְפַת, צְפָתָה, [hiéroglyphes], de la racine כָּפָה *incurvavit, flexit*, si le nom est réellement sémitique, [hiéroglyphes] חָפ֑וּ, etc. Par une singularité qu'explique très probablement quelque particularité dialectale de l'hébreu parlé dans les cantons méridionaux du royaume de Roboam, 𓆑 sert à rendre ב dans les deux noms de 𓆑 [hiéroglyphes] בֵּית־יוֹשָׁה, [hiéroglyphes] בְּאֵר־דְּמָעָה et ailleurs; le ב devait être un ʙ aspiré dans cette partie de Juda, et le scribe égyptien a essayé de le rendre par 𓆑.

Les transcriptions cunéiformes de noms égyptiens sont plus abondantes, mais, comme les écritures euphratéennes ne possèdent pas de signes spéciaux pour ꜰ, elles rendent 𓆑 par des syllabes contenant un ᴘ. Ce sont :

Pour l'époque d'Aménôthès III et d'Aménôthès IV, *Riyanaᴘa* pour [hiéroglyphes], avec chute de ⬯ ʀ finale dans la prononciation de [hiéroglyphes], et *Naᴘḫururiya* pour [hiéroglyphes];

Pour l'époque de Ramsès II, *Naᴘtéra* pour [hiéroglyphes], toujours avec chute de ⬯ ʀ dans [hiéroglyphes];

Pour celle d'Asarhaddon et d'Assourbanipal, *Mimᴘi, Memᴘi,* pour [hiéroglyphes], *Paṭniᴘtému* pour [hiéroglyphes], *Bukkuranniᴘi* et *Bukkurniniᴘ* pour [hiéroglyphes]

---

1. Voir p. 6 du présent volume.
2. Voir p. 5 du présent volume.

et , *Tapnaḫti* et *Amounoutapounaḫti* pour

et .

Les Grecs contemporains des rois saïtes rendirent par l'articulation la plus voisine de leur langue φ : ⊗ *Mempi*, Μέμφις, Χέοψ, où ψ équivaut à φς, Χεφρήν, Νεφορίτης ou Νεφερίτης, sauf à la fin des mots où son articulation sonnait si molle qu'ils l'omettaient dans leurs transcriptions, Βόκχωρις, Νεκτανέβης, Νεκτανεβώς, Ναχτοναβώ.

2° *Du commencement de l'époque macédonienne jusqu'au commencement de l'âge copte.* — Les transcriptions grecques des noms égyptiens rendent toujours le son de par φ, mais les transcriptions égyptiennes des noms grecs ne rendent jamais le φ par ; elles lui donnent toujours un ☐ ⊡ ou un ☐ pour équivalent[1], marquant bien ainsi la nuance du phonème que couvre et de celui qu'exprime φ. Les exemples sont fort nombreux, et personne n'en conteste la signification, aussi me bornerai-je à en citer quelques-uns, Ὀννωφρις, Ὄμφις, Καμηφίς, ⊙ Νεφερχέρης, Τανεφερῶ, Τνέφαχθος, Ἐφώνυχος, Πετενεφώτης, Σεχνοῦφις, Ἀρσάφης, Ἐστφῆνις, Τφοῦς, et ainsi de suite : je ne connais pas d'exception à la règle.

3° *Depuis le commencement de l'âge copte jusqu'à nos jours.* — A l'origine de cette période, tous les mots du vieux fonds de la langue, qui renfermaient un ou ses variantes, l'expriment par un ϥ, ϥⲁⲓ *M. T.*, ϥⲉⲓ, ϥⲓ *T. Akhm. B.*, ϥⲛⲧ *T. B.*, ϥⲉⲛⲧ *M.*, ϥⲉⲧ, ϥⲱⲧ *T. M.*, ϥⲱⲧⲉ *T.*, ϥⲱϯ *M.*, ϥⲱⲧⲉ *T.*, ϥⲱϯ *M.*, ϥⲧⲟⲧ *T. M.*, ϥⲧⲟⲟⲧ *T.*, ϥⲧⲱⲟⲧ *M.*, ⊙ ϣⲉϣϥ *M.*, ⲥⲱϣϥ *T.*, ⲥⲁϣϥ *T.*, ϣⲁϣϥ *M.*, ⲧⲁϥ, ⲧⲁⲁϥ *T.*, ⲑⲟϥ *M.*, ⲛⲟϥⲣⲉ *T.*, ⲛⲟϥⲣⲓ *M.*, et ainsi de suite jusqu'à épuisement des mots. Le thébain, l'akhmimique et le bachmourique assez fréquemment, le memphitique très rarement, offrent des variantes de ϥ à l'articulation la plus voisine ⲃ, prononcé v ou f : ⲃⲓ *T. B.*, ⲃⲁⲓ *T.*, à côté de ϥⲁⲓ, ϥⲓ, ⲃⲛⲧ *T.* à côté de ϥⲛⲧ, ⲃⲉⲧ, ⲃⲁⲧ, ⲃⲱϯ *B.*, *abstergere*, à côté de ϥⲉⲧ, ϥⲱⲧⲉ, ⲃⲱⲧⲉ *T.*, *sudor*, à côté de ϥⲱⲧⲉ, ⲛⲟⲃⲣⲉ *T.*, ⲛⲁⲃⲣⲉ *B.*, à côté de ⲛⲟϥⲣⲉ, et cette variante devient de plus en plus fréquente à mesure qu'avançant dans l'âge arabe, la prononciation du ⲃ s'amollit. Elle est constante au traité d'alchimie de Stern, ⲁⲗⲃⲁϩⲙ ⲁⲗⲃⲟⲩⲗ, ⲁⲗⲁⲥⲃⲁⲣ, ⲁⲗⲙⲟⲩⲥⲁⲃⲃⲓ, الحكم الأول الأصفر الأصفى, à côté de ⲁⲥⲓϥ ﻋﺼﺎ. Elle finit par s'appliquer à des mots qui ne renfermaient ϥ et ⲃ qu'accidentellement : c'est ainsi que la forme ϧⲓⲛⲓⲙ *M.*, dérivée exactement de antique, se rencontre en thébain, comme ϧⲓⲛⲓⲃ *dormire*, ϧⲓⲛⲏϥ *somnus*, avec transformation progressive de ⲙ en ⲃ, puis en ϥ. Au contraire, l'échange de ϥ et de ⲫ, excessivement rare en thébain, atteint en

---

1. Voir p. 6 du présent volume.

memphitique même les noms étrangers et les formes grammaticales, si bien qu'on trouve, dans les manuscrits copiés par Tuki au commencement du XVIIIe siècle, ⲁⲫⲓ, ⲫⲛⲛⲟⲩ, ⲫⲛⲁϩϯ, ⲁⲫⲓⲣⲓ, ⲧⲏⲣⲫ, pour ⲁϥⲓ, ϥⲛⲛⲟⲩ, ϥⲛⲁϩϯ, ⲁϥⲓⲣⲓ, ⲧⲏⲣϥ, et, en revanche, ϥⲣⲁⲛ pour ⲫⲣⲁⲛ; on a ailleurs ⲁⲥⲁϥ, ⲫⲓ, ϥⲗⲁⲥⲫⲏⲙⲓⲁ, ϥⲣⲟⲩϫⲟⲥ, ⲁϥⲣⲁϩⲁⲙ, ϥⲗⲁⲛⲧⲉⲓ, pour ⲁⲥⲁⲫ, ϥⲓ, ⲃⲗⲁⲥⲫⲏⲙⲓⲁ, ⲃⲣⲟⲩϫⲟⲥ, ⲁⲃⲣⲁϩⲁⲙ, ⲃⲗⲁⲛⲧⲉⲓ. Ce ne sont là que des fautes d'orthographe répondant à des prononciations peu correctes des écrivains, mais elles doivent remonter assez haut, car le scribe des lettres coptes en caractères grecs de la collection Régnier dit déjà ⲧⲏⲣⲫ pour ⲑⲏⲣϥ. Les transcriptions en F de Petræus et de Rochemonteix, les transcriptions par ف du texte copte-arabe de Galtier et réciproquement celles en ϥ du ف arabe dans le texte arabe-copte de Le Page-Renouf nous indiquent, pour l'ensemble de la population, la prononciation F de ϥ = ﺣ; contre ces témoignages concordants, celui du vocabulaire français copte qui écrit ⲛⲉⲃ, ⲛⲉⲉⲃ, ⲡⲓⲡⲁⲣⲑⲉⲛⲟ, *bœuf, neuf, vif-argent*, montre seulement par ses variations la difficulté qu'avait le drogman à bien saisir le son exact de F français.

Si maintenant on essaie de déduire quelque conclusion générale des faits particuliers relatifs aux signes-types □, 𝕁, ﺣ, qui couvrent les labiales en égyptien, on arrive aux résultats suivants.

Au commencement du second empire thébain, l'égyptien paraît avoir eu un système de labiales plus développé que ne l'indique son appareil graphique, une sourde forte non aspirée P et son aspirée PH, une douce sonore B, qui, s'aspirant à son tour en *BH, tendait vers la sonore spirante V, et une spirante sourde F, qui, jusqu'aux derniers temps, demeura distincte de la sonore spirante V̌ et surtout de la sourde aspirée PH. Les cinq prononciations premières étaient couvertes graphiquement par deux signes seulement, P et PH par □, B, *BH et V par 𝕁, et ce n'est pas, je pense, être trop téméraire de conclure de ce fait purement expérimental que, au moment où l'appareil graphique de l'Égypte se fixa, ces signes ne correspondaient chacun qu'à un seul phonème, le □ représentant l'articulation qui était très sensiblement notre sourde forte P, et le 𝕁 étant l'occlusive sonore faiblement articulée B. Il est probable que, vers une époque certainement antérieure à la XVIIIe dynastie, la tendance s'établit d'opérer de moins en moins complètement la fermeture du gosier pour les labiales ; la sourde P et la sonore B prononçant leur aspiration en PH et en *BH, le changement, ainsi amorcé, gagna de plus en plus, puis il aboutit complètement dans le copte des derniers temps. La sourde non aspirée □ P devient une sonore β, ⲡ, B en dialecte thébain, la sourde aspirée □ PH donne presque partout une spirante sourde ϕ dans le memphitique, la sonore douce β, ⲃ, ne se maintient plus régulièrement que dans des places déterminées, et elle achève partout ailleurs de se transformer en spirante sonore ⲃ V, ou même elle se vocalise et disparaît. Quant à ﺣ, il semble n'avoir exprimé, depuis le commencement jusqu'à la fin, que le seul son de la spirante sourde F. On peut résumer cette histoire dans le tableau qui suit :

$$\square \ \text{P}^* \begin{cases} \text{P} \ldots\ldots\ldots \text{P} \ldots\ldots\ldots \text{B.} \\ \text{PH} \ldots\ldots\ldots ϥ \ldots\ldots\ldots Ⲫ, \text{F.} \end{cases}$$

$$J \quad B^* \begin{cases} B \ldots\ldots B \ldots\ldots B. \\ {}^*BH \ldots\ldots \beta, V \ldots\ldots \mathfrak{b}, V. \end{cases}$$

F.

b. Dentales.

La série des dentales est plus développée en égyptien que ne le donnerait à penser le petit nombre de caractères employé à la rendre dans l'écriture : les quatre signes-types, ⌒, ▭, ⌐, ⌐, et leurs variantes, dont elle se compose, paraissent, en effet, autant du moins que j'en puis juger, couvrir sept ou huit sons différents selon les époques, sinon plus. Ce n'est pas là, pour eux, je crois, le maximum d'interprétation, et peut-être une analyse des documents, poussée plus loin que je n'ai pu le faire dans l'état actuel de la science, aura-t-elle pour résultat d'augmenter ce nombre.

⌒

Ce signe paraît avoir représenté très longtemps une occlusive sourde non aspirée, semblable à la forte non aspirée T du français ou de l'italien. Toutefois, de même que le son P du signe ▢ a fini par passer au son de notre B, le ⌒ T a évolué vers la sonore et a fini par se prononcer D presque partout dans les dialectes du Sud, ou par s'aspirer dans les dialectes du Nord et y sonner T + H, écrit ⊖, sans que, jamais à ma connaissance, ce ⊖ devienne dans les mots égyptiens une spirante analogue au θ grec; encore a-t-il fini par perdre son aspiration, même là, et, tout en restant ⊖ dans l'orthographe, il n'a plus eu que la valeur de notre T.

1° *Du XVIe siècle avant notre ère à l'époque saïte.* — Les exemples de ⌒ égyptien, traduit par T cunéiforme, sont relativement assez fréquents sur les tablettes d'El-Amarna, 𓀀 *Téié*, 𓀀 *Napтéra*, 𓀀 *Amanhatbi*, 𓀀 *Pahamnáta*, 𓀀 *Hikouptah*; toutefois, la tendance à rendre ce ⌒ par D dans la prononciation se manifeste déjà par l'orthographe 𓀀 *souibda*. A la même époque et un peu auparavant, le syllabique 𓀀 est employé pour rendre le son D dans 𓀀 דַּמֶּשֶׂק, دمشق, 𓀀 אֶדְרֶעִי, 𓀀 מִגְדּוֹ, 𓀀 אֲדָמִים, 𓀀 מִגְדָּל, mais il exprime le son T dans 𓀀, qui présente au commencement l'élément ‎תִּ-, dans les noms qui renferment l'élément 𓀀, 𓀀 בֵּית, dans 𓀀, de 𓀀 בֵּית־עֲנָת, et l'on trouve pour rendre le même son vocalisé différemment ⌒ 𓀀 dans les pluriels sémitiques, 𓀀 מַגְרֵפוֹת, 𓀀 בְּאֵרוֹת, 𓀀 בְּנֵרֶת, et ainsi de suite. On peut dire que les exemples de ⌒ pour rendre le ת sémitique sont des plus fréquents; au contraire, ceux où il est pour ט sont peu nombreux, et je crois qu'il faut les attribuer presque tous à la confusion qui s'est établie de bonne heure entre ⌒ et ▭, ainsi que nous le verrons plus bas, ⌒ 𓀀 pour 𓀀 טוֹב, 𓀀 מְקַלֵּט, etc. Bref, sous le second empire thébain, à l'époque classique de la κοινή égyptienne, la prononciation du caractère-type ⌒ et de ses variantes oscille fortement déjà entre celle de notre sourde т et celle de notre sonore d.

Mêmes constatations pour le siècle de Ramsès II, où, tandis que les transcriptions cunéiformes rendent les prénoms royaux ⊙▭ 𓀀 et ▭ par *Manpaḫiтariya* et *Ḫaтepnariya*, les orthographiques 𓂝 et ou et 𓂝, par exemple, alternent pour בֵּית־שְׁ־אֵל et מוּת.

Mêmes constatations encore pour l'époque d'Asarhaddon et d'Assourbanipal : ⌒ y est rendu le plus souvent par les syllabiques du т assyrien = ħ, ⌒ *Tapnaḫti*, ▭ *Tarqu*, *Ḫaтḫiribi*, *Ipтiḫardisou*, etc., etc., mais т intervocalique a déjà disparu d'assez longue date dans *Iaru-û* pour , ce qu'achèvent de prouver les variantes , , , ' et autres qu'on trouve sur les monuments du second empire thébain, depuis la XVIIIe dynastie. Quant au ⌒ final des mots féminins, il s'était amui dès avant cette époque, comme le prouvent toutes les transcriptions cunéiformes, mais j'aurai occasion de revenir ailleurs sur ce point et sur les faits qui le concernent. Les transcriptions grecques de l'époque saïte produisent de même Ποτασίμто pour , Σεϐέννυтος pour , Αἴγυπтος pour , Παтοῦμος pour , Βούϐασтις pour , ΝεκТανέϐης , etc.; si dans certains noms elles présentent un θ, cette lettre provient de la rencontre d'un ⌒ т ordinaire avec l'aspirée н, Ἄθριϐις , Ναχθάρϐαϐις . Dans la transcription en hiéroglyphes de quelques noms propres étrangers, ⌒ est donné comme équivalent de d, , Δαρεῖος, Δαριαύης, mais, quand on voulut rendre exactement la valeur du d persan, comme, plus tard, celle du d latin, on employa la combinaison n + т, Δαριαύης, *Dacicus*. Toutefois, le nombre des documents est si petit pour cette époque, qu'il serait difficile d'en tirer une conclusion ferme si l'abondance des textes ptolémaïques ne venait pas l'appuyer.

2° *Du commencement de l'époque macédonienne au commencement de l'âge copte.* — La valeur т de ⌒ persiste, mais la valeur d se répand de plus en plus au moins pour la transcription du grec et du latin. C'est ainsi qu'on a Πтολεμαῖος, Ἀνтιγένης, Πολεμοκράтης, Ἀνтίμαχος, Σωσικράтης, et, pour le temps des Césars, Αὐтοκράтωρ, Τιϐέριος, Τίтος, Τραιανός, Ἀνтωνῖνος, mais aussi les valeurs non moins certaines, Ἀνδρόνικος, Ῥοδῆ, Κλαύδιος, Ἀδριανός, Κόμμοδος, Δέκιος, et, dans les noms étrangers qui renferment à la fois un т et un d, l'emploi du signe ⌒ pour rendre les deux sons, Ἀπολλοδόтος, Ἀσκληπιοδόтος, Τιμαρχίδης, Δομιтιανός; il sert même à exprimer le θ ou le ᴛʜ latin, [hiéroglyphes] Φιλόθεος, [hiéroglyphes] Δημοσθένης, [hiéroglyphes] Κόρινθος, [hiéroglyphes] ῎Οθωνος ou ῎Οτωνος, mais on doit se garder de faire entrer ici en ligne de compte des mots comme Φθᾶς [hiéroglyphes] ou Ἀμενώθης pour [hiéroglyphes] Ἀμενώθφης, où la présence du θ pour le ◠ égyptien est due probablement à la présence de Φ pour □ dans le dialecte entendu par les Grecs. Il faut conclure des exemples que l'on connaît, ou que les Égyptiens durcissaient la prononciation du ◮, ᴅ, étranger, et qu'ils disaient *Anᴛronicos, Rhoᴛé, Clauᴛios, Aᴛrianos,* peut-être avec une nuance intermédiaire entre notre ᴛ et notre ᴅ, ou bien qu'ils tendaient de plus en plus à remplacer la sourde par la sonore, et à substituer graduellement le son ᴅ au son ᴛ pour les mots qui renfermaient graphiquement le signe-type ◠ et ses variantes, ainsi qu'on le voit en copte.

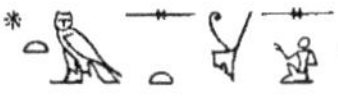

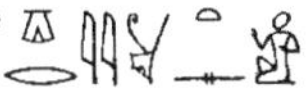

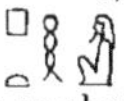

3° *Du commencement de l'âge copte jusqu'à nos jours.* — Lorsque l'alphabet grec remplaça le système hiéroglyphique dans l'écriture, le son ᴅ n'avait pas encore supplanté le son ᴛ dans la plupart des mots, sans quoi, comme le fait justement remarquer Schwartze[1], il est très vraisemblable que les créateurs de l'alphabet copte auraient rattaché le son au δ grec, ◮, et non pas au τ, ᴛ, dans leur orthographe. Ils conservèrent le ◮ pour un certain nombre de mots grecs, qu'ils empruntèrent de toutes pièces, ндн ἡδή, ◮є δέ, ◮◮◮ⲙ Ἀδάμ, ◮◮ⲧєι◮ Δαυεδ, ⲙ◮ⲕє◮ⲱ� Μακεδών, ⲡⲓⲟⲩ◮◮ⲓ Οἱ Ἰουδαῖοι, ◮ⲟⲕєⲓ δοκεῖ, єⲣ◮ⲓ◮ⲃ◮ⲗⲓⲧ διαβάλλειν, tout en gardant le ᴛ dans les mots qui renfermaient un τ, ⲧⲟⲧє τότε, ⲅ◮ⲗ◮ⲧⲓ◮ Γαλατία, ⲣⲱⲥⲧє ὥστε, ⲥⲧⲣ◮ⲧⲏⲅⲟⲥ στρατηγός, ⲧєⲭⲛⲓⲧⲏⲥ τεχνίτης, ⲙєⲧ◮ⲛⲟⲓ μετανόει, ⲡ◮ⲣ̣ⲓⲥⲧ◮ παρίστημι, ◮ϥⲉⲧⲓ αἰτεῖ, ⲛ◮ⲧ◮ⲥⲥє πατάσσειν, etc. Mais, presque aussitôt après la conquête arabe, les variantes de la sourde pour la sonore et de la sonore pour la sourde, relativement rares jusque-là dans l'écriture, augmentent rapidement en nombre, et l'on rencontre dans les manuscrits des formes telles que ⲥ◮ⲭєⲧⲱⲛ, ⲧєⲣⲃⲏ, ⲧⲟⲣⲅ◮ⲥ, ⲕⲗ◮ⲧⲟⲥ, ⲧ◮ⲙⲱⲛ, pour σχεδόν, Δερβή, Δορκάς, κλάδος, δαίμων, et ⲥⲧ◮ⲧⲥⲓⲥ, ◮ⲧⲣ◮ⲡⲛⲟⲥ, ◮ⲱϭє, ⲟⲧ◮◮ⲣⲟⲛ, ◮єⲕⲕⲓ◮, ⲧ◮ⲡ◮ⲟⲭⲓ◮, ⲡⲣⲟ◮ⲣєⲡєⲓ, pour ⲍⲏⲧⲏⲥⲓⲥ, ⲧⲩⲣ◮ⲛⲛⲟⲥ, ⲧⲱϭє, ⲑє◮ⲧⲣⲟⲛ, ⲧєⲕⲕⲓ◮, ⲧ◮ⲡⲧⲓⲟⲭⲓ◮, ⲡⲣⲟⲧⲣєⲡєⲓ, et ainsi de suite. L'équivalent du ᴛ ◠ ancien est fourni alors rarement par le ᴛ, ◮ⲧ†ⲛ◮ⲭ[◮ⲣ], التنكار, le plus souvent par le ⲑ, qui est primitivement dans les dialectes du Nord un ᴛ palatal emphatique correspondant au ط arabe, et en thébain une forme orthographique résultant de la combinaison de ᴛ avec l'aspirée ᴛ + ⲣ, ainsi ⲑє, ⲑєⲓ, ⲑⲃ̄ⲥⲱ, ⲡєⲑⲟⲟⲧ, ◮ⲑⲏⲧ, pour ᴛ + ⲣє, ᴛ + ⲣєⲓ, ᴛ + ⲣ̄ⲃⲥⲱ, ⲡєⲧ + ⲣ̣ⲟⲟⲧ, ◮ᴛ + ⲣⲏⲧ, mais qui ne sonne plus aujourd'hui que comme notre ᴛ. On voit donc le traité d'alchimie de Stern et le texte copte écrit en lettres arabes que Galtier a publié exprimer les ᴛ indifféremment par د, ض ou ظ, c'est-à-dire par trois lettres que le dialecte arabe d'Égypte prononce généralement ᴅ et ⲑ par ت, ث ou ط, ◮ⲑⲟⲧⲃєⲗ التوبال, ◮ⲗⲙ◮ⲣⲑ◮ⲕⲟⲧ المرتك, ◮ⲗⲙⲏⲧⲕ◮ⲗ المثقال, ◮ⲧⲧ◮ⲗєⲕ الطلق, ◮ⲗⲣ◮ⲧⲓⲧ الحديد, ◮ⲡⲓ◮ⲧ ابيض, ◮ⲣⲓⲧєⲛ اريدان, єⲧϭєⲛ التخان, ⲧⲟⲧⲃⲟ ضوو, ⲧєⲕⲙєⲧⲟⲧⲣⲟ مباكمطوا اوول, ⲧⲫє دالكمادرروا, اتبآ, ⲡⲓⲡєⲧⲣⲱⲟⲧ بيباتهو, ⲕ◮ⲧ◮ كاطا, ◮ⲡєⲕⲙ◮ⲟⲟ єⲃⲟⲗ امنكمو, ⲛⲟⲧⲧ◮ⲣ انوظاظه; toutefois, en finale, ᴛ est presque toujours traduit par ت, c'est-à-dire qu'il garde le son ᴛ, ou devant une sourde et une sifflante au milieu des mots, ⲡєⲕⲙєⲧϣєⲡⲣⲏⲧ الخان, ◮ⲙ◮ⲧ◮ⲧⲕ اماوتك, єⲕⲉⲣ◮ϭⲧ اكارخت, ⲡⲧє ⲡⲓєⲧⲑєⲃⲓⲏⲟⲧⲧ اندانى تاويوت, ⲛϭⲏⲧ نالكمات شنهات,

---

1. *Koptische Grammatik*, p. 86.

ⲉⲓⲉⲧⲥⲁⲃⲉ اياتشاوُوا, dans des mots grecs où la prononciation s'était conservée par tradition, ⲥⲱⲧⲏⲣⲓⲁ سوتاريآء, ou, enfin, par caprice orthographique du scribe qui écrit le ⲧ copte des mêmes mots, tantôt par ⲇ, tantôt par ت, ⲧⲉⲕⲇⲓⲕⲉⲟ̀ⲥⲧⲏⲏ تاكدى كاوسينى, mais ⲧⲉⲕⲙⲁⲓ دالكماى, ⲧⲉⲕⲥⲟⲫⲓⲁ̀ تالكصوفيآ. On trouve les mêmes faits fondamentaux, et aussi les mêmes inconséquences d'orthographe, dans le rendu en lettres coptes de textes étrangers comme le français, ⲉⲓⲥⲡⲣⲓⲟ̀ⲏⲥ *esprit*, ⲃ̇ⲉⲛⲉⲟ *bénit*, ⲗⲙⲡⲁⲥⲟⲣⲉ *le prétre*, ⲗⲙⲡⲉⲛⲟⲟⲧ̇ⲣ *le venDeur*, ⲧⲁⲧⲥ *Deux*, ⲧⲁⲓϭⲟⲙⲉ *Des hommes*, ⲧⲉⲗⲁⲑⲉⲗⲉⲅ *De la Toile*, mais ⲧⲉⲩⲡⲁⲛⲟ *Tisserand*, à côté de ⲟⲓⲩⲣⲟⲛⲟ, ⲑⲁⲗⲁⲑⲁⲥⲧⲉ *De là Tête*, à côté de ⲙⲁⲗⲁⲑⲉⲅ *malaDe*; et dans le texte copto-arabe de Le Page-Renouf, ⲃ̇ⲉⲭⲉⲛⲉⲟ ⲅⲁⲇⲉⲟ عادة وكابت, ⲡⲁⲅⲧ بعد, ⲃ̇ⲁⲕⲟ وقت, ⲑⲉⲕⲁⲇⲇⲉⲙ تقدّم, ⲉⲥⲟⲏⲓⲕⲁⲍ استيَقَظ, ϥⲉⲃ̇ⲉϫⲉⲇⲅⲟ فوخده, etc., tandis que le caractère ⲑ rend les sons ⲧ de l'arabe, le caractère ⲇ est employé avec la valeur de notre ᴅ, comme dans la prononciation actuelle du copte. Petræus donne également un ᴅ pour le ⲧ et le ⲇ de son psaume, ⲱⲟⲧⲛⲓⲁⲧϥ *Oüniáᴅf*, ⲟⲧⲇⲉ *uᴅa*, ⲣ̄ⲁⲧϥ *aráᴅf*, ⲛ̀ⲧⲉ *anᴅa*, ⲅⲓⲧⲕⲁⲑⲉⲧⲣⲁ *hiᴅkaⲧeᴅra*, ⲙⲉⲗⲉⲧⲁⲛ *malaᴅán*, ⲉⲧⲣⲉⲧ *aᴅráᴅ*, ⲛ̀ϩⲏⲧⲟⲧ *ancháᴅu*, ⲡⲟⲏⲟⲧ *ibтáü*, ⲉⲟⲃ̇ⲉ *aⲧⲱa*, ⲧⲱⲟⲧⲛⲟⲧ ᴅⲟⲩ́ⲛⲩ *Doúnu*, ⲛⲓⲟⲙⲁⲓ *niïтmái*, ϥⲙⲱⲓⲧ *ibmóiᴅ*, ϥⲛⲁⲧⲁⲕⲟ *ifnaᴅaku*. Enfin, pour Rochemonteix, si ⲧ est nettement la sonore ᴅ et ⲑ régulièrement la sourde ⲧ, ⲇ serait aujourd'hui « l'intradentale faible de l'arabe, ذ *d'*. Les Saïdiens articulent avec soin le nom *d'alᴅ'a* » de cette lettre étrangère au copte. Ils affectent même parfois de substituer le son *d'* à » celui de ⲧ = *d*, donnant par là à leur lecture une apparence d'érudition. En fait, c'est, » au contraire, ⲇ qui tend à se conformer avec ⲧ : ⲇⲟⲗⲟⲥ *ᴅólos*, ⲓⲟⲣⲇⲁⲏⲏⲥ *iorᴅanis*, » ⲛ̇ⲅⲁⲛⲇⲱⲣⲟⲛ *enHánᴅôron*, etc., à côté de ⲛ̀ⲧⲉϯⲟⲧⲇⲉⲓⲁ̀ *enᴅ'áᴅ'iiôᴅ'a'a*, ⲇⲉ *ᴅ'a*, etc. » J'ai pu vérifier moi-même l'exactitude de cette observation en me faisant réciter le début de l'Évangile selon saint Jean par un des prêtres coptes de Bibéh. En résumé, écartant le ⲇ, qui ne se trouve correctement que dans les mots empruntés au grec, le copte ne connaît plus que deux sons pour les dérivés de l'égyptien antique qui correspondent à un mot renfermant un ⟨hiér.⟩ ou ses homophones, ⲧ rendu toujours ⲑ en memphitique et dans les quelques mots thébains où il se trouve équivalant premièrement à ⲧⲅ ⲧ + ⲏ, ᴅ rendu dans l'écriture par un ⲧ ; ⲧ ne conserve le son ⲧ qu'à la fin des mots quelquefois.

⸺

Ce caractère est devenu d'assez bonne heure, d'une part, un simple homophone de ⟨hiér.⟩ ; de l'autre, son syllabique simple ⟨hiér.⟩ un équivalent exact de ⟨hiér.⟩ ou une variante phonétique très voisine de ce signe. Cela nous est démontré pour la première valeur par les transcriptions hiéroglyphiques des noms sémitiques des villes palestiniennes ou syriennes, qui rendent le נ hébraïque indifféremment par ⟨hiér.⟩ et par ⟨hiér.⟩, ⟨hiér.⟩ et ⟨hiér.⟩ נָבֹת, ⟨hiéroglyphes⟩ et ⟨hiéroglyphes⟩ בֵּית־שְׂ־אֵל, ⟨hiéroglyphes⟩ et ⟨hiéroglyphes⟩ בֵּית־עֲנָת, etc., et les scribes emploient ⟨hiér.⟩ en variante de ⟨hiér.⟩, ⟨hiéroglyphes⟩ pour ⟨hiéroglyphes⟩, ⟨hiéroglyphes⟩ pour ⟨hiéroglyphes⟩, ⟨hiéroglyphes⟩ ou ⟨hiéroglyphes⟩ pour ⟨hiéroglyphes⟩, ⟨hiéroglyphes⟩ pour ⟨hiéroglyphes⟩, ⟨hiéroglyphes⟩ pour ⟨hiéroglyphes⟩, ⟨hiéroglyphes⟩ pour ⟨hiéroglyphes⟩, pour [hiéroglyphes], [hiéroglyphes] pour [hiéroglyphes], [hiéroglyphes] pour [hiéroglyphes], [hiéroglyphes] pour [hiéroglyphes], et ainsi de suite. Aussi les égyptologues de la première et de la seconde génération ont-ils considéré le [signe] et le [signe] comme variantes absolues l'un de l'autre, et ils les ont rendus tous les deux par т. Brugsch, après avoir proposé, dès 1858, la valeur du тн anglais ou du θ grec pour [signe] et avoir renoncé provisoirement à cette lecture, l'a reprise avec exemples à l'appui, en 1874[1], et, depuis lors, elle a été adoptée par une grande partie de l'école en Allemagne, en Angleterre et en Amérique.

Il l'a, malheureusement, étayée sur diverses preuves tirées de la comparaison de l'égyptien avec l'hébreu, et pour lesquelles j'ai toujours ressenti une certaine méfiance. Sa démonstration lui a été suggérée, en effet, par l'idée conçue *a priori* qu'une localité de [hiéroglyphes], [hiéroglyphes], mentionnée dans un certain nombre de textes égyptiens, est identique à la Sukkoth סֻכּוֹת de la Bible. Comme cette identification restait impossible à présenter tant qu'on n'avait pas prouvé l'équivalence [signe] = ס ou שׁ, Brugsch produisit à l'appui les rapprochements suivants : [hiéroglyphes] סֹלֶת *farina purissima*, [hiéroglyphes] סֹחֵרָה *clypeus*, [hiéroglyphes] סוּם *hirundo*, [hiéroglyphes] סוּם ou שׂישׂ *gaudere, exultare*, [hiéroglyphes] שׁוֹפָר *buccina*, [hiéroglyphes] סֹלְלָה *agger*, [hiéroglyphes] סוּף *juncus*, *alga*, le nom géographique [hiéroglyphes], dont les variantes, telles que Mariette les a publiées, seraient une fois [hiéroglyphes], l'autre fois [hiéroglyphes], indiquant ainsi une identification avec קְשִׁיטֹ; le copte et les transcriptions du grec confirmaient cette valeur du [signe], car [hiéroglyphes], disait Brugsch, devient en copte ϫⲁϫ T. ϭⲁϫ M., *passer*, [hiéroglyphes], écrit [hiéroglyphes] en démotique, devient ϫⲟⲟⲩϥ T., *papyrus*, [hiéroglyphes] ϫⲓ T. B., ϭⲓ M., *capere, ducere*, [hiéroglyphes] ϫⲓⲥⲉ T., ϭⲟⲥⲉ, ϭⲟⲥⲓ M., *extollere*, [hiéroglyphes] ϫⲣⲟ T., ϭⲣⲟ M., *vincere*. Enfin, le nom de la ville [hiéroglyphes] est rendu en assyrien par *Zabnouti*, en grec par Σεβέννυτος. Les auteurs qui ont suivi Brugsch ont peu ajouté à cette liste; elle suffirait, d'ailleurs, à établir la thèse si on pouvait l'admettre en conscience, mais je crains bien qu'elle ne résiste pas à l'analyse. Et, d'abord, écartons-en l'une des données les plus convaincantes en apparence, les trois variantes [hiéroglyphes], [hiéroglyphes], [hiéroglyphes], que Mariette[2] indique pour le même nom de localité palestinienne : elles n'existent pas, mais la collation que j'ai faite du texte en 1884 et 1885[3] donne [hiéroglyphes], [hiéroglyphes], [hiéroglyphes], avec les formes [hiéroglyphes], [hiéroglyphes], [hiéroglyphes] du premier élément et [hiéroglyphes], [hiéroglyphes], [hiéroglyphes] du second, supprimant ainsi l'équation [hiéroglyphe] = [hiéroglyphes] = [hiéroglyphes]. Il convient de remarquer, d'autre part, que [hiéroglyphe] n'est pas, comme on le pensait au temps où Brugsch écrivait, un syllabique de [hiéroglyphe] par un [signe], mais le syllabique de [hiéroglyphe] par un [signe].

---

1. Brugsch, *La Sortie des Hébreux d'Égypte et les Monuments égyptiens*, Alexandrie, 1874, p. 21, 43-44, puis *Zeitschrift*, 1875, p. 7-9.

2. Mariette, *Karnak*, pl. 18, n° 4, et pl. 19, n° 4.

3. Maspero, *Recision des listes géographiques*, dans le *Recueil*, t. VII, 1886, p. 94, 96.

Il est donc juste d'éliminer également la comparaison [hiéroglyphes] סהרה, qui contient le syllabique [hiéroglyphe] = [hiéroglyphe] et où [hiéroglyphe] exprime, dans les transcriptions sémitiques, soit ח, soit ר, mais en aucun cas ס : en effet, [hiéroglyphes] peut être comparé, pour le sens, et répond certainement, pour la forme extérieure, à החרה *lorica*. Ces deux retranchements opérés, on reconnaît assez vite que toutes les identifications proposées de nos mots égyptiens avec des mots sémitiques commençant par ס ou par שׂ sont assez fantaisistes. Pourquoi rapprocher [hiéroglyphes] de סללה, quand on a une racine hébraïque תָּלַל, apparentée d'ailleurs à סָלַל qui signifie *aggessit, extulit*, et d'où vient le mot connu תֵּל qui entre dans plusieurs noms de localités babyloniennes, תֵּל־אָבִיב la *Motte-Épis*, תֵּל־חַרְשָׁא la *Motte*-aux-Bois, תֵּל־מֶלַח la *Motte*-au-Sel (?) ? [hiéroglyphes] *agger, levée*, est une formation égyptienne en [hiéroglyphe] de la racine תָּלַל, beaucoup plus vraisemblable qu'une formation en [hiéroglyphe] de la racine סָלַל. Nous ne connaissons pas le sens du nom de la ville [hiéroglyphes], et Birch ainsi que Brugsch lui-même l'avaient lu *Baï'a-t'uʙar* pour le rapprocher le premier de דְּבִיר, le second de תְּבוֹר : ce n'est que plus tard, lorsqu'il a eu besoin d'un exemple de [hiéroglyphe] répondant à ס ou שׂ, qu'il s'est avisé d'adopter l'identification proposée par Chabas de [hiéroglyphes] avec שׁוֹפָר *buccina*[2], ou avec סֵפֶר *scriptura, liber*, cette dernière appuyée sur l'existence du déterminatif [hiéroglyphe][3]. Mais on pourrait aussi songer à תָּפֵל *calx*, בַּיִת־תָּפֵל, ou à סָפַל, תָּפַר *sarsit, consuit*, et ce ne seraient que des hypothèses. De même pour [hiéroglyphes] et [hiéroglyphes] : le premier, signifiant *jacasser, criailler*, me paraît être une onomatopée propre à l'égyptien, et qui s'explique de soi sans qu'il y ait de nécessiter pour le rapprocher de l'hébreu סוס; quant à [hiéroglyphes], il dériverait de [hiéroglyphes] et signifierait *le piaillard, le braillard*, nom assez naturel à imaginer pour le moineau, sans qu'il y ait urgence d'y chercher un emprunt fait à une langue étrangère. Quant à [hiéroglyphes], je ne vois aucune raison d'y reconnaître סֹלֶת : c'est une céréale, dans le nom de laquelle j'avais reconnu l'origine de l'arabe دره *dourah* et une espèce de sorgho indigène en Égypte. Je vois que Loret a émis la même conjecture[4]. En fait, je ne découvre comme présentant une apparence de vraisemblance dans la liste de Brugsch que le nom d'herbage [hiéroglyphes], le terme géographique [hiéroglyphes] et certains rapprochements coptes : il faut examiner tout cela.

Prenons d'abord les mots coptes. Je remarque en premier lieu que les grammairiens de l'école berlinoise ont déjà supprimé deux exemples de la petite liste dressée par Brugsch, à savoir [hiéroglyphe] = ϫⲓ *T. B.*, ϭⲓ *M., capere*, et [hiéroglyphes] = ϫⲣⲟ *T.*, ϭⲣⲟ *M., vincere* : pour eux, [hiéroglyphe] doit se lire [hiéroglyphes], qui ne prête pas au rapprochement avec ϫⲓ, ϭⲓ, et le caractère [hiéroglyphe], par lequel débute le mot [hiéroglyphes], étant, comme je l'ai déjà dit, un syllabique de [hiéroglyphe] + [hiéroglyphe], non de [hiéroglyphe] + [hiéroglyphe], n'a rien à voir avec

---

1. Brugsch, *Geographische Inschriften*, t. II, p. 46-49.
2. Chabas, *Voyage d'un Égyptien*, p. 71-72.
3. Max Müller, *Asien und Europa*, p. 170.
4. V. Loret, *La Flore pharaonique*, 2ᵉ édit., p. 26, 144.

les sons ϥ, ⲧⲏ ou ϫ, ϭ. Resteraient donc seules les équivalences ϫⲓⲥⲉ, ϭⲟⲥⲓ = [signes], ϫⲁϫ, ϭⲁϫ = [signes], et ϫⲟⲟⲣϥ = [signes] : la première est certaine, ainsi que la troisième, et la seconde est probable. Nous avons donc, là, au moins trois exemples réels de [signe] égyptien aboutissant à ϫ, et le passage d'un son à l'autre a dû se produire vers l'époque saïte au plus tard, car on a déjà, dans les textes démotiques, [signes] et [signes] au lieu de [signes], et les textes assyriens d'Assourbanipal rendent *Zabnouti* par un *za*, devenu ϫ. ϫⲉⲃⲛⲟⲩⲧ étant en copte le nom de la ville [signes], confirmés en cela par la transcription grecque Σεβέννυτος, déjà populaire au temps d'Hérodote. Sans vouloir pousser plus loin l'examen des faits énoncés par Brugsch, nous pouvons en conclure, dès maintenant, que :

1° L'équivalence proposée par Brugsch entre le [signe] égyptien et le ס sémitique n'existe pas ;

2° Dans la ϫⲟⲩⲏ égyptienne, aux temps saïtes et à l'âge gréco-romain, le [signe] était communément une simple variante du [signe] ; toutefois, dans quelques mots, il avait conservé de son ancienne valeur de sifflante aspirée, et il avait tourné à z–ϫ–ς.

Cette seconde constatation coïncide parfaitement avec le peu que nous apprennent sur la valeur du syllabique [signe] de [signe] les tablettes d'El-Amarna et les monuments égyptiens eux-mêmes. Les tablettes d'El-Amarna portent *kouzi* ou *gouzi* pour [signes], abréviation de [signes], *zabnakau* pour [signes], *Pirizzi* pour [signes], soit un z pour un [signe]. D'autre part, les scribes égyptiens donnaient parfois le [signe] pour équivalent au ץ sémitique, [signes] pour מִצְרַיִם, et probablement il a la valeur ⲓ ou ϫ dans beaucoup de termes géographiques et de noms propres hittites. Dans l'égyptien même, le son primitif de [signe] était déjà assez modifié à cette époque pour qu'on le confondît parfois avec celui de [signe] ou de [signe] : il y a bien longtemps déjà que Rougé avait noté la variante [signes] de [signes], la variante [signes] du nom [signes] de la ville de Médinét-Habou, et Birch a indiqué les graphies [signes] de [signes] ou [signes] de [signes].

Pour quiconque connaît la fixité avec laquelle les Égyptiens de la seconde période thébaine reproduisaient l'orthographe des mots usuels de leur langue, même lorsque la constitution organique et la prononciation de ceux-ci s'étaient modifiées depuis le temps où cette orthographe s'était constituée, des variantes telles que celles que je viens de signaler sont, à dire le vrai, des fautes évidentes d'écriture, et je les considère comme étant d'autant plus précieuses qu'elles nous éclairent par leur nature même sur la valeur des sons jugés alors équivalents à ceux du [signe] ou du [signe]. Dans les mots où ces deux caractères continuaient à couvrir le phonème sifflant du [signe] ou son dérivé, on estimait qu'il était assez proche de celui du [signe], [signe], rendant ⲓ ou ϫ, z ou ⲧⲥ-ⲧⲥⲏ, pour qu'on pût le confondre avec celui-ci dans l'écriture et dans la prononciation. Ce point posé, on comprend comment il se fait que, dans les mots où l'articulation première s'est maintenue à peu près jusqu'à la fin, le copte ait employé, pour l'exprimer, son ϫ-ϭ. Il n'y a plus besoin, alors, de recourir à des comparaisons un peu forcées avec l'hébreu, et de poser, par conséquent, l'équation ⸗ = ܕ.

Y a-t-il là de quoi déterminer la nuance de son que ⸗ représentait à l'origine ? Je ne vois guère que le phonème qui est rendu par le ث arabe ou mieux encore par le θ grec. Il semble qu'on l'ait conservé, encore à l'époque saïte, dans le nom de la ville de ⸗, car Hérodote et Hécatée de Milet avant lui écrivaient et prononçaient Θίς, au génitif Θίνος. C'était, dès lors, une prononciation archaïque, qui se perpétuait dans l'usage, comme il arrive souvent aux noms propres : car celui du décan ⸗ est rendu en grec par Θοσόλκ, mais, même là, le passage du ⸗ au ᴖ était un fait accompli probablement dans la langue courante, car on trouve en hiéroglyphes les variantes ⸗ ou ⸗, en transcription assyrienne d'Assourbanipal *Taâni* et *Taiani*, prononcés peut-être *Téni*, et copte ancien ⲧⲓⲛ. Par un mouvement inverse, tandis que les Grecs rendaient en Ψαμμήτιχος le nom ⸗, les Assyriens notaient plus exactement en *Pishami*ʟ*ki* (*Toushami*ʟ*ki*, par mauvaise lecture antique du signe polyphone initial), où ʟ pour ⸗ s'explique probablement par une prononciation sifflante, *Pishami*sʜ*ki*, *Pisamiski*, du ⸗, et par le même phénomène de substitution de ʟ à sʜ ou s, qui a transformé, disons *Kash*di en Χαλδαῖος. Nous obtenons donc, pour l'histoire de ⸗, le schème suivant :

$$\theta, \text{ث}$$

Antérieurement au second empire thébain, tourne presque partout à ᴖ ⲧ-ⲧ-ⲇ.	Garde accidentellement une valeur sifflante dans quelques mots et devient ⸗, prononcé ⲍ, Σ ou ϫ.

Là encore, les faits relevés par nos prédécesseurs nous prouvent que plusieurs phonèmes suffisamment distincts l'un de l'autre se dissimulaient sous le caractère-type ⸗, dès le commencement du second âge thébain. En voici l'histoire depuis cette époque, telle que je la comprends. Au début, nous avons sous ⸗ la mi-occlusive sifflante sourde ⲧⲥ, c'est-à-dire un son se rattachant à la dentale ⲧ, et la mi-occlusive chuintante sourde ⲧⲥʜ, prononcée comme dans l'anglais *child* ou dans l'italien *cicerone*, c'est-à-dire un son se rattachant à une gutturale ⲕ. A la fin de l'époque ramesside et à l'époque gréco-romaine, chacune de ces valeurs se dédouble. La série ⸗ ⲧⲥ se ramène progressivement à ⸗ ẟ ou à θ, qui, eux-mêmes, se résolvent d'une part en ᴖ-ⲧ-ⲑ, de l'autre en Σ-⸗-ϫ; la série ⸗ ⲧⲥʜ aboutit probablement, par l'intermédiaire de ⲧⲓ-ⲇⲓ, d'un côté à notre ⲓ-ⲅ-doux, ϭ, de l'autre à notre chuintante simple ⲥʜ, en anglais sʜ, aujourd'hui ϫ-ϭ. Voici les faits sur lesquels je m'appuie pour obtenir ce résultat.

1° *Du XVIe siècle avant notre ère à l'époque saïte.* — Dans les transcriptions de noms géographiques sémitiques que les listes de Thoutmosis III nous font connaître, [hiéroglyphe] et son syllabique [hiéroglyphe] servent à rendre généralement le ṣ hébraïque, plus rarement le ז, et leur témoignage est confirmé par celui des papyrus ramessides, [groupe de hiéroglyphes]

צָרְפַת, צָרְפָתָה, [groupe de hiéroglyphes], [groupe de hiéroglyphes] צִידוֹן, [groupe de hiéroglyphes] צֹר, [groupe de hiéroglyphes] קָצָר, [groupe de hiéroglyphes]

[groupe de hiéroglyphes] קַרְתְּ־נִצָּן, ou bien [groupe de hiéroglyphes] גֶּזֶר, [groupe de hiéroglyphes] עַזָּה, [groupe de hiéroglyphes]

בְּאֵר־לִיוּ et nombre d'autres. Les noms communs passés de l'usage sémitique dans l'égyptien présentent le même emploi, ainsi [groupe de hiéroglyphes] répondant au babylonien *maziqda* par un ז, [groupe de hiéroglyphes] צֵב, [groupe de hiéroglyphes] קָפוּ, et ainsi de suite. De même, les scribes d'Asarhaddon et d'Assourbanipal disent ṣaanou, ṣiinou, pour [groupe de hiéroglyphes], ṣikhâ pour [groupe de hiéroglyphes], et leurs transcriptions achèvent de nous prouver que le ṣ sémitique était bien l'équivalent graphique ordinaire du [hiéroglyphe] égyptien et réciproquement, mais, comme la valeur du ṣ sémitique lui-même était variable, nous serions parfois embarrassés pour déterminer celle du [hiéroglyphe] égyptien, si les transcriptions grecques ne venaient pas à notre aide. Elles sont, pour le ṣ sémitique, tantôt Τ, Τύρος-צֹר, tantôt Σ, Σιδων-צִידוֹן, suivant que l'élément dental ou l'élément sifflant-chuintant l'emportait dans l'énonciation. Le même phénomène se produit pour le [hiéroglyphe] égyptien, car les Grecs transcrivent Τάνις [groupe de hiéroglyphes], où les Hébreux avaient צֹעַן, et Τέως ou Τάχως, où les Assyriens avaient eu ṣikha, trois siècles plus tôt. Il y a donc là, à la fois, une indication d'une valeur TS-TCH pour [hiéroglyphe] et de la tendance à faire descendre ce TS-TCH [hiéroglyphe] vers T-D.

Que cette tendance ait été très ancienne dans la langue, l'étude de la dégradation successive de TS-[hiéroglyphe] en δ-[hiéroglyphe] et de δ-[hiéroglyphe] en τ-D dans le même mot au cours des temps le montre suffisamment. Le mouvement, commencé dès le premier âge thébain, est déjà très développé dès le début du second, ainsi que le prouvent des exemples fort nombreux : quelques-uns, pris au hasard, suffiront ici pour rappeler la règle. C'est ainsi que les [groupe de hiéroglyphes], [groupe de hiéroglyphes], [groupe de hiéroglyphes], [groupe de hiéroglyphes], [groupe de hiéroglyphes], [groupe de hiéroglyphes], [groupe de hiéroglyphes], [groupe de hiéroglyphes], [groupe de hiéroglyphes], etc., de l'époque memphite ou des époques antérieures, sont devenus, quelques-uns au moins dès la XIIᵉ dynastie, tous certainement avant la XVIIIᵉ, [groupe de hiéroglyphes], [groupe de hiéroglyphes], [groupe de hiéroglyphes], [groupe de hiéroglyphes], [groupe de hiéroglyphes], [groupe de hiéroglyphes], [groupe de hiéroglyphes], [groupe de hiéroglyphes], et beaucoup même ont franchi ce stage pour aboutir du [hiéroglyphe] au [hiéroglyphe], [groupe de hiéroglyphes], [groupe de hiéroglyphes], [groupe de hiéroglyphes], [groupe de hiéroglyphes], [groupe de hiéroglyphes]. Les textes d'El-Amarna offrent au moins deux bons exemples de transcriptions de ce [hiéroglyphe] arrivant au [hiéroglyphe], *piṇatiou, pinṇatiou*, pour [groupe de hiéroglyphes] de [groupe de hiéroglyphes], ṇashi pour [groupe de hiéroglyphes], [groupe de hiéroglyphes] de [groupe de hiéroglyphes], mais, comme tous les mots égyptiens qui s'y trouvent ne sont pas encore identifiés, ce n'est là probablement qu'un minimum. Le [hiéroglyphe] est certainement un ד-δ, et le δ-ד se résout en égyptien, comme le prouvent les faits, sur ד-τ : le [hiéroglyphe], d'où il dérive dans cet endroit, est donc très probablement, ainsi que je le disais, une mi-occlusive sifflante sourde qui cède la place à la sonore δ, qui, elle-même, cède la place à la sourde simple τ, qui, à son tour, prend le son de notre sonore simple D.

2° *Du commencement de l'époque macédonienne au commencement de l'âge copte.* — Pour les mots contenant un [hiéroglyphe]-TS à l'origine, le mouvement qui conduit [hiéroglyphe]-TS au

�⌝-T-D en passant par le ⌷ se précipite et s'achève : il est probable que tous les mots de cette catégorie avaient terminé leur transformation vers l'époque romaine, et que le départ entre eux et les mots demeurés en copte avec le son chuintant pouvant tourner au son sifflant était déjà fait. En effet, on trouve dans les transcriptions du grec Σισόις, Σεμενοῦτε, Σενσαώς, avec la variante en Σ de [hiéroglyphes] prononcé ordinairement Τεώς, [hiéroglyphes], [hiéroglyphes], pour les mots qui se trouvent avec la ϫ seule dans le copte ϫιϫωι, ϫωωмε-ноүте ou ϫεмε-ноүте, prononcés probablement Tsitsoi, Tchitchoi ou Chichoi, Tsémé-Tchémé-noute ou Chémé-noute, Tsentsaos-Tchentchaos ou Chenchaos, le grec rendant ces sons par Σ également ; mais on rencontre aussi très fréquemment déjà des orthographes en ⌷ des racines écrites jadis par [hiéroglyphe], puis par ⌷, ainsi [hiéroglyphes] ou [hiéroglyphes] de [hiéroglyphes], [hiéroglyphes] de [hiéroglyphes], [hiéroglyphes] de [hiéroglyphes], [hiéroglyphes], que les Grecs ont transcrit Τοσορ-, Τοσερ-, dans les noms royaux Τοσορθρός, Τοσερτάσις, etc. ; les exemples de ces orthographes nouvelles en ⌷ sont assez fréquents pour qu'il ne soit pas nécessaire d'en citer davantage. La prononciation en ⌷-T des mots qui s'écrivaient anciennement par un [hiéroglyphe] et qui s'étaient prononcés en TS-TCH, était devenue si bien normale dans certains cas, que les scribes en vinrent à employer le [hiéroglyphe] comme homophone de ⌷, ⌷ et ⌷ pour écrire les noms propres étrangers, [hiéroglyphes], [hiéroglyphes], [hiéroglyphes] ou [hiéroglyphes], [hiéroglyphes], pour Τίτος, Ἀδριανός, Σωτήρ, Δομιτιανός, et réciproquement les étrangers rendaient parfois le signe [hiéroglyphe] par le son du τ, [hiéroglyphes] Ἡτήτ, [hiéroglyphes] Φουτήτ. En revanche, bien que le copte nous offre plus tard de nombreux exemples de mots où la valeur TS-TCH de [hiéroglyphe] aboutit à un ϭ, nous en possédons peu pour l'époque antérieure où [hiéroglyphe]-TCH se résout sur ⌷, équivalent à ϭ : le seul certain jusqu'à présent, et qui avait été relevé déjà par les premiers égyptologues, est celui de [hiéroglyphes] à côté de [hiéroglyphes] répondant à ϭатϥı M. à côté de ϫатϥє T. ϫετϥı B. D'autres qu'on serait tenté de citer sont moins certains : ainsi la formule [hiéroglyphes], qu'on trouve aussi remplacée par [hiéroglyphes], se rencontre quelquefois alors modifiée en [hiéroglyphes], où l'on pourrait reconnaître la valeur en TCH-ϭ de la racine [hiéroglyphe], s'il ne devait pas se rattacher plutôt à la racine [hiéroglyphes], écrite dès le début par la gutturale ⌷, indépendante de [hiéroglyphe]. On aimerait encore pouvoir affirmer que, dans un exemple plus ancien, puisqu'il remonte au milieu de l'époque saïte, la variante [hiéroglyphes] de la transcription égyptienne du nom de Cambyse sonnât Kambucha, mais la variante [hiéroglyphes] montre une prononciation plus sifflante, qu'Hérodote a rendue par Καμβύσης. Il convient, d'ailleurs, de noter que les Grecs, n'ayant pas l'équivalent exact des sons couverts par [hiéroglyphe], ou ne rencontrant plus dans certains mots qui l'avaient renfermé jadis que son dérivé ⌷ ou ⌷, ont employé souvent des lettres différentes de leur alphabet pour les noter, le θ dans Ἀρυώθης [hiéroglyphes], Κολλούθης [hiéroglyphes], le δ ou le τ dans Ἀρενδιώτης, Ἀρεντιώτης [hiéroglyphes], où [hiéroglyphe] a déjà la valeur [hiéroglyphe]⌷, [hiéroglyphe]⌷, comme le prouve la transcription. Le fait à retenir, c'est que, au moins à la fin de cette époque, les deux phonèmes que le [hiéroglyphe] avait couverts depuis la période thébaine s'étaient bien séparés pour aller les uns vers la dentale τ-θ, les autres vers la gutturale chuintante ϫ-ϭ, selon les dialectes.

3° *Du commencement de l'âge copte jusqu'à nos jours.* — Au temps où se firent les premiers essais d'écrire l'égyptien en un alphabet grec augmenté de quelques caractères, le son que le ⳝ avait pris dans la première série ressemblait assez à l'un des sons provenant du Ⱉ, et les deux à celui de la chuintante pure ⳝ, pour que plusieurs des scribes pré-coptes aient été tentés de les exprimer par un seul signe ou par deux au plus. Celui qui a recopié la deuxième partie d'Anastasi DLXXIV de notre Bibliothèque nationale traduit le ⳝ, le Ⱉ et le ⳝ par un même caractère ₢, qui semble dériver du ⊙ hiéroglyphique[1], et que je remplacerai par σ̆ pour la commodité de l'impression : il écrira, par exemple, σ̆ⲁϥ = [ⲛⲉ]ϫⲁϥ, ⳝ, où σ̆ équivaut à ϫ du copte, σ̆ⲁⲗⲁⲟⲩσ̆ = σ̆ⲁⲗⲁⲩϫ T. M., ou σ̆ⲟⲓⲛⲉ = ϣⲱⲡⲉ T. M. Nous verrons que les Coptes échangeaient parfois leur ϣ avec leur ϫ et leur σ : retenons seulement, pour le moment, ce fait que les trois articulations couvertes par le σ̆ étaient assez proches l'une de l'autre pour qu'on pût considérer qu'un seul caractère pouvait leur suffire. Elles n'étaient pas, cependant, si bien assimilées l'une à l'autre que, dans le même manuscrit Anastasi, l'écrivain de la première partie n'en ait différencié au moins deux par des signes particuliers. Il n'a employé aucun mot renfermant le σ du copte ; nous ne savons donc pas si son σ̆ répondait à cette lettre comme au ϣ, mais il n'a mis qu'une fois σ̆ⲉ pour ϫⲉ, et ailleurs on trouve chez lui ⲧⲟσ̆, σ̆ⲁⲗⲱⲙ, σ̆ⲁϥ, pour ⲧⲟϣ T. ⳝ, ϣⲁⲗⲱⲙ ⳝ, ⳝ, *ϣⲁϥ-ϣⲃⲉ ⳝ. Il a introduit pour le ϫ un caractère spécial ₫, dont je trouve des variantes dans d'autres écrits du même genre et qu'on pourrait rendre pour plus de commodité par ϫ̆. Il y avait donc pour le ϫ-ϫ une nuance de son qu'il s'agit de rechercher.

La première série de sons pour le ϫ, celle qui se rattache, dans la langue antique, à la mi-occlusive sifflante ou chuintante ⲧⲥ-ⲧⲥⲏ- ⳝ, se reconnaît à ce qu'elle reste ⳝ-ϫ, dans tous les dialectes, là où ce ⳝ a persisté et n'a pas fini déjà par aboutir au ⲟ. Tandis, en effet, qu'on a désormais ⲥⲱⲧⲙ, ⲡⲟⲧⲙ, ⲧⲁϧⲧ, ⲧⲏⲏⲃⲉ ⲟⲩⲱⲧⲃ, ⲙⲟⲥⲧⲉ, ⲙⲁⲧⲟⲓ, ⲙⲧⲉ, pour les formes archaïques ⳝ, ⳝ, ⳝ, ⳝ, ⳝ, on rencontre, d'autre part, ϫⲱⲱⲙⲉ T. ϫⲱⲱⲙⲓ B. ϫⲱⲙ ⳝ, ϣⲁϫⲉ T. ⲥⲁϫⲓ ⳝ ϣⲉϫⲉ Akhm. ϣⲉϫⲓ B., ⲟⲩϫⲁⲓ T. M. ⲟⲩϫⲉⲓ B., [ⲁⲛ]ϫⲱϫ T. ϫⲱϫ ⳝ, ⲛⲁϫⲅ, ⲛⲁⲁϧⲉ, ⲛⲁϫⲉ T. ⲛⲁϧⲓ ⳝ ⲛⲉϧϫⲓ B., ϫⲟⲓ T. M., en regard de ⳝ, ⳝ, et de beaucoup d'autres. Mais, dans ces cas, comment convient il de prononcer le ϫ copte ? L'orthographe du ⳝ de cette première série ayant passé dans un certain nombre de mots à ⳝ, puis à ⲧ-δ et ⲧ, en copte ⲧ et ⲟ selon les dialectes, il faut en conclure que, là où le ϫ provenant du ⳝ s'est maintenu dans tous ces dialectes, c'est que ϫ y avait conservé ou le son même de ⳝ ⲧⲥ-ⲧⲥⲏ ou un son approchant, que l'écrivain des lettres Régnier rend par ⲧⲍ, ainsi ειⲥⲍⲧⲍεν ⲭⲟⲩⲧⳝ pour ⲉⲓϣϫⲉⲛ ⲕⲟⲩϫⲓ : puisque ⳝ hiéroglyphique s'est changé en ⲧ-ⲇ dans le copte, comme nous avons vu plus haut, il est plus que probable que le ⳝ aura suivi le même mouvement, et qu'il sera devenu de ⲧⲥ-ⲧⲥⲏ pro-

---

1. C'est également l'avis de Krall (*Mittheilungen*, 1886, p. 111) et d'Erman (*Die ægyptischen Beschwörungen*, dans la *Zeitschrift*, 1883, t. XXI, p. 93, n. 1).

noncés avec la sourde et la sifflante dure s, ᴅs, avec la sonore correspondante et la sifflante douce s, identique à notre z ou à notre ɪ dans *zéro* et *déɪà*. On dira donc ᴅzóômé et ᴅzóm, ᴅɪóômé et ᴅɪóm pour ⲭⲱⲱⲙⲉ, ⲭⲱⲙ, *shaᴅzé-shaᴅɪé* ou *saᴅzi-saᴅɪi* pour ⳟⲁⲭⲉ-ⲥⲁⲭⲓ, *naᴅzh* et *naᴅzhi*, *nahᴅɪhé* ou *nahᴅɪi*, pour ⲛⲁⲭϩ-ⲛⲁϩⲭⲓ, et ainsi de suite. Bien entendu, ce système ne vaut que pour le cas où ⲭ a persisté dans tous les dialectes; la plupart du temps c'est le contraire qui est arrivé, et, l'élément chuintant ayant prédominé dans ce son complexe, les dialectes du Nord possèdent un ⲭ en face du ϭ que comportent les dialectes du Sud. Comme il nous faudra insister sur ce fait à l'article des gutturales, je ne citerai ici que deux ou trois exemples pour la forme, ⲭⲉⲙ *M.* à côté de ϭⲙ-ϭⲛ *T.* de [hiéroglyphes], ⲧⲱⲭⲓ, ⲧⲱⲭ *M.* à côté de ⲧⲱϭⲉ, ⲧⲱϭ *T.* de [hiéroglyphes], ⲭⲱϩⲓ *M.* à côté de ϭⲱϩⲉ, ϭⲱⲱϩⲉ *T.* de [hiéroglyphes]; l'échange des deux sons représentés par ⲭ et ϭ se produit quelquefois, d'ailleurs, dans le même dialecte, ainsi que nous le verrons plus tard. Plusieurs graphies des manuscrits coptes, dans lesquelles le ⲭ des deux dialectes est manifestement l'expression d'une combinaison ⲧ + ⳟ, nous permettent d'établir qu'en effet, dès le début, la prononciation de ce caractère répondait à celle de ⲧ-ᴅ-ⲧ plus la chuintante ⳟ, soit au ᴄʜ anglais dans ᴄʜ*ild*, ou bien au c italien devant ɪ ou ᴇ, comme dans ᴄɪᴄᴇ*rone*, ⲭⲛⲟ *T.* ⲭⲛⲁ *B.* ⲭϥⲓⲟ *B.*, équivalant à [hiéroglyphes] *ᵀ-ⳟⲛⲟ*, ⲭⲛⲓⲟ *T.* ⲭϥⲓⲟ *B.*, équivalant à [hiéroglyphes] *ᵀ-ⳟⲛⲓⲱ*, ⲭⲛⲉ, ⲭⲛⲟ *T.*, équivalant à [hiéroglyphes] *ᵀ-ⳟⲛⲉ*, d'où la préposition ⲁⲭⲛ *T. B.*, équivalant à *ᴀⲧ-ⳟⲛ*, ⲭⲧⲟ, ⲭⲧⲉ *T.*, équivalant à [hiéroglyphes] *ᵀ-ⳟⲧⲟ*, ⲧ-ⳟⲧⲉ, et ainsi de suite.

Les différentes transcriptions que nous avons soit de textes égyptiens en caractères étrangers, soit de textes étrangers en caractères coptes, confirment sensiblement cette lecture de ⲭ. Dans le vocabulaire français d'un Copte on trouve, pour rendre le ᴄʜ de notre langue, tantôt ⲭ, tantôt la combinaison ⲧⳟ ou ⲑⳟ. J'avais pensé tout d'abord qu'il y avait lieu de distinguer deux prononciations différentes, l'une propre au français parlé par les Orientaux, ⲭⲁⲑⲉϩ, ⲭⲙⲉⲓⳅⲉ, *ç*ᴀ*tte*, *ç'mîze*, etc., l'autre reproduisant un rendu picard ou anglo-normand, ⲧⳟⲓϩⲉⲗⲉ, ⲑⳟⲁⲙⲉⲗ, ᴛᴄʜ*ivèle*, ᴛᴄʜ*amel*[1]. J'admets aujourd'hui encore l'exactitude de la seconde partie de l'explication, mais, pour la première, je crois qu'il y aurait lieu d'adopter une autre solution. Le scribe copte, ayant à sa disposition deux sources d'information pour le français, l'une qui lui fournissait la prononciation ᴄʜᴇ de l'Ile-de-France, l'autre qui lui fournissait la prononciation ᴛᴄʜᴇ de l'anglo-normand, a tenu à distinguer entre les deux en employant ⲭ pour la première, ⲧⳟ pour la seconde. Il a donc écrit, dans le premier cas, ⲗⲁⲭⲁⲑⲉϩ, ⲭⲙⲉⲓⳅⲉ, ⲭⲉⲛⲟⳉⲥ, ⲭⲁⲛⲑⲉ, et prononcé plus doucement *la ᵈjatte, ᵈjemise, ᵈjénous, ᵈjanté*, répondant à *la jatte-la chatte, jemise-chemise, jé nous-chez nous, janté-chantez*, et, dans le second cas, ⲧⳟⲓⲛⲟⳉⲥ, ⲗⲓⳟⲉⲛⲭⲓ, ⲑⳟⲁⲣⲡⲁⲛⲑⲉⲣ, ⲧⳟⲁⲣ, ⲧⳟⲓϩⲉⲗⲉ, ⲑⳟⲁⲙⲉⲗ, prononcés plus durement *ᵗchi nous, li ᵗchᵢen di (de)..., ᵗcharpanter-charpentier, ᵗchar-chair, ᵗchivèle-cheval, ᵗchamel-chamel*. Et, en effet, dans le texte copte en lettres arabes, ⲭ est transcrit par ج, ⲛⲭⲟⲥ ماضاجرواى ⲙⲁⲧⲁⲭⲣⲟⲓ, صاجى ⲥⲁⲭⲓ, سلج ⲥⲱⲗⲭ, همى جان ϩⲓⲭⲉⲛ, جا ⲭⲉ, نجوس, انجوف جاف ⲛⲭⲟϥⲭⲥϥ.

---

1. G. Maspero, *Le Vocabulaire français d'un Copte du XIIIᵉ siècle*, reproduit dans les *Études de Mythologie ou d'Archéologie*, t. V, p. 183.

et son témoignage est confirmé par les noms communs ou les noms propres géographiques où l'écrivain arabe, tout comme le drogman épelant le français, rend le son copte ⲝ
tantôt par ج *dj*, tantôt par ش *ch*, tantôt par س ou par ص, الجارية ⲁⲗⲝⲉⲣⲓⲁ, جابر ⲝⲉⲛⲓⲣ,
et ⲝⲁⲛⲁⲥⲉⲛ, جباس, ⲡⲓⲝⲉⲗⲃⲁϧ جلفة, ⲝⲓⲝⲃⲏⲣ جحوير, ⲝⲉⲃⲣⲟ شبرا, ⲣⲁⲥ ⲉⲗ ⲋⲁⲗⲓⲝ راس الخليج, ⲝⲁⲛⲓ
صان, ϯⲗⲟⲝ ذلاس, ⲝⲟⲗⲝⲉⲗ سلسلة, et quelquefois par le ش et par le ج indifféremment : ⲝⲓⲝⲃⲏⲣ
s'écrit aussi ششوير. Laissons de côté les exemples qui se rattachent à la prononciation
TS de ⳡ, et retenons seulement l'équivalence de ⲝ avec ج ou ش : on a de même, chez
Le Page-Renouf, جلس ⲝⲉⲗⲉⲥ, الجامعه ⲉⲗⲝⲉⲙⲉʿϧⲁ, جدا ⲝⲉⲁⲁⲉ. فوجده ⲋⲉⲃⲉⲝⲉⲁⲟϧ, ماجسرت
ⲙⲉⲝⲉⲥⲁⲣⲧ. On a discuté afin de savoir quelle valeur il convenait d'attribuer ici au ج,
et Amélineau ainsi que Rochemonteix pensent que c'est celle qu'il a en Égypte actuellement, *gu-* ou *g* dur, tandis que Casanova et Galtier penchent pour *dj* : l'argument
tiré de la prononciation présente de ج n'est pas convaincant, car, quel que soit l'usage
journalier des fellahs, ils savent, même les plus ignorants. que le ج a régulièrement la
valeur *dj*, et ils s'en servent pour rendre, par exemple, le son ᴊ du français, جى كوره
ᴅᴊi *koure* pour ᴊᴇ *cours*. On pourrait tirer une preuve nouvelle de l'usage de ϭ qui
échange si souvent avec ⲝ, soit d'un dialecte à l'autre, soit dans le même dialecte : le
drogman copte l'emploie pour rendre ᴊ ou ɢ-doux français devant ɪ, ᴇ, ⲗⲓⲡⲁⲛϭⲓⲗⲉ,
ϭⲓⲛⲟϥⲗⲱⲙⲉ, ϭⲓⲛⲟϥⲉ, ϭⲉⲛⲉ, ϭⲱⲛⲉ, ϭⲁⲣⲁⲓⲛ, ϭⲟⲩⲥⲥⲓ, *l'Évanɢile*, ɢentilhomme, ɢénois, ᴊeune,
ᴊaune, ᴊardin, ᴊe suis, et aussi notre s-douce ou notre ᴢ, ⲧⲁⲓϭⲱⲙⲉ, ⲣⲁϭⲓⲛ, ⲗⲓϭⲉ, ⳝⲁⲣⲁϭϭⲓⲛ,
des hommes, raisin, lisez, Sarrazin.

Plus tard, lorsque le copte fut sur le point de disparaître ou qu'il eut disparu, la
prononciation du ⲝ s'altéra encore. Dans le psaume transcrit de Petræus on trouve ⲝ
rendu par ᴊ, réduction de ᴅᴊ, ⲛⲓⲉⲝⲱⲣϧ *biaᴊorh*, ⲟⲩⲝⲱⲃⲓ *uᴊôûvi*, ou par sᴊ, ϧⲓⲝⲉⲛ *hisᴊan*,
ⲝⲉ sᴊâ. C'est la première prononciation qui prévalut depuis le XVIIIᵉ siècle, au moins
chez les grammairiens coptes élevés par les missionnaires italiens, et chez les grammairiens européens. Kircher[1], par exemple, définit « ⲝ *Giangia* profertur ut ɪ, iota
» Hispanicum, ut *hijo* », ce qui n'est plus exact aujourd'hui que la *jota* a changé de
son, mais qui nous ramène bien au ᴊ de Petræus. Après lui, Tuki, Valperga, Minga-
relli, emploient la même valeur, et Peyron lui-même suit la tradition : « ⲝ pronun-
» ciatur uti *g* dulce, quasi *i* interjecto inter ⲝ et vocalem sequentem, ut sit ⲝⲁ *gia*,
» ⲝⲉ *gie* ». De la même tradition dérive la transcription *sj* de Champollion, et les
transcriptions plus savantes que les philologues coptisants ou égyptisants ont essayé
d'établir dans leur cabinet. La prononciation actuelle, telle que Rochemonteix l'avait
recueillie, diffère assez de la traditionnelle. « ⲅ *ǧanǧa* = ǧ est, dit-il, un semi-contact
» formé dans la même région que le *g* dur français; la prononciation du groupe *gui*
» devant *a, o, u,* en donne une idée assez exacte. Cette articulation se retrouve dans
» presque toutes les langues des peuples avoisinant l'Égypte; elle s'est imposée pour la
» prononciation du ج arabe dans le parler des fellahs, qui n'emploient jamais, comme

___

1. Kɪʀᴄʜᴇʀ, *Prodromus*, p. 287.

» les Syriens ou les gens de la Barbarie, *j* ou *dj*, et réservent d'ordinaire le *g* dur pour
» rendre le ق, voire le غ. » C'est sous l'influence de l'arabe d'Égypte que le ϫ, prononcé d'abord DJ, J, a passé au son voisin du G-dur dont parle Rochemonteix. De
même que le musulman égyptien prononça جَمَل Gamel au lieu de DJamel, le copte, ap-
pliquant à sa langue liturgique l'usage de l'arabe familier qu'il parlait dans la vie courante, prononça désormais ⲥⲁϫⲓ *sa'ği*, ⲓⲥϫⲉⲛ *isğan*, ⲁϥϫⲟⲥ *afğoes*, ⲟⲩⲕⲟϫⲓ *ôko'ği*, ϫⲉⲙϥ
ğemf, ⲛϫⲱⲣⲣ *enğorhh*, et ainsi de suite, c'est-à-dire *saġui*, *isğuan*, *afguoes*, *ôkogui*,
guemf, *enguorhh*. Je n'ai pas noté de changement depuis quarante ans bientôt que
Rochemonteix recueillit ses textes dans la bouche de quelques prêtres.

L'histoire du ⲣⲟ-ϫ égyptien, depuis le début de la XVIIIᵉ dynastie, nous montre
donc, comme je le disais en commençant, une dentale palatalisée que je rends par TS et
la chuintante palatale correspondante que je rends par TCH. Le premier phonème tour-
nait déjà au ⲥ δ, puis au ⲧ T-D, et, à l'époque romaine, il ne se maintenait plus que
dans un nombre de mots assez restreint. Le second se substitua progressivement au
premier, et de TCH en DJ-J, puis en Ḡ, envahit tout ce qui restait de la langue à l'ex-
clusion de l'autre.

La détermination du phonème couvert par ce caractère a prêté matière à de nombreuses recherches comme celle de ⲥⲥ. Champollion et les premiers égyptologues le
considérèrent comme un homophone parfait de ⲥ, ⲥⲥ, ⲓ, ⲣ, et ce ne fut qu'après
de longues discussions, soulevées surtout par les travaux de Brugsch, que sa véritable
valeur fut établie. Résumons en quelques mots son histoire depuis le commencement
du second empire thébain.

1° *Du XVIᵉ siècle avant notre ère à la fin de l'époque saïte.* — Les scribes du
début de la XVIIIᵉ dynastie ont employé le ⲥⲥ pour rendre le ד des noms sémitiques,
mais non exclusivement tant s'en faut : si l'on trouve ⲣⲟⲥ ou ⲣⲟⲥ,
ⲣⲟⲥ, par exemple, pour rendre
קָדֶשׁ, אַדִּיר, מִגְדּוֹל, צִידוֹן, יַרְדֵּן, on rencontre aussi des formes nombreuses en ⲟ et en ⲣ
pour exprimer ce ד dans toutes les positions ⲣⲟⲥ pour מִגְדּוֹ, ⲣⲟⲥ pour
דַּמֶּשֶׂק, etc., ainsi que nous l'avons dit à l'article du ⲥ. Les transcriptions en cunéiformes d'El-Amarna ne nous donnent pas jusqu'à présent de mot contenant certainement un ⲥⲥ, et il faut descendre jusqu'au VIIᵉ siècle avant notre ère pour en rencontrer des cas en assyrien. Les scribes d'Asarhaddon et d'Assourbanipal rendaient
alors le son par l'équivalent ט, *Naḫu* pour ⲣⲟⲥ, *Pinᵘéᵘi* ou *Binᵘéᵘi*
pour ⲣⲟⲥ, *Ispimaᵘou* pour ⲣⲟⲥ, et, dans tous les noms propres
en ⲣⲟ, *Paᵘmiustu* pour ⲣⲟⲥ, *Puᵘubešti* pour ⲣⲟⲥ,
Iptiḫarᵘéšu pour ⲣⲟⲥ, mais une fois le ⲥⲥ est déjà tombé dans *ẕiḫa*
pour ⲣⲟ. Le grec présente la même fluctuation, car, dans ⲣⲟⲥ, il rend le
premier ⲥⲥ par δ, mais le second par τ, au génitif Μένδης, Μένδητος, et la prononciation lé-

gèrement sifflante du s a peut-être influé sur la dérivation en σ de l'ethnique Μενδήσιος.
Les transcriptions araméennes de l'époque persane continuent à exprimer généralement
par un ט le son du [hiéroglyphe] égyptien dans les quelques noms qu'elles nous apportent, פטנאסי
pour [hiéroglyphes], פטיסירי pour [hiéroglyphes], desquels on rapprochera l'hébreu פּוֹטִיפֶרַע
pour [hiéroglyphes] et le nom mixte, signalé déjà par Rougé, פּוֹטִיאֵל, dont le premier
élément est [hiéroglyphe]. Il faut noter toutefois qu'à la même époque, les Grecs rendaient déjà
le [hiéroglyphes] de ces noms propres par un τ, [hiéroglyphes] par Ποτασιμτώ, Παταρβῆμις, à cor-
riger, comme le propose très judicieusement Spiegelberg, en Παταρβῆκις [hiéroglyphes]
[hiéroglyphes], [hiéroglyphes] Πετήσιος; il est rendu également par un τ dans d'autres combinaisons telles que [hiéroglyphes] Ἀμυρταῖος. La forme Ἄβυδος du nom de la ville [hiéroglyphes],
[hiéroglyphes], peut avoir assumé un δ, par suite d'une assonance au nom d'Abydos que portait la ville de l'Hellespont : il faut, pourtant, noter ici un des exemples rares à cette
époque de [hiéroglyphe] transcrit par δ. Il résulte donc de ces faits que, depuis le milieu du
second millénaire avant notre ère jusqu'à la conquête macédonienne, [hiéroglyphe] oscillait entre
deux phonèmes rendus l'un par τ-ט-δ, l'autre par ת-τ, mais avec une tendance vers
le τ-ת marquée de plus en plus.

 2° *Depuis le commencement de l'époque ptolémaïque jusqu'à nos jours.* — L'histoire du [hiéroglyphe] est bien connue à partir de cette époque. Le son s'en identifie dans la prononciation avec celui du [hiéroglyphe]; il ne se conserve que par effet réflexe dans un mot comme
[hiéroglyphes], où le θ de la transcription traditionnelle Σῶθις est évidemment amené par un
souvenir du [hiéroglyphe] premier, et, dans l'écriture monumentale, il devient une variante purement graphique de ce signe. J'ai noté déjà que, dans le démotique, le δ grec est rendu
toujours par [hiéroglyphe]; cette constance s'explique peut-être par ce fait que les formes graphiques
du [hiéroglyphe] et du [hiéroglyphe] s'y sont confondues sans qu'il soit possible de les reconnaître par elles-
mêmes. Cette confusion dans la cursive amena nécessairement une confusion dans
l'écriture hiéroglyphique, et, si, pour les mots du vieux fonds de la langue, les scribes
conservèrent souvent par routine d'éducation les orthographes traditionnelles, dans les
noms étrangers ils employèrent indifféremment [hiéroglyphe] et [hiéroglyphe] pour exprimer le τ et le δ :
Ἀλέξανδρος [hiéroglyphes] ou [hiéroglyphes], Πτολεμαῖος [hiéroglyphes] ou [hiéroglyphes],
Φιλοτέρα [hiéroglyphes] ou [hiéroglyphes], Κλεοπάτρα [hiéroglyphes] ou [hiéroglyphes]
[hiéroglyphes], [hiéroglyphes] et [hiéroglyphes] Ἀπολλωνίδης,
mais [hiéroglyphes] Μενεκρατεία et [hiéroglyphes] Δῖος, et même, dans ce
dernier nom, [hiéroglyphe] est usité plus souvent que [hiéroglyphe] sur les monuments pour figurer un τ.
Sous les Romains, Αὐτοκράτωρ présente toutes les orthographes possibles pour ses deux τ
et Σεβαστός pour son τ unique, [hiéroglyphes], [hiéroglyphes], [hiéroglyphes],
[hiéroglyphes], et Tibère, Claude, Domitien, Trajan, Hadrien, se servent indifféremment du [hiéroglyphe], du [hiéroglyphe] et de leurs homophones pour rendre le δ ou le τ de leur
nom en sa forme grecque. Une fois disparus les hiéroglyphes, le copte écrit avec τ

tous les noms qui, dans la langue ancienne, avaient un ⌒ ou un ⌐⌐, et les deux phonèmes au moins que ces deux caractères recouvraient se sont résolus en un seul ⲧ-ⲉ,
qui suit toutes les fortunes de celui-ci dans les deux dialectes, telles que je les ai exposées à l'article du ⌒. Il faut noter seulement que le ⌐⌐ du verbe ⲇⲟⲟ conserve
sa valeur de ⲇ en dernière syllabe, tout en prenant celle de ⲟ ⲧ en tête des mots : ainsi
le texte copte écrit en lettres grecques de l'archiduc Régnier écrit εντνουδι, μαεινουδι, πνουδ,
pour ⲉⲛⲛⲟⲩϯ, ⲙⲁⲉⲓⲛⲟⲩϯ, ⲛⲛⲟⲩϯ, mais τιτχει, τιεραστιαζεσθε, pour ϯⲥϭⲁⲉⲓ, ϯⲉⲣⲁⲥⲡⲁⲍⲉⲥⲑⲉ,
ce qui semble être une simple différence d'orthographe.

Ici encore, comme à propos de ⌐⌐, nous devons nous demander s'il y a dans ces
faits des éléments suffisants pour déterminer la valeur du son qui se cache sous ⌐⌐. Il
faut, pour cela, revenir un peu sur l'article de ⌐⌐ et nous rappeler le fait bien connu
de la transformation graduelle au cours des âges de certains ⌐⌐ en ⌐⌐ et de ce ⌐⌐
en ⌒, ⲓ̈ⲓ̈ⲓ̈, par exemple, devenant ⲓ̈ⲓ̈, puis ⲓ̈ⲓ̈, ⲓ̈, ⲓ̈ⲓ̈, et le dernier ⌒
s'amuissant pour donner le copte ⲙⲟⲥⲧⲉ *T.* ⲙⲟⲥⲧⲓ *M.* ⲙⲁⲥϯ *B.* Tenant compte de cet
élément d'enquête, nous pouvons arriver à une appréciation assez exacte du son. La série
des dentales en égyptien nous a déjà révélé plusieurs phonèmes distincts, ⲧ-ⲇ-⌒ qui se
ramène en dernier lieu à ⲇ-ⲧ-ⲉ, ⌐⌐ qui se ramène à ⲧ-ⲇ, puis à ⲇ-ⲧ-ⲉ dans la plupart des cas, mais se résout sur ⲍ-ⲝ-ⲧⲥ-ⲧⲥⲏ dans quelques mots, en dernier lieu ⲧⲥ-ⲧⲥⲏ-
ⲥⲏ, ⌐⌐ qui finit par aboutir d'un côté à ⲧ-ⲉ, de l'autre à ⲝ-ϭ. Une valeur manque
à cette série, celle du ⲇ grec ou du ذ arabe, c'est-à-dire la sonore de ⌒-ⲧ-ⲧ-ⲉ
memphitique. Je crois que, si ⌐⌐ ne représentait pas exactement le ⲇ grec ou le
ذ arabe, du moins il en différait peu pour l'articulation : c'est, en effet, celui qui devient le plus aisément tantôt ⲇ-ⲧ, tantôt ⲍ-ⲝ, comme le prouve l'histoire de ذ dans
l'arabe d'Égypte. L'objection qu'on a opposée parfois à ceux d'entre nous qui ont
préconisé ce rapprochement du son caché sous ⌐⌐ avec le son abrité par ⲇ, à savoir
que le copte n'a employé le ⲇ que dans un petit nombre de mots étrangers qui le
possédaient dans leur langue d'origine, a peut-être quelque apparence lorsqu'on s'en
tient à la surface, mais elle cesse de valoir dès qu'on va au fond des faits. Les
exemples cités plus haut, et beaucoup d'autres que chacun de nous a présents à la
mémoire, montrent que, dès le commencement de la seconde époque thébaine, le son
du ⌐⌐ tendait de plus en plus à se confondre avec celui du ⌒ et même du ⌐⌐ devenu
presque toujours homophone de ⌒. A l'époque gréco-romaine, lorsque l'alphabet copte
se constitua, le son de ⌐⌐ = ⲇ *n'existait plus* en égyptien, mais ce n'est pas une
raison pour admettre qu'il n'y eût jamais existé : de ce que les fellahs prononcent ذ
presque toujours comme د ⲇ ou ز ⲍ, il n'ensuit pas que ce caractère n'ait pas eu originairement en arabe sa valeur particulière. Notre ⌐⌐ est donc, je pense, l'intradentale faible ⲇ, et il est à ⌐⌐ ce que ⌐⌐ a été un moment à ⌒ : l'occlusion, ne se réalisant pour le former que par une pression peu intense de la langue sur le palais, ⌐⌐
était une sorte d'occlusive sonore douce, par conséquent elle était articulée assez faiblement, et c'est là ce qui explique les transformations qu'elle a subies en descendant les
siècles.

On peut donc résumer dans le tableau suivant tout ce que nous savons de la série des dentales :

𓏏	*T	....	D	ⲧ-D. ⲑ-T.
𓍿	*θ	T 𓏏	....	ⲧ-D. ⲑ-T.
		θ	ϫ	ϫ-ϭ.
𓆓		TS.....	𓂧 δ	𓏏-D. ⲑ-T.
		TCH ...	DJ	ϫ-ج-Ĝ.
𓂧	*δ	....	𓏏 T	ⲧ-D. ⲑ-T.

c. Gutturales et aspirées.

L'égyptien compte trois gutturales proprement dites 𓎡, 𓈎, 𓎼, ainsi que quatre aspirées 𓉔, 𓎛, 𓐍, 𓄡, et leurs équivalents graphiques, au commencement de la seconde époque thébaine, celle de la κοινή.

𓎡

Je suis convaincu que, dès le commencement de cette seconde époque thébaine, le signe 𓎡 et sa variante vocalisée 𓎡 recouvraient deux phonèmes assez différents. D'un côté, il répondait à notre sourde gutturale simple c dur — ϰ, de l'autre, à une sonore gutturale aspirée, notre G dur suivi d'une aspiration légère, et je crois en trouver l'indice dans la facilité avec laquelle les Égyptiens l'ont employé pour rendre le ג cananéen ou hébreu, tandis que les Grecs ont pu le traduire par χ ou emphatiquement par ϰχ, et les Memphites par ϧ dans des mots où le thébain a un ⲕ.

1° *Du XVIe siècle avant notre ère à la fin de l'époque saïte.* — Les listes de Thoutmôsis III présentent tant d'exemples de la première valeur K de 𓎡 et de sa correspondance exacte au ך hébreu, qu'il me suffira d'en rapporter ici quelques-uns qui le montrent dans plusieurs positions, כְּנַעַן, אַכְשָׁף, תַּעְנָךְ, שׁוֹכוֹ, et dans les noms communs, קַמְבוֹת, כִּנּוֹר κίνυρα, et ainsi de suite. L'équivalence de 𓎡 égyptien avec ג hébreu demande plus de démonstration pour être bien appréciée. Le spécimen le plus caractéristique en est donné par la transcription du nom de la ville cananéenne de Mageddo, מְגִדּוֹ, mais les exemples tant de noms géographiques que de noms communs en abondent dans les textes, גָּדֵר, עָנָן, גַּנּוֹת, גַּת et tous les noms de villes formés avec ce mot, מִגְדָּל. Parfois l'égyptien donne 𓈎 en variante de 𓎡 pour rendre le mot étranger, et .

�⌐, dans ⌐⌐, et ⌐ ; נ est rendu par ⌐ נזות au pluriel et par ⌐ au singulier dans ⌐ עין־גנים , קרת־קרות où le mot קרת est rendu par ⌐ tandis que dans ⌐ il est rendu par l'orthographe ⌐, avec le ⌐. Comme nous le verrons plus loin, le ⌐ répond d'ordinaire au ק hébreu, ainsi qu'au ق arabe, et, du moment que, dans la prononciation égyptienne, le son placé sous le signe ⌐ pour rendre נ pouvait faire variante avec le son placé sous le signe ⌐, c'est qu'il avait quelque chose de plus que notre G-dur commun : c'est peut-être le γ prépalatal du grec, devenu par la suite une spirante gutturale sonore, et cela lui permet, comme nous verrons, de se confondre plus tard avec ⌐. En tout cas, les variantes que je viens de citer, et les autres de même nature, semblent bien prouver que le ⌐ abritait, à la XVIIIᵉ dynastie, et la gutturale sourde C-K et la gutturale sonore simple γ-ג-G ou déjà devenant spirante.

Les pièces cunéiformes d'El-Amarna, par un hasard singulier, ne renferment que des mots comportant le syllabique ⌐ = ⌐. Elles écrivent par des syllabes renfermant un K = כ, ⌐ (*Ḥi-ku-up-ta-aḥ*) Ḥikouptaḥ, ⌐ (ku-i-iḥ-ku) kouiḥkou, ⌐ (*za-ab-na-ku-u*) zabnakou, ⌐ (ku-u-b(p)a, ku-u-b(p)u) koub(p)a-koub(p)ou. Dans un cas, il emploie la syllabe kou pour rendre un ⌐ qui répond à un נ hébraïque ⌐ אָכֻן (*a-ku-nu*), mais, comme il traduisait ce mot de la forme égyptienne, il est probable qu'il a pris le signe ⌐ dans sa valeur la plus fréquente de KA et que cette lecture lui a dissimulé la forme sémitique par ג du mot. Une autre fois, il transcrit une fois kouzi (ku-zi) le mot égyptien ⌐, forme abrégée de ⌐, mais, le reste du temps, on rencontre gouzi (gu-zi). Les textes en question nous montrent l'existence des deux sons compris sous le signe ⌐ et la même prédominance de la sourde ordinaire K-c dur sur la sonore spirante ג-г.

La liste de Shashanq à Karnak nous montre, somme toute, les mêmes phénomènes, mais déjà plus marqués. Le ⌐ continue d'y rendre ק hébreu, תַּעֲנַך , ⌐ הַמֶּלֶךְ , ⌐ שׁוֹכֹה , ⌐ בְּרֵכַת , ou rarement le ג, ⌐ גָּנ ou plutôt גַּנָּה , mais celui-ci est rendu plus souvent par ⌐, ainsi ⌐ , ⌐ גִּנָּה, מִגְדָּל , pour les ⌐ , ⌐ de Thoutmôsis III, et, comme nous le verrons tout à l'heure, ⌐, au moins dans une partie de l'Égypte, passe de la prononciation de sourde simple K-c dur ou même de la prononciation sonore spirante du ג-г à celle de sourde aspirée ou de sonore aspirée χ ou κχ. Les transcriptions assyriennes du VIIIᵉ siècle ne trahissent rien de ce mouvement dans leur orthographe, si ce n'est, peut-être, parfois une réduplication du K sensible à l'œil dans ⌐ *Bu-uk-ku-na-an-ni-i-pi* = *Boukkounannipi*, ou dans ⌐ *Ni-ik-ku-u* à côté de *Ni-ku-u*; toutefois on ne retrouve pas jusqu'à présent ce même redoublement dans ⌐ *Bu-kur-ni-nip* = *Boukourninip*, dans ⌐ *Pi-sha-me-il-ki* = *Pishamilki* (pour *Pishamishki*), ⌐ *Sha-ba-ku-u* = *Shabakou*, ⌐ *ku-u-su* = *koushou*, כּוש . Ce phénomène d'aspiration que manifeste le � égyptien est rendu évident par une partie des transcriptions grecques de ces mêmes. Il est, probablement, assez léger encore pour que les Hellènes, qui ont servi de drogmans à Hérodote dans son voyage d'Égypte, aient rendu le son qu'il exprimait par un κ plutôt que par un χ, Μυκερῖνος, Νεκώς, Σαβακός, καλάσιρις, κόλλησις[1], ⊙ [hiéroglyphes], [hiéroglyphes], [hiéroglyphes], [hiéroglyphes] et [hiéroglyphes]; une fois seulement on a χ dans Ψαμμίτιχος pour [hiéroglyphes] ou γ dans Ἄιγυπτος pour [hiéroglyphes], si vraiment Ἄιγυπτος vient de ce mot. Mais il convient de ne pas oublier que ces gens, ou bien étaient pour la plupart de race ionienne plus ou moins mélangée, ou bien avaient appris le grec auprès de colons ioniens pour la plus grande partie, et que le parler ionien emploie volontiers le κ où d'autres emploieraient le χ : c'est pour cela qu'Hérodote dit Μυκερῖνος, Νεκώς, Σαβακός. Mais d'autres, vers son temps ou peu après, rendaient le ⌐ égyptien par un χ, [hiéroglyphes] par Σόχαρις ou Σόχαρις, [hiéroglyphes] par Ἄκορις ou Ἄχωρις, et il est probable que toutes les transcriptions grecques par χ des noms égyptiens renfermant un ⌐ pouvaient remonter à cette époque : nous verrons tout à l'heure ce qui explique ce fait à coup sûr.

2º Du commencement de l'époque macédonienne au commencement de l'âge copte. — Les deux valeurs principales de ⌐ sont, en effet, bien marquées dans les transcriptions grecques. Celles-ci conservent le rendu en γ quelquefois, au moins en variante de κ ou χ, Νεγαώ pour [hiéroglyphes], à côté de Νεχαώ et Νεκώς, mais ces cas sont rares, et ils offrent le plus souvent le rendu en κ ou en χ, Κνοῦφις-Χνοῦφις [hiéroglyphes], Μυκερῖνος-Μεγχέρης ⊙ [hiéroglyphes], Ἀρβῆχις-Ἀρβῆχις [hiéroglyphes], Βῆκις-Βῆχις [hiéroglyphes], parfois par χχ à côté de χ seul, selon l'usage grec, Βόχορις-Βόκχωρις-Βοχορῖνις, même Βόγχωρις, et presque toujours χ dans les noms royaux qui renferment le mot [hiéroglyphe], Νεφερχέρης ⊙ [hiéroglyphes], Ταχέρης ⊙ [hiéroglyphes] : Κατέχως est écrit selon l'usage du grec avec un κ initial pour Χατέχως [hiéroglyphes], et, tandis que l'on continue à orthographier Σαβακών pour [hiéroglyphes] et Νεκώς pour [hiéroglyphes] selon la tradition ionienne imposée par Hérodote, à côté de Νεχαώ, on trouve Σεβῖχος pour [hiéroglyphes]. On remarquera que toutes celles de ces transcriptions dont nous connaissons l'origine sont dans des récits concernant le Delta, et, par conséquent, on sera tenté de les considérer comme reproduisant une prononciation de la Basse-Égypte : [hiéroglyphes] Ἀρβῆχις est un dieu adoré dans ces parages, Χνοῦφις est, selon la tradition, un Memphite contemporain de Platon et maître d'Eudoxe, Βόχορις est un Saïte, enfin Manéthon, qui a dressé les listes royales où sont les noms en χε-[hiéroglyphe], est de Sébennytos. L'analogie du copte nous engage donc à croire que les variantes en χ du son couvert par le signe ⌐ représentent une particularité des dialectes de la Basse-Égypte, tandis que les variantes en κ appartiennent à des dialectes de la Haute-Égypte; j'ai emprunté les formes Κνοῦφις, Ἀρβῆχις, à des documents provenant de cette partie du pays, papyrus thébains, graffiti, ostraka, ce qui, sans être une preuve suffisante, est néanmoins un fait à relever. Comme on rencontre des indices des deux prononciations du ⌐ dès la

---

1. HÉRODOTE, II, LXXVII.

XVIII⁰ dynastie, on peut se demander si, dès cette époque, elles n'étaient pas un des traits qui distinguaient entre eux certains parlers de l'Égypte.

Les transcriptions en hiéroglyphes des noms grecs nous fournissent la contre-preuve de ce que nous avaient appris les transcriptions grecques des noms tracés en hiéroglyphes : elles continuent d'exprimer par [hiéroglyphe] les deux sons que les Grecs traduisent par κ et par χ, mais la confusion qui s'établit dès lors entre les caractères [hiéroglyphe]. ⊿ et [hiéroglyphe], [hiéroglyphes], [hiéroglyphes], [hiéroglyphes], à côté de [hiéroglyphes], qui, dans l'écriture antique, rendent des articulations entièrement différentes, ne permet pas de suivre bien loin les scribes dans cette direction. Si, en effet, on a dans le décret de Canope le nom Μοσχ'ων, transcrit par [hiéroglyphes], avec un [hiéroglyphe] répondant à χ, on a ailleurs ce même ⊙, rendu dans l'écriture démotique par le signe pour [hiéroglyphe], Ἀρχ'6ιος = [hiéroglyphes] [hiéroglyphes], Τιμαρχίδης [hiéroglyphes], et ainsi de suite; une fois même on trouve en présence du ⊙ l'équivalent démotique de [hiéroglyphe], dans [hiéroglyphes] = Ἀντί-μαχος. Il ne faut point s'en étonner trop, puisque nous avons déjà remarqué, en parlant de [hiéroglyphe], qu'un des sons qu'il recouvre peut aboutir à [hiéroglyphe], et qu'on rencontre la forme [hiéroglyphes] à côté de [hiéroglyphes] : [hiéroglyphes] nous fait connaître un cas où [hiéroglyphe] est un succédané de [hiéroglyphe] aspiré, qui lui-même est là pour ⊙ ou [hiéroglyphe]. L'ortho-graphe [hiéroglyphes], [hiéroglyphes], qu'on a relevée à l'époque gréco-romaine pour le nom du dieu [hiéroglyphes], et qui se reflète dans les orthographes grecques Κνήφ et Κνοῦφις à côté de Χνοῦβις, nous montre un fait du même genre, et la même tendance à traduire le [hiéroglyphe] par un κ ou un χ reparaît dans les variantes du nom des décans [hiéroglyphes] Χνοῦμις ou Κνοῦμις, [hiéroglyphes] Χαρχνοῦμις ou Χαρχνοῦμις. On ne saurait donc tirer des faits cités plus haut ni de quelques autres analogues la conclusion qu'il y a dans l'alternance des trans-criptions une alternance dialectale; pour en obtenir la preuve, il faut passer au copte.

3⁰ *Depuis le commencement de l'âge copte jusqu'à nos jours.* — La transcription en hiéroglyphes des noms impériaux, montrant l'assimilation perpétuelle dans l'écriture des trois caractères [hiéroglyphe], ⊿ et [hiéroglyphe], [hiéroglyphes], [hiéroglyphes], [hiéroglyphes], pour Καίσαρος, ou [hiéroglyphes], [hiéroglyphes], [hiéroglyphes], pour Κλαίδιος, jettent encore de l'obscurité sur la question; les scribes semblent pourtant préférer ⊿ pour les mots où le ⊿, reprenant son rôle d'ancien ᴘ, ᴄ, exprime une terminaison grecque -κος répondant à une latine -*cus*, [hiéroglyphes] ou, par suppression de [hiéroglyphe] finale, [hiéroglyphes] Γερμάνικος, [hiéroglyphes] ou [hiéroglyphes] Μάρκος, [hiéroglyphes] Δάκικος, etc. Là, en effet, le son provenant d'un [hiéroglyphe] pharao-nique peut être ϫ en memphitique pour ᴋ en thébain, ᴄᴋⲁⲓ *T.* ᴄᴋⲉⲓ *B.* mais ᴄϫⲁⲓ *M.*, [hiéroglyphes], ᴄᴋⲓⲙ *T.* mais ᴄϫⲓⲙ-ᴄϫⲏⲙ *M.*, [hiéroglyphes], ᴋⲏⲙⲉ *T. B.* ᴋⲁⲙⲉ *T.* mais ϫⲁⲙⲉ *M.*, [hiéroglyphes], et par suite ᴋⲏⲙⲉ *T.* ᴋⲏⲙⲓ *B.* mais ϫⲏⲙⲓ *M.*, [hiéroglyphes], ᴋⲱⲡ *T.* ᴋⲁⲡ *B.* mais ϫⲱⲡ *M.*, [hiéroglyphes], ᴋⲁᴋⲉ *T.* mais ϫⲁᴋⲓ *M.*, avec dissimilation entre les deux [hiéroglyphe] de [hiéroglyphes], ⲛᴋⲁ *T.* mais ⲉⲛϫⲁⲓ *M.*, [hiéroglyphes], ᴋⲓⲁⲣⲕ *T.* mais ϫⲟⲓⲁⴕⲕ-ϫⲟⲓⲁᴋ, [hiéroglyphes], et les Thébains ont employé parfois la forme memphitique ϫ pour le pronom de la

deuxième personne du singulier masculin ⲕ, nous verrons ailleurs dans quelles conditions, lorsque celui-ci est employé comme préfixe dans la conjugaison, ⲕⲟⲧⲁⲃ *T.* mais
ⲭⲟⲧⲁⲃ *M.* pour [hiéroglyphes], ⲕⲛⲏⲧ *T.* mais ⲭⲛⲛⲟⲩ *M.* pour [hiéroglyphes]
[hiéroglyphe] ⲗ, et ainsi de suite. Ainsi qu'on le verra au chapitre du ⊿, le même phénomène se
reproduit pour cette lettre, qui donne souvent ⲭ en memphitique pour ⲕ en thébain,
par exemple ⲕⲃⲁ *T.* mais ⲭⲃⲟⲃ *M.* pour ⊿ [hiéroglyphes], ⊿ [hiéroglyphes]. et, bien qu'on puisse à la
rigueur expliquer l'aspiration subie par le ⲕ à cette occasion par la nature du caractère ⊿
qu'il remplace dans l'écriture, la confusion qui s'est établie aux basses époques entre les
hiéroglyphes [hiéroglyphe] et ⊿, qui exprimaient jadis autant de nuances gutturales, me fait préférer l'explication dialectale : ces transcriptions de ⊿, identifié alors à [hiéroglyphe], sont propres au memphite, et ce fait, joint à ceux que j'ai relevés pour les époques antérieures,
nous permet de reporter assez haut dans le passé, certainement à l'âge saïte, très probablement à la XVIIIᵉ dynastie au moins, l'existence sous le signe [hiéroglyphe] des deux sons
que le thébain ramène à son ⲕ et que le memphite rend par ⲭ, c'est-à-dire l'existence
d'une des principales caractéristiques des parlers du nord et du sud de l'Égypte.

En même temps que s'accusaient ainsi par la transcription les différences de deux des
phonèmes confondus dans l'écriture sous le signe [hiéroglyphe], une troisième transcription marquait aux yeux l'existence du troisième phonème que j'ai signalé plus haut. Afin de
l'exprimer, les créateurs de l'alphabet copte prirent la forme démotique de [hiéroglyphe], et ils
en tirèrent leur ϭ. On trouvera donc tant dans les dialectes du Sud que dans ceux du
Nord, mais de préférence dans ceux du Sud, des formes comme ϭⲉ *T.* ϭⲏ *B.* à côté de
ⲕⲉ *M. B. T.* [hiéroglyphes], ϭⲱⲙ *T. M.* et ϭⲙⲉ *T. M.* ϭⲙⲏ *T.* à côté de [hiéroglyphes], [hiéroglyphes]
[hiéroglyphes], ϭⲱⲥⲉ̄ⲥ *T.* à côté de [hiéroglyphes], ϭⲉⲧϭⲱⲧ *M.* à côté de [hiéroglyphes], ϭⲁϭⲟⲩ *T.* ou
ϭⲟⲩϭ *T.* [hiéroglyphes], ϭⲁⲕ *M.* mais ⲕⲁⲕ *T.* dans les composés ⲁϣⲕⲁⲕ-ⲭⲓϣⲕⲁⲕ à côté de
[hiéroglyphes], ϭⲓⲉⲓⲉ-ϭⲓⲉ-ϭⲓⲏ *T.* mais ⲕⲓⲏ *B.*, de [hiéroglyphes] avec amuissement de [hiéroglyphe] intervocalique, ϭⲏϭⲓ *T.* de [hiéroglyphes], ⲃⲉⲣⲉϭⲱⲟⲧ *T.* ⲃⲉⲣⲉϭⲱⲟⲧⲧⲉ *M.*, de [hiéroglyphes]
[hiéroglyphes], égyptianisé sous la forme [hiéroglyphes] et beaucoup d'autres. Le
ϭ, provenant de [hiéroglyphe], partage, cela va de soi, toutes les destinées du ϭ ayant d'autres
origines : c'est ainsi qu'il peut, étant dans le thébain, avoir un ⲭ à la contre-partie dans
le dialecte memphitique, soit qu'il réponde à un ⊿ hiéroglyphique, [hiéroglyphes] ϭⲱⲛⲧ *T.*
ⲭⲱⲛⲧ *M.*, soit qu'il réponde à un [hiéroglyphe], ϭⲱⲣϧ *T.* ⲉⲭⲱⲣϧ *M.*, en face de [hiéroglyphes]. En résumé, le mouvement dont la variante [hiéroglyphes] de [hiéroglyphes] nous avait révélé
accidentellement l'existence s'était propagé dès longtemps sous le couvert de l'immo-
bile orthographe hiéroglyphique, et il avait produit tous ses résultats, lorsque le changement d'écriture mit la langue à nu : de même que l'un des sons compris sous le
[hiéroglyphe] avait passé à ⲭ-ϭ, les divers sons de [hiéroglyphe], ⊿, [hiéroglyphe], rassemblés graduellement sous le
[hiéroglyphe], avaient passé à ⲕ-ⲭ-ϭ-ⲭ. Avant, donc, de rechercher quelle était la prononciation
du ϭ copte, il importe de rechercher ce qu'étaient les signes ⊿ et [hiéroglyphe], qui ont abouti
à sa formation de concert avec [hiéroglyphe] et [hiéroglyphe].

⊿

¶Il semble que le caractère-type ⊿ et ses syllabiques aient exprimé à l'origine un son sinon tout à fait identique, du moins très analogue à celui de l'uvo-palatale de l'arabe ق, de l'hébreu ק ou du grec archaïque ϙ. On peut élever immédiatement contre ce rapprochement l'objection reposant sur des faits précis que, tandis que le nom même de ces lettres *qôf* ق, *koph* ק, ϙ´ππα ϙ, indique qu'elle aime être suivie des timbres o, ou, le ⊿ égyptien est très fréquemment suivi de 𓅱 qui répond alors de préférence aux timbres a, e. Il me semble que cette objection peut être levée aisément : sans parler des cas où dans leurs langues le ق, le ק et le ϙ précèdent une voyelle a, i, etc., קִרְיָה, ΑϘΑΙΟΜ, قَبَلَ, nous sommes déjà vers la XVIII᷊ dynastie, comme nous le verrons sous l'article des voyelles, à l'époque où le son a, recouvert antérieurement par 𓄿, commençait à s'obscurcir en o, de sorte que, si l'orthographe aimait inscrire un 𓅱 derrière ⊿, nombre de ces groupes ⊿𓅱 pouvaient avoir déjà une prononciation QOU, QAOU, QO. Le signe ⊿, qui paraît avoir eu de manière assez stable, aux époques précédentes, la valeur ϙ avait déjà, au second âge thébain, une tendance à s'unir aux phonèmes représentés par ⌢ pour exprimer les sons k et g de ce dernier signe. ce qui lui permettait d'empiéter par ailleurs sur le domaine du 𓍑, ainsi que nous le verrons. La confusion qui en résulta dans l'écriture entre les trois caractères ⌢, ⊿, 𓍑, était complète aux siècles gréco-romains, et elle répondait aux changements qui s'étaient opérés dans la prononciation.

1° *Du XVIe siècle avant notre ère à la fin de l'époque saïte.* — Les listes de Thoutmôsis III renferment un certain nombre de noms de villes dont l'identification est certaine ou qui, n'étant pas encore identifiées, donnent des mots hébreux en ק, ainsi 𓊗𓏏𓏤, קֶדֶשׁ, 𓇋𓇋�???𓅃, דַּמֶּשֶׂק, 𓏤𓈗𓅃, בְּאֵר־קִינָה, 𓏤𓅃⊿𓅃, עֵמֶק, 𓇋𓇋𓏏⊿𓅃, חֲרָקוֹת, 𓀀𓏤𓅞, יַעְבְּקְ־אֵל. 𓀀𓏤𓅞, אֲפֵקָה, et en נ, ainsi ⊿𓃀𓅞, נֶבַע, 𓈗 ⊿𓈗𓈗𓏤, עֵין־גַּן־עֵם, 𓏤𓅞, מְגָרְפוֹת, ⊿𓅃𓏤𓅞, נוֹפוֹת. Il n'en est pas différemment sous la XIXe et la XXe dynastie, 𓇋𓇋⊿𓅃𓅃𓏤᷊𓏏, דִּלְקְ־אֵל, ⊿𓅃𓊗𓏏, קִרְיָה, ⊿𓅃𓊗𓏏𓇋𓇋ϙ, קַרְנוֹת, ⊿𓅃𓊗𓏏×𓏏, קֶצַח, ⊿𓅃𓅃𓇋𓇋𓏏, קְטוּרוֹת, et, bien que les tablettes d'El-Amarna contiennent assez peu d'exemples certains, ceux qu'on y trouve confirment les faits précédents, *Qidshi* 𓊗𓏤, *Qathna[ki]* 𓊗𓏤, *Maziqda* 𓅓𓏤𓏲𓏏𓏲. Les exemples ne font pas défaut dans la liste de Shashanq, tant pour le ק que pour le נ, ⌢𓅞⊿, עֵמֶק, ⊿𓅞𓈗𓅞⌢, נֶבְעוֹן et ce terme dérivé de la racine חֲנַק, *cinxit*, où le נ est rendu quelquefois par ⊿, quelquefois par 𓍑, 𓏤⊿𓅞 au pluriel 𓏤𓅞⊿𓅞, 𓏤𓍑𓇋𓇋. Les transcriptions assyriennes d'Asarhaddon et d'Assourbanipal rentrent dans la même donnée, exprimant 𓊗𓅞𓇋𓇋 par *Paqrourou*, 𓊗⊿ par *Iarqou*, 𓏤𓏤𓏤 𓏤𓏤𓏤 ⊿𓇋𓇋 par *Sousinqou*. Le grec, qui commence à transcrire les noms égyptiens à cette époque, hésite, pour le son de ⊿ entre κ, γ et χ, Φαγραριό[πολις] et Πεκροῦρις, soit -γρωρις ou -κροῦρις pour 𓊗⊿𓅞,

Σέτωγχις pour ⟨hieroglyphs⟩, Τεάρχων, Τ'ρχος, Ταρακός, Ταράχης pour ⟨hieroglyphs⟩, et, quoique ces formes nous aient été transmises par des écrivains d'âge ptolémaïque, il est probable qu'elles datent presque toutes de l'âge antérieur.

2° *Du commencement de l'époque ptolémaïque au commencement de l'âge copte.* — C'est le temps où, comme je l'ai dit à l'article du ⟨hieroglyph⟩, la confusion complète s'effectue dans l'écriture entre les signes ⟨hieroglyph⟩, ⟨hieroglyph⟩, ⟨hieroglyph⟩. Pourtant, sous les Ptolémées, les orthographes une fois formées demeurent assez constantes, ainsi Βερενίκη s'écrit ⟨hieroglyphs⟩ avec un ⟨hieroglyph⟩ plus souvent que ⟨hieroglyphs⟩ avec un ⟨hieroglyph⟩, et Κλεοπάτρα s'écrit à peu près toujours ⟨hieroglyphs⟩ avec un ⟨hieroglyph⟩, peut-être pour des raisons de calligraphie, le groupe ⟨hieroglyph⟩ ayant meilleure carrure que le groupe ⟨hieroglyph⟩ ou le groupe ⟨hieroglyph⟩ dans le haut d'un cartouche ⟨hieroglyph⟩. C'est seulement à partir du moment où les Romains entrent en scène que les graveurs emploient ⟨hieroglyph⟩, ⟨hieroglyph⟩ ou ⟨hieroglyph⟩ indifféremment, ⟨hieroglyphs⟩, ⟨hieroglyphs⟩ Καίσαρος, ⟨hieroglyphs⟩, ⟨hieroglyphs⟩, ⟨hieroglyphs⟩ Αὐτοκρ'τωρ, ⟨hieroglyphs⟩, ⟨hieroglyphs⟩ Κλαύδιος, sauf peut-être pour le cas de la terminaison -κος, *kus*, où le ⟨hieroglyph⟩, se rappelant un moment son rôle de ϼ, ϥ, est employé de préférence par les scribes, ⟨hieroglyphs⟩ Γερμάνικος, ⟨hieroglyphs⟩ Μάρκος, ⟨hieroglyphs⟩ Δάκικος, ainsi que nous l'avons déjà vu. Ce dernier point n'est toutefois qu'une conjecture, et l'on trouve quelques exemples qui prouvent que, si les scribes observaient parfois une orthographe concordant à la valeur ancienne de ⟨hieroglyph⟩, ils n'en admettaient pas moins, même dans ce cas spécial, la confusion graphique des trois caractères, ⟨hieroglyphs⟩ pour Γερμάνικος ou ⟨hieroglyphs⟩ pour Markos. Donc, ici comme à l'article de ⟨hieroglyph⟩, il convient de passer à l'âge copte pour apprendre avec certitude ce qu'il en est advenu des phonèmes divers que le ⟨hieroglyph⟩ recouvrait.

3° *Depuis le commencement de l'âge copte jusqu'à nos jours.* — Le ⟨hieroglyph⟩, confondu avec la sourde simple ⟨hieroglyph⟩, a donné ⲕ en copte dans tous les dialectes ⟨hieroglyphs⟩, ⟨hieroglyphs⟩ ⲕⲁϩ *T.* ⲕⲉϩⲓ *B.* ⲕⲁϩⲓ *M.*, ⟨hieroglyphs⟩ ⲕⲟϩ *T.* ⲕⲟⲟϩ *M.*, et, par exception. ϫⲟϩ *M.*, ⟨hieroglyphs⟩ ⟨hieroglyphs⟩ ⲕⲱⲥ *T. M.* ⲕⲁⲥ *T. M.* ⲕⲁⲁⲥ-ⲕⲉⲉⲥ *T.*, ⟨hieroglyphs⟩ ⲕⲓⲃⲉ-ⲉⲕⲓⲃⲉ *T.* ⲕⲓϥⲓ *M.*, ⟨hieroglyphs⟩ [ⲛ]ⲕⲟⲧ[ⲕ] *T.* [ⲛ]ⲕⲟⲧ-[ⲉⲛ]ⲕⲟⲧ *M.*, ⟨hieroglyphs⟩, ⟨hieroglyphs⟩ ⲕⲟⲧ-ⲕⲧⲟ-ⲕⲱⲧⲉ *T.* ⲕⲁⲧ-ⲕⲧⲁ *B.* ⲕⲱϯ *M. B.*, ⟨hieroglyphs⟩ [ⲧ]ⲁⲕⲟ *T. M.* [ⲧ]ⲁⲕⲁ *B.*, et ainsi de suite. Dans les mêmes circonstances que pour le ⟨hieroglyph⟩, le ⟨hieroglyph⟩ a donné au Nord un ϫ memphitique où le thébain donne ⲕ. ⟨hieroglyphs⟩, ⟨hieroglyphs⟩ ⲕⲃⲁ, ⲕⲃⲉ *T.* mais ϫⲃⲟⲃ, ⟨hieroglyphs⟩ ⲕⲣⲟⲩⲣ *T.* ϫⲣⲟⲩⲣ *M.*, ⟨hieroglyphs⟩ [ϣ]ⲕⲟⲗ *T.* ϫⲟⲗ *M.* Dans beaucoup de cas, le ⟨hieroglyph⟩ a donné soit un ϭ dans les dialectes du Nord et du Sud, soit un ϭ dans un dialecte répondant à un ϫ dans l'autre, ⟨hieroglyphs⟩ ϭⲗⲓⲗ *T. B. M.*, ⟨hieroglyphs⟩ ϭⲣⲏⲡⲉ *T.* ϭⲣⲏⲡⲓ *M.*, ⟨hieroglyphs⟩ ϭⲓⲁ *T.*, ⟨hieroglyphs⟩ ϭⲱⲥ *M.*, ⟨hieroglyphs⟩ ϭⲏ *M.*, ⟨hieroglyphs⟩ ϭⲟⲧϫ *T.*, ⟨hieroglyphs⟩ ϭⲱⲛⲧ *T.* ϫⲱⲛⲧ *M.* En présence de ces faits, nous sommes amenés à nous demander quelle est la valeur phonétique de ϭ, et c'est ce que nous rechercherons après avoir étudié la troisième gutturale pharaonique, le ⟨hieroglyph⟩.

☒

Ce caractère semble avoir couvert primitivement deux sons assez voisins l'un de l'autre, correspondant à peu près l'un à notre sonore simple G-dur, l'autre à une spirante gutturale sonore, le G allemand dans *Tag* ou le غ arabe prononcé doucement comme on fait en Syrie ou en Égypte actuellement. C'est par la première valeur qu'il se confondit d'abord avec � pour exprimer G-dur, et par la seconde, avec △ pour rendre le ג hébreu simple ou analogue au غ arabe. puisqu'il prit ensuite graphiquement toutes les valeurs des deux signes ⌣ et △, au point de se confondre avec eux dans l'usage; dans la prononciation, les divers sons qu'il avait couverts aboutirent aux mêmes expressions que ceux de ⌣ et de △.

1° Du XVI° siècle avant notre ère à la fin de l'époque saïte. — Les inscriptions géographiques de Thoutmôsis III expriment le ג cananéen ordinaire ou peu aspiré de préférence par ⌣ et moins fréquemment par △, ainsi que nous l'avons dit aux articles de ces signes. On trouve pourtant le mot נֶגֶב transcrit ☒ 𓏭, et peut-être le nom de ville ☒ dérive-t-il de la racine רָגַז *perturbatus est*. Toutefois, je dois observer que, dans ces documents, le ☒ est employé le plus souvent pour rendre le son du ע hébreu répondant au غ arabe, ☒ עַזָּה غَزّ Γάζα, si bien que ☒ pourrait dériver de la racine רָעַץ *confregit*. Ce son spécial, que les Hébreux couvraient avec le même caractère que le son ordinaire du ע ع et que les Égyptiens rendaient par leur ☒, est rendu en cunéiforme par les syllabiques de KH, Kha-as-sa-tou, Khassatou, ☒ עַזָּה, Kha-sa-zou, Khasazou, عزاز ou plutôt غزاز au sud d'Alep, Khou-oum-ri-a, Khoumria, עָמְרִי, et dans les tablettes d'El-Amarna, Kha-bi-ri, Khabiri, עִבְרִי, tandis qu'ils expriment par des syllabiques de G le ג ordinaire, *Ma-Ga-dou-ou*, *Ma-Gi-dou-ou*, מְגִדּוֹ, *Gou-oub-lou*, גְּבָל, et ainsi de suite. Nous avons donc en égyptien ☒ répondant au cunéiforme, *Noukhashshé*, ayant pour équivalent, si c'est un nom sémitique, une racine נָשָׁשׁ نشّ *sustulit*. Il semble que les scribes de Thoutmôsis III aient voulu reproduire sous ☒ une gutturale analogue au غ, qui était très répandue dans le pays de Lotanou, peut-être chez les non-Sémites. C'est ainsi qu'on trouve ☒ שִׁנְעָר, puis une demi-douzaine de noms de villes difficiles à identifier ☒ (n° 126) entre Tour-manin et Tounipa طينان, ☒ (n° 161), qui pourrait être une forme ancienne du nom moderne de *Sindjir-li*, ou se rattacher au nom de la rivière *Sagoura*, etc.; la forme des noms, ainsi que la localisation de certains d'entre eux me porte à croire qu'il y a là beaucoup de bourgs ou de villes appartenant au Mitanni, plus spécialement au Bît-Adini des inscriptions assyriennes. La rareté du caractère ☒ dans les noms de la liste du Sud syrien proviendrait donc de ce que les scribes de Thoutmôsis III l'avaient employé de préférence pour exprimer le son غ qu'aimaient les peuples de la Syrie septentrionale.

Les tablettes cunéiformes d'El-Amarna ne nous donnent en dehors de Noukhashshé pour ☒, aucun nom répondant à un mot égyptien en ☒; en revanche, le ☒ est fréquent dans la liste de Shashanq, pour rendre le ג des noms judéens. Laissons de côté le nom de ⟨hiéroglyphes⟩, qui est pour ainsi dire stéréotypé depuis Thoutmôsis III, cette liste nous montre combien déjà le ⟨signe⟩ échange avec le ⟨signe⟩ et le ⟨signe⟩ pour rendre le כ hébraïque, ⟨hiéroglyphes⟩ מִנְדָל au lieu de ⟨hiéroglyphes⟩, ⟨hiéroglyphes⟩ ⟨hiéroglyphes⟩ נָעַ au lieu de ⟨hiéroglyphes⟩ ou de ⟨signe⟩ dans ⟨hiéroglyphes⟩ עֵיךְ־בֶּן־עַם, ⟨hiéroglyphes⟩ ou ⟨hiéroglyphes⟩ pour נָבַ, ⟨hiéroglyphes⟩ pour נֶבֶר, ou toute autre forme de la racine נֶבֶר, ⟨hiéroglyphes⟩, ⟨hiéroglyphes⟩, à côté de ⟨hiéroglyphes⟩, de la racine חָנַר, ⟨hiéroglyphes⟩, nom analogue à גוּלָן, de la racine גוּלָה. C'est le commencement de la confusion des trois signes, qui va s'achever sous les Ptolémées; déjà, en effet, on trouve des variantes comme ⟨hiéroglyphes⟩ et ⟨hiéroglyphes⟩ pour ⟨hiéroglyphes⟩, et elles iront se multipliant.

2° *Du commencement de l'époque macédonienne au commencement de l'âge copte.* — La confusion se marque dans les noms propres, où l'on trouve constamment le ⟨signe⟩ en variante au ⟨signe⟩ et au ⟨signe⟩ dans tous leurs emplois, ainsi que nous l'avons vu aux articles de ces caractères : je me bornerai à citer le nom du dieu ⟨hiéroglyphes⟩, ⟨hiéroglyphes⟩, qui s'écrit indifféremment ⟨hiéroglyphes⟩ par un ⟨signe⟩ ou ⟨signe⟩, ⟨hiéroglyphes⟩, et se transcrit κ[η]6. Si donc ⟨signe⟩ sert à rendre le γ dans des noms comme *⟨hiéroglyphes⟩ Γλαύκη, *⟨hiéroglyphes⟩ Ἀγεσίπολις, ⟨hiéroglyphes⟩ Γεωχαρίστη, il sert aussi à rendre le κ de Γλαύκη, et il s'acclimate à tel point dans le nom ⟨hiéroglyphes⟩, Βερενίκη, qu'on n'y rencontre que très rarement une des autres gutturales; il entre avec elles dans la formation du ξ d'Ἀλέξανδρος, *⟨hiéroglyphes⟩ à côté de ⟨hiéroglyphes⟩. Il faut observer pourtant que la combinaison ⟨signe⟩ est préférée en démotique aux combinaisons ⟨signe⟩ ou ⟨signe⟩ pour rendre le ξ, et qu'on a, par exemple, *⟨hiéroglyphes⟩ pour Ξενορρόδη : il se pourrait donc qu'on eût là la notation d'une prononciation réelle, les Égyptiens disant *Alégsandros*, *Gsénohrodé*, non *Aleksandros*, *Ksénohrodé*, si bien que le ⟨signe⟩ eût été pris dans ces occasions avec sa valeur réelle de G. Dans l'écriture courante, les formes comme *⟨hiéroglyphes⟩ pour ⟨hiéroglyphes⟩ coσ, *⟨hiéroglyphes⟩, ⟨hiéroglyphes⟩ pour ⟨hiéroglyphes⟩ coσn, et ainsi de suite, se multiplient, et, à moins que le copte ne nous fournisse, à cet égard, comme il le fait parfois, des indications certaines, on est souvent embarrassé pour savoir laquelle des trois formes en ⟨signe⟩, en ⟨signe⟩, ou en ⟨signe⟩, est la fondamentale. Naturellement, la confusion des caractères est constante sous les Césars, et, si l'on a ⟨hiéroglyphes⟩ et ⟨hiéroglyphes⟩ pour Γάλβας et Γέτας, on a aussi ⟨hiéroglyphes⟩ et ⟨hiéroglyphes⟩ pour Καίσαρος et Αὐτοκράτωρ. Il faut donc conclure des faits, ici comme à l'article du ⟨signe⟩ et du ⟨signe⟩, que *graphiquement les trois caractères sont devenus entièrement homophones l'un de l'autre.*

3° *Depuis le commencement de l'âge copte jusqu'à nos jours.* — Graphiquement oui, mais il ne faudrait pas en conclure que tous les phonèmes qu'ils recouvraient se soient réduits graduellement à l'unité, et que l'égyptien ne possède plus qu'une gutturale κ qui s'aspirera en χ pour les dialectes du Nord. Le ⟨signe⟩ antique répond bien, parfois, à un κ copte, ainsi ⲕⲁϣ *T. M.* de ⟨hiéroglyphes⟩, ⲕⲓⲱⲟⲩ, de ⟨hiéroglyphes⟩, mais c'est là une exception assez rare, si rare qu'on peut se demander si, dans ce cas, une graphie comme 〔hiéroglyphes〕 ne serait pas la forme secondaire d'un fondamental 〔hiéroglyphes〕 ou 〔hiéroglyphes〕 non encore relevé. Le correspondant perpétuel du 〔signe〕 en copte est ϭ dans le thébain, mais remplacé par ϫ dans le memphitique. On aura donc 〔hiéroglyphes〕 ⲱϭⲃ *T.* ⲱϫⲏ *M.*, 〔hiéroglyphes〕 ϧⲟⲗϭ *T.* ϧⲁⲗϭ *B.* ϧⲟⲗϫ *M.*, 〔hiéroglyphes〕, 〔hiéroglyphes〕 ϭⲃⲟⲓ *T.* ϫⲫⲟⲓ *M.*, 〔hiéroglyphes〕 ⲧⲱϭ *T.* ⲧⲱϫ *M.*, 〔hiéroglyphes〕 ϭⲛ *T.* ϫⲉⲛ *M.*, 〔hiéroglyphes〕 ϭⲟⲗ *T.* ϫⲱⲗ *M.*, 〔hiéroglyphes〕 ϭⲓⲃⲟⲓϭ *T.*, 〔hiéroglyphes〕 ϭⲣⲟⲥ *T.*, et ainsi de suite. Nous devons donc rechercher quelle est la valeur du ϭ.

ϭ

Ainsi que je l'ai dit à l'article du 〔signe〕[1], les premiers Égyptiens qui aient essayé d'écrire leur langue au moyen d'un alphabet dérivé du grec, ont rendu par un même caractère que j'ai noté ϭ̆ les sons que les Coptes ont exprimés par les trois lettres ϭ, ϫ, ϣ, ou les deux sons ϭ et ϣ. Les scribes à qui nous devons le papyrus Anastasi DLXXIV de la Bibliothèque nationale écriront donc également ϭⲁϥ, ⲧⲟϭ, ϭⲱⲙ, ϭⲁⲗⲁⲟⲧϭ, au lieu de 〔signe〕 [ⲡⲉ]ϫⲁϥ, ⲧⲟⲩ, ϣⲱⲙ. ϭⲁⲗⲁϫ, prouvant ainsi que les phonèmes exprimés par les trois lettres étaient, dès la fin de l'époque païenne, assez rapprochés l'un de l'autre pour qu'on pût en confondre les nuances dans l'écriture.

Cette confusion, et la forme spéciale qu'a dans Anastasi le caractère noté par ϭ̆, pourraient faire croire que le ϭ du copte dérive graphiquement du 〔signe〕 égyptien, et cette dérivation expliquerait mieux la prononciation attribuée à la lettre que celle qu'on admet généralement : il est certain, en effet, ainsi qu'on le verra à l'article du 〔signe〕, que le son recouvert par lui s'est affaibli en 〔signe〕-ϣ dans un nombre de mots qui le renfermaient au début. Si pourtant le ϭ, ainsi que Champollion l'a pensé le premier, tire sa forme matérielle de celle du 〔signe〕 par l'intermédiaire de l'hiératique et en dernier lieu du démotique, phonétiquement il n'exprime pas le son fondamental du 〔signe〕, qui est rendu dans l'alphabet copte, selon les dialectes, principalement par ⲕ ou par ϧ. L'échange du son qu'il représente avec celui qui est enregistré sous la lettre ϫ, dérivant soit du 〔signe〕, soit du 〔signe〕 antiques, nous invite à rechercher sa valeur fondamentale du côté des phonèmes exprimés par ces deux caractères.

Que ϭ soit apparenté à 〔signe〕, c'est-à-dire au ج arabe, les cas nombreux où de bons manuscrits écrivent en variante par ϭ les mots grecs renfermant un ⲕ, surtout après un son ⲓ, le prouvent surabondamment, ⲧϭⲓⲗⲓϭⲓⲁ pour ⲧⲣⲓⲗⲓⲕⲓⲁ, ⲧⲉⲕⲕⲁϭⲓⲁ pour ⲧⲉⲕⲕⲁⲕⲓⲁ, ϭⲩⲛⲁⲧⲛⲟⲥ pour ⲕⲩⲛⲁⲧⲛⲟⲥ, ⲁϭⲓⲛⲏⲧⲟⲓ pour ⲁⲕⲓⲛⲏⲧⲟⲓ, ⲁϥϫⲟϭⲓ et ⲁ̇ⲟϭⲓⲙⲁⲍⲉⲓ pour ⲁϥϫⲟⲕⲓ et ⲁ̇ⲟⲕⲓⲙⲁⲍⲉⲓ, ⲥⲉⲗⲉⲧϭⲓⲁ pour ⲥⲉⲗⲉⲧⲕⲓⲁ, ⲧϭⲓⲃⲟⲩⲁⲟⲥ pour ⲧⲕⲓⲃⲟⲩⲧⲟⲥ, ⲉⲕⲕⲁϭⲉⲓⲛ pour ⲉⲕⲕⲁⲕⲉⲓⲛ, c'est-à-dire que le son en était analogue à celui d'un CH allemand très doux pouvant se résoudre sur le G-dur ou sur le ⲕ, d'un côté, sur notre J, de l'autre. Les quelques variantes qu'on rencontre fautivement du ϭ avec ⲅ et du ⲕ avec ⲅ dans ces mots empruntés, ⲥⲓⲛⲁⲣⲛⲁϭⲏ pour ⲥⲧⲛⲁⲣⲛⲁⲧⲏ, ⲅⲁⲛⲧⲁⲕⲏ pour ⲕⲁⲛϫⲁⲕⲏ, ⲅⲗⲁⲥⲙⲁ pour ⲕⲗⲁⲥⲙⲁ, ou

---

1. Cf. p. 25 du présent volume.

même dans les dialectes du copte ⲁⲣⲱ *M.* pour ⲁⲕⲱ, de [hieroglyphs], ⲙⲁⲣⲁⲧ *T.* pour ⲙⲁ̄ⲣⲁⲧ, nous permettent de préciser un peu plus : en passant du son غ de [hiéroglyphe] égyptien à celui que nous indiquent les faits précédents, le phonème exprimé en copte par ϭ a suivi à peu près la même route que le γ du grec ancien, et de douce sonore analogue à notre ɢ-dur est devenu semblable à la spirante γ du grec moderne dans γέφυρα. Où donc l'égyptien de la XVIIIᵉ dynastie aura prononcé encore [hieroglyphs] *aǧabou,* [hieroglyphs] *dáǧaou,* le copte en était arrivé à prononcer, ⲱϭⲃ *T.* oɣ⸍b, ⲧⲱϭ *T. tôɣ* ou *dôɣ* dans les dialectes du Sud contre ⲱϫϥ *M. ŏdjĕf,* ⲧⲱϫ *M. tŏdj* dans les dialectes du Nord.

Les variantes des manuscrits et les transcriptions étrangères confirment ces faits en nous montrant que ϭ est rendu par deux séries de caractères répondant à deux sons distincts, par le ج arabe prononcé ᴅᴊ, ᴊɪᴇ, ᴊɪᴀ, etc. ou par le ᴊ français, puis par le ش arabe ou par le sʜ anglais : le second a fini par l'emporter assez promptement, et aujourd'hui le ϭ sonne exactement comme ϣ dans le copte. L'auteur du vocabulaire copte français le prononçait ɢ-doux ou ᴊ avec un léger zézaiement qui le rendait capable de rendre à peu près notre s-douce ou notre z, ⲗⲓⲡⲁⲛϭⲓⲗⲉ *l'Évangile,* ⲥⲁⲓϭⲁⲟⲧⲁⲛ *Saint Jean,* ϭⲟⲧⲍⲁⲓ *ᴊousdi-ᴊeudi,* ⲗⲁⲗⲣϭⲁⲛⲧ *l'a[l]ʀɢent,* ϭⲱⲛⲉ *ᴊaune,* ϭⲁⲣⲁⲓⲛ *ᴊardiⁿ,* ϭⲙⲟⲧⲉ *Génois,* ou ⲣⲁϭⲓⲛ *ʀaᴊⁱn-raisin,* ⲙⲁϭⲟⲧⲛ *maᴊoun-maison,* ⲗⲓϭⲉ *lisez.* La valeur ج a été conservée dans des transcriptions coptes de noms arabes comme ⲃⲁⲣⲁϭ فرج et dans les transcriptions arabes de certains noms géographiques, ⲡⲣϭⲟⲧϣ برجوس, ⲛϭⲓⲛⲓⲗⲁϩ جُنَيلا, ϭⲉⲣϭⲏ ابو جرجا, ⲑⲉⲣⲟϭⲉ تزوجه, mais ⳉⲉⲣϭⲱⲟⲧⲧ, transposé en arabe anciennement فرجوط, devient promptement فرشوط, et le nom arabe de سنجار, rendu d'abord ⲥⲟⲛϭⲁⲣ, se transforme de bonne heure en ⲛϣⲓⲛⲧⲉⲣⲓ, puis ⲛϣⲓⲛⲕⲉⲣⲓ, selon la prononciation égyptienne du ج. C'est, en effet, la prononciation sʜ = ش qui, manifestée d'abord dans les transcriptions grecques du début de la conquête arabe, Σχαμουλ = ϭⲁⲙⲟⲧⲗ-ϫⲁⲙⲟⲧⲗ, — la combinaison ϫϭ étant employée pour rendre le son du ش, comme le prouve l'équivalence Ρασχιδ راشد[1], — puis dans quelques termes géographiques ϭⲙⲟⲧⲛⲓ اشمون, ϭⲉⲛⲉⲙⲟⲧⲗⲟⲥ شرملس, est perpétuelle dans les textes de Galtier, ⲛϭⲟⲉⲓⲥ ⲛϭⲥ با شيس, ⲟⲧⲟϩ ⲛⲧⲉⲕϭⲣⲟ ⲉⲕⲛⲁϭⲓ ϩⲁⲛ اووه ابداك اشروا اكنا شيهاب, ϭⲓϣϣⲱⲟⲧ شوشوش *(sic),* ϩⲁⲛ ϭⲗⲓⲗ هان اشليل, et se retrouve dans le psaume de Petræus, ⲛ̅ⲥⲟϭⲛⲓ *ibsoscʜni (vel ebsuscʜni),* ⲁ̅ⲙ̅ϭ *amibscʜeûs,* si bien que Kircher, définissant le ϭ, pouvait dire de lui : « ϣ Scei, Sc, pro-
» nunciatur ut ⲃ Scin Hebræum et ش Arabicum. Ex. : C. ⲛⲁⲧϣⲱⲛ Nauschop..... ϭ,
» Scima, Sc, similis in pronunciatione est superiori litteræ ϣ Scei[2]. » C'est la prononciation qui est généralement admise aujourd'hui dans l'église copte, ainsi que j'ai pu le constater après Rochemonteix. « Des sept lettres égyptiennes ϣ, ϥ, ⳉ, ϩ, ϫ, ϭ, ϯ, deux
» font aujourd'hui double emploi, ϣ *šái* et ϭ *šima.* L'une et l'autre sont rendues in-
» variablement par la chuintante ش *š* : ⲁϥϭⲓ *afši,* ⲛⲉⲥϭⲓⲏ *nassĭ'i,* ϭⲣⲟⲙⲛⲓ *šrombi,* etc.
» Toutefois Bouqdour d'El-Harabah a conservé au signe ϭ, dans son alphabet, une

---

1. Kʀᴀʟʟ-Wᴇssᴇʟʏ, dans les *Mittheilungen,* 1887, p. 123-124.
2. A. Kɪʀᴄʜᴇʀ, *Prodromus,* p. 286, 287.

» prononciation spéciale, celle de la spirante sourde formée comme notre *k*, c'est-à-dire
» du *ch* de la finale allemande *-ich*[1]. »

De tout ce qui vient d'être dit, il semble bien résulter qu'au commencement du second
empire thébain, les Égyptiens possédaient encore quatre gutturales différentes, dont
ils répartissaient inégalement l'expression phonétique sous trois caractères-types ⌇,
⊿, ⍍, et sous leurs variantes, à savoir une sourde simple répondant à notre c-dur ou
à notre κ, une sonore simple g-dur, deux sonores aspirées très voisines l'une du ع et
du χ grec, l'autre du غ arabe : ⌇ couvrait les sons κ-χ-g-dur, ⊿ les sons g-dur — ع,
⍍ les sons g-dur — غ. Par un ou plusieurs des sons qu'il représentait, chacun de ces
caractères recouvrait l'autre, ⌇ recouvrant ⊿ et ⍍ par g-dur, ⊿ recouvrant ⌇ par
g-dur, ainsi que ⍍, et ⍍ enjambant sur les deux autres de la même manière; ils en
vinrent donc à s'échanger en variantes dans l'écriture et à devenir complètement homophones, chacun d'eux exprimant désormais les valeurs phonétiques des deux autres.
Au moment où l'alphabet copte remplaça le syllabaire hiéroglyphique, il y avait encore
quatre gutturales qui, communes à toute la langue, étaient usitées inégalement selon les
dialectes : ⲕ, dérivant surtout de ⊿ et de ⌇, devenait ⳉ dans le dialecte du Nord en
de certaines positions, ⳓ n'était employé que rarement dans les mots égyptiens, et ⳝ,
qui, provenant phonétiquement du son couvert par ⍍, a pris sa forme graphique au
⊛ ou moins vraisemblablement au ⌇. Ce ⳝ, commun aux deux dialectes dans certains
cas, ainsi que nous l'avons vu, couvre au moins deux phonèmes différents. D'un côté,
il va rejoindre la dentale ⳁ, il répond dans les dialectes du Sud à ⳤ des dialectes du
Nord, successeur de celle-ci, et il équivaut à peu près au ج arabe syrien ou à notre J
prononcé parfois en blésant. De l'autre, il tourne à la chuintante, et il finit par n'être
plus en général que l'équivalent du ش arabe ou le doublet du ⲯ copte. L'antique série
des gutturales égyptiennes a enfin abouti présentement, sans distinction de dialecte,
à trois sons : l'un, le ⳓ = γ spirant, est fort rare, les deux autres ⲕ et ⳉ correspondent
à notre sourde ⲕ et à la sonore aspirée double de l'allemand cH.

ⲥⲏ

Le caractère ⲥⲏ paraît être une fricative aspirée légèrement explosive, analogue
au ה hébraïque ou au ه arabe; il semble n'avoir pas eu plus de valeur que l'H forte du
français dans Héros, Haïr. Il est tantôt rendu par *h* ה en cunéiforme, tantôt omis, et les
transcriptions grecques l'expriment ordinairement par l'*esprit doux* ' au commencement des mots, ou par un simple hiatus entre deux voyelles dans le corps. Le copte
en a confondu le son sous le caractère ⳉ avec le son provenant de ⳋ, sauf dans quelques
cas où il a retenu la valeur originelle de ⲥⲏ, distincte de la valeur de ⳋ.

1° *Du XVIe siècle avant notre ère à la fin de l'époque saïte*. — Les inscriptions
géographiques de Thoutmôsis III nous montrent quelques exemples bien évidents d'un

----

1. Rochemonteix, *Œuvres diverses*, p. 116-117.

ה cananéen rendu par ⌐⌐, ainsi [hiéroglyphes] et leurs variantes arrivées en Égypte par la Syrie méridionale, נְהָרַיִם, [hiéroglyphes] הַר, qui entre également dans la composition de plusieurs noms tels que [hiéroglyphes] הַר־אֵל, [hiéroglyphes] הֶגְרִים, etc. Le ה doux correspond de même au ⌐⌐ égyptien dans הָבְנִים [hiéroglyphes], quelle que soit d'ailleurs la provenance de ce mot, et, de son côté, l'égyptien, empruntant les mots sémitiques renfermant un ה, l'a interprété par ⌐⌐, [hiéroglyphes] לַהַב, [hiéroglyphes] [hiéroglyphes] הָרַץ, etc. Le système cunéiforme n'ayant pas de caractère spécial pour ḫ-ה, lorsque les scribes d'El-Amarna ont voulu exprimer le ⌐⌐ des mots égyptiens, ils ont employé les syllabes renfermant l'aspirée forte correspondant au خ arabe, *ma-ḫa-an*, *maḫan* pour [hiéroglyphes], *ra-aḫ-da*, *raḫda* pour [hiéroglyphes], mais dans les écrits de la XIXe dynastie le ה du cananéen est encore rendu par ⌐⌐, ainsi מְהַר [hiéroglyphes], [hiéroglyphes] מְהַר [hiéroglyphes], et il en est de même dans la liste des conquêtes de Shashanq, [hiéroglyphes] אֶל־חָלָל, [hiéroglyphes] הַמֶּלֶךְ Ἰουδ-. Dans les inscriptions d'Asarhaddon et d'Assourbanipal, le seul nom égyptien renfermant un ⌐⌐, celui de [hiéroglyphes] est écrit tantôt *Tar-qou-ou*, tantôt *Ta-ar-kou-ou*, sans indication du son ⌐⌐, et, de même, le grec, qui ne possède point, lui non plus, de signe équivalant à cette aspirée, la marque ici par un hiatus comme dans le rendu Τεάρχων, ou la supprime complètement comme dans la leçon Τάρκος, Ταρακός, Ταράκης, tandis que l'hébreu l'écrit par ה, intervertissant l'ordre des lettres, תִּרְהָקָה pour תִּרְהָקָה. Au commencement des mots, le grec le supprime également et l'indique par l'esprit doux, [hiéroglyphes] Ἄχωρις, Ἄχωρις, [hiéroglyphes] ἔβενος, [hiéroglyphes] Ἶβις, et ainsi de suite.

2° *Du commencement de l'époque macédonienne au commencement de l'âge copte.* — À ce moment, les Égyptiens commencent à employer ⌐⌐ pour figurer l'aspiration des sonores aspirées du grec χ, θ, φ : ainsi ils écrivent [hiéroglyphes], [hiéroglyphes], [hiéroglyphes], pour Φίλιππος, Θεμιστή, Χαρίτων. Ils s'en servent également pour indiquer les esprits du grec, ou l'aspiration qui se trouve à l'attaque du ῥ, ainsi dans [hiéroglyphes] Ἅδης, [hiéroglyphes] Ῥωμαῖος, [hiéroglyphes] Ῥοδῆ. De son côté, le grec aspire parfois le π qui précède un ⌐⌐ égyptien, Φῖβις, [hiéroglyphes], à côté de Πῖβις, mais peut-être y a-t-il là seulement un cas d'influence dialectale, le φ n'étant que la forme memphitique de l'article ⫰. Dans les mots égyptiens, le caractère ⌐⌐ conserve sa place, partout où il se trouvait, et [hiéroglyphes], par exemple, ne s'écrit jamais [hiéroglyphes], à ma connaissance, pas plus [hiéroglyphes] ne s'écrit [hiéroglyphes]. Toutefois, comme au passage de l'égyptien au copte, nous ne voyons plus qu'un caractère ϩ répondre à [hiéroglyphe] comme à ⌐⌐, il faut en conclure que, dès l'époque romaine, pour le moins, les deux sons étaient ou très voisins l'un de l'autre, ou identiques l'un à l'autre.

3° *Depuis le commencement de l'âge copte jusqu'à nos jours.* — Les exemples de ϩ copte répondant dans tous les dialectes à ⌐⌐ égyptien sont tellement connus qu'il suffira d'en rappeler ici quelques-uns pour mémoire, [hiéroglyphes] ϩⲁⲛ *T. M.*, [hiéroglyphes] ϩⲟⲟⲧ *T. B.*, ϩⲁⲧ *B.*, [hiéroglyphes] ϩⲱⲣⲡ *T. M.* Il peut du reste, dans quelques cas, ou s'amuïr complètement et disparaître de l'écriture, ⲕⲟⲟⲩ *T*. pour ⲛ-ϩⲟⲟⲩ, ou s'unir à la lettre qui le précède, ϥⲟⲟⲩ *M*. pour ϥ-ϩⲟⲟⲩ, ⲟⲉⲓ *T*. pour ⲧ-ϩⲉⲓ, etc. Comme il se confond avec le ϩ provenant de 𓐰, avant de pousser plus loin, il convient d'étudier ce dernier caractère.

𓐰

Le caractère 𓐰 cache une fricative forte semblable à celle que l'arabe exprime par ح et à l'une de celles que recouvre l'hébreu ח. Elle demeura dans l'orthographe d'une façon constante jusqu'à la fin, mais le son s'en rapprocha toujours davantage de celui qu'exprimait le caractère précédent, si bien qu'au moment où l'alphabet copte se trouva constitué, un seul caractère, le ϩ, dérivé graphiquement de la forme démotique de 𓐰, suffit à écrire indifféremment les mots où se rencontrait une aspirée provenant de 𓐰 et de ⲕ.

1º *Du XVIᵉ siècle avant notre ère à la fin de l'époque saïte.* — Les exemples de 𓐰 égalant ח-ح ne sont pas rares dès le début de la XVIIIᵉ dynastie, [hiéroglyphes] שָׁרוּחֵן, [hiéroglyphes] רְחֹב ou רְחוֹב, [hiéroglyphes] חָצוֹר, [hiéroglyphes], [hiéroglyphes] חֲמָת, et dans les mots ordinaires il en est de même, [hiéroglyphes], [hiéroglyphes], [hiéroglyphes] חַיִל, חוֹל, [hiéroglyphes] חָפֵץ. Les tablettes d'El-Amarna renferment un nombre relativement assez grand de noms où le 𓐰 égyptien est rendu par les syllabes cunéiformes qui renferment l'équivalent du ח hébreu correspondant à ح et à خ, [hiéroglyphes] *A-ma-aṅ-ḫa-at-p(b)i = Amaṅḫatpi*, [hiéroglyphes] *Pa-ḫa-am-na-ta = Paḫamnata*, [hiéroglyphes] *Ḫi-ku-up-ta-aḫ = Ḫikouptaḫ*, [hiéroglyphes] *Mi-in-pa-ḫi-[ri]-ta-ri-a = Minpaḫitaria*, [hiéroglyphes] *Ku-i-iḫ-ku = Kouiḫkou*, et les noms propres en [hiéroglyphes] *Ḫa-a-ra = Ḫara*, [hiéroglyphes] *Ḫa-a-ra-ma-aš-ši = Ḫaramašši*. D'autre part, la même équivalence de ח ح dans les syllabiques renfermant un 𓐰 reparaît sur la liste de Shashanq, [hiéroglyphes] מַחֲנִים, [hiéroglyphes] חֲפָרַיִם, [hiéroglyphes] רְחֹב, [hiéroglyphes] et [hiéroglyphes], deux localités inconnues de Siméon ou de Juda, dont le nom dérive de la racine חָנַן, et [hiéroglyphes] avec ses variantes [hiéroglyphes], [hiéroglyphes] חֲנֹר, חַמּוֹר, תְּנוּרָה, de la racine חָנַר. Trois siècles plus tard, les inscriptions assyriennes d'Asarhaddon et d'Assourbanipal présentent la même méthode de transcription par ח-ح-خ, que les tablettes d'El-Amarna, [hiéroglyphes] *Pi-ša-an-ḫu-ru = Pishanḫourou*, [hiéroglyphes] *Ḫa-at-ḫi-ri-bi = Ḫatḫiribi*, Ἀθριβις, [hiéroglyphes] *Ip-ti-ḫar-ṭi-e-šu = Iptiḫardeshou*, [hiéroglyphes] *Ma-an-ti-me-ḫi-é = Mantimeḫé*, [hiéroglyphes] *Na-at-ḫu-u = Natḫou*, [hiéroglyphes] *Na-aḫ-ti-ḫu-ru-an-si-ni = Naḫḫourouanseni*, [hiéroglyphes] *Si-ḫa-a = Siḫâ*, [hiéroglyphes] *Ḫi-ni-in-ši = Ḫininshi*. Les Hébreux et les Araméens, vers le même temps, se servaient du ח pour rendre le son du 𓐰, à l'époque saïte, dans [hiéroglyphes] חָפְרַע, ou dans les transcriptions פתח ‎, ‎ du Sérapéum, ‎ חפים ‎, ‎ אסחור ‎, ‎ צחר ‎, ‎ תחית ‎, ‎ חתחיר des papyrus d'Éléphantine. Le grec remplace le ⸗ par l'esprit au commencement des mots, ᾿Απρίης, ᾿Αθώρ, ῟Ωρος, Αἴγυπτος, ᾿Αθαρράβις, ᾿Αθρίβις, ᾿Αταρβῆκις, mais, dans l'intérieur des mots, le plus souvent il disparaît complètement ou, si la lettre précédente est la sourde, il se combine avec elle, Ναθώ, ᾿Αθαρράβις, ᾿Αθρίβις, Νεφθύς. Quelquefois, pourtant, les Grecs le représentent par χ, et alors on a un doublet où le ⸗ est supprimé dans la transcription, Ταχώς, Ταχαίος et Τεώς, -χμις- dans Περχμασσιμῆτ et ῎Αμασις, mais le cas est assez rare. Peut-être faut-il reconnaître là une influence dialectale. Comme nous le verrons, le dialecte du Sud tend à affaiblir les aspirées et il a remplacé le ⸗ par un ⸗ au passage du copte : Τεώς et ῎Αμασις seraient des prononciations méridionales, tandis que Ταχώς et [Ἀ]χμις seraient des prononciations septentrionales. L'objection tirée du fait qu'Amasis est un Saïte peut être écartée, car nous savons que le nom ⸗ a fait son apparition historique en Thébaïde, et il a pu passer de là au Nord avec sa prononciation thébaine à côté de la prononciation memphitique : c'est ainsi que nous avons côte à côte, dans notre langue, FRANÇOIS et FRANÇAIS, LOUIS et LUDOVIC. Il vaut mieux toutefois ne pas insister sur ce point.

2° Du commencement de l'époque macédonienne au commencement de l'âge copte. — Les transcriptions grecques de l'époque ptolémaïque et romaine achèvent de démontrer ce qu'indiquaient déjà celles de l'âge saïte. Le ⸗ est remplacé régulièrement par l'esprit au commencement des mots, ᾿Ασφῦνις, Αὔαρις, ᾿Αρμαΐς, ᾿Αρσαφής, ᾿Ασίης, ᾿Ατρής, ῾Ρηουώ; au milieu des mots il est supprimé entièrement, Νεφερῶς, Πετεαρπρῆς, ῾Ρεμεναχρέ ou ῾Ραμανόρ, Φουόρ. Toutefois, s'il est précédé immédiatement de l'article ⸗, ⸗, réduit à ⸗ ou à ⸗ dans la prononciation, il s'unit à lui pour former un φ ou un θ, Θιναβοῦνον, Θασίη, Θατρῆς, et tous les noms composés avec un ⸗, ⸗, Φρι... initial, Φριπετόσιρις, Φρισομτοῦς, Φριπανοῦπις, Φριψενχῶνσις, Φομμοῦθις, Φομμοῦς. On remarquera que ce dernier fait n'est pas constant et que plusieurs de ces noms avec ⸗ initial offrent en variante des transcriptions en π, Φᾶφις et Πᾶπις; Φατρῆς et Πατρῆς. Il est probable qu'il faut y voir une nuance dialectale, les formes en Φ appartenant de préférence aux dialectes du Nord et celles en Π aux dialectes du Sud, comme cela a lieu dans le copte. Dans les transcriptions démotiques des noms grecs commençant par l'aspiration marquée plus tard par l'esprit rude ‘, celle-ci est rendue non par le caractère dérivé de ⸗, mais par celui qui provient de ⸗, ainsi ⸗ pour ῾Ηρακλείδης, ⸗ pour ῾Ηνίοχος, ⸗

[hiéroglyphes] pour Ἑρμοκράτης, *[hiéroglyphes] Ὑραΐς, ce qui semble bien indiquer que, dès ce temps, les deux signes [signe] et [signe] devaient être équivalents ou à peu près dans la prononciation des mots, bien qu'on persistât à les tenir distincts dans l'orthographe traditionnelle des mots égyptiens. Le son du [signe] ꜣ s'était donc adouci au point d'aboutir à celui du ꜣ, et c'est cet affaiblissement qui a permis au copte de confondre sous un seul caractère, le ϩ, les mots qui, dans la langue ancienne, se classaient sous deux caractères différents. Mais, comme les mots renfermant le [signe] et le [signe] ont pris l'orthographe par le ϩ en passant au copte, il convient d'étudier les sons que recouvraient ces hiéroglyphes et leurs syllabiques, avant d'aborder la question du ϩ.

[signe] et [signe]

Selon l'école de Berlin, la distinction entre ces deux caractères est marquée par ce fait que le [signe] devient en copte, selon les dialectes, ϩ *Akhm.*, ϩ *T.*, ϣ *M.*, mais jamais ϣ, tandis que le [signe] y est représenté toujours dans l'akhmimique par ϩ, mais peut devenir en thébain ϩ ou ϣ, en memphitique ϣ ou ϣ. Erman trouve cette particularité d'autant plus remarquable qu'à l'âge memphite ce phonème est souvent désigné par [signe][1]. Il convient d'examiner tous les points de cette théorie l'un après l'autre, afin de voir jusqu'à quel point elle est exacte.

Tout d'abord, il est certain que [signe], comme Rougé l'avait observé déjà, offre une tendance à échanger avec [signe] aussi bien qu'avec [signe], à toutes les époques. J'ai relevé suffisamment d'exemples jadis dans les Pyramides[2] pour confirmer ce fait, et il a été admis, depuis lors, aussi bien en Allemagne qu'en France. Il n'est pourtant pas inutile de reprendre ici les passages qui m'avaient amené à cette conclusion. Le mot [signe] se trouve à la forme simple du singulier ou du pluriel, avec les orthographes [signes] (*Papi II, l. 70*) = [signes] (*Mirinri, l. 59*) = [signes] (*Teti, l. 48*), [signes] (*P. II, l. 963*) = [signes] (*Ounas, l. 582*), [signes] (*P. I, l. 477; P. II, l. 1265*), [signes] (*P. II, l. 864*), [signes] (*T., l. 286*) = [signes] (*P. I, l. 38 et M., l. 48*), avec [signe] prothétique, [signes] (*T., l. 48*), [signes] (*P. I, l. 77*) = [signes] (*M., l. 101*), et à la dérivation ethnique en [signes] (*P. I, l. 377; cf. O., l. 566*) = [signes] (*P. II, l. 1265*). Le mot [signes] est écrit perpétuellement [signes] (*P. II, l. 167*), [signes] (*M., l. 485, 784*), et au pluriel [signes] (*P. II, l. 152*), [signes]

______

1. « [signe] ..., im Koptischen tritt es als A. ϩ, S. ϩ, B. ϣ, auf *nie aber als* ϣ. Um so merkwürdiger ist » es, dass dieser Laut in der ältesten Schrift gerade mit [signe] bezeichnet wurde, was denn auch später bei » manchen Worten noch üblich blieb : [signes] «heiss werden» statt ḥmm, ϧⲙⲟⲩ B. = ϣⲙⲟⲩ; » [signes] «Æhre» neben [signes] ḥms ϩⲙⲥ. — Im mn beginnt man [signe] auch mit [signe] zu ver- » wechseln : [signes] ḥmm » (ERMAN, *Ægyptische Grammatik*, 3ᵉ édit., § 112, p. 65-66).

2. MASPERO, *Les Pyramides de Saqqarah*, p. 93, note 1, et *Notes sur quelques points de Grammaire et d'Histoire*, dans la *Zeitschrift*, 1884, p. 87.

(*P. II, l. 166*). Les mots [hiéroglyphes] et [hiéroglyphes] sont écrits [hiéroglyphes] (*M., l. 517*) et [hiéroglyphes] (*P. I, l. 643; M., l. 680*), et dans ce dernier passage, chez Papi II (*l. 1242*), [hiéroglyphes] est employé comme variante erronée par assonance, à la place de [hiéroglyphes]. Le mot [hiéroglyphes], avec ses sens différents, présente des orthographes analogues : [hiéroglyphes] (*M., l. 75, 78*, et *P. II, l. 80*) = [hiéroglyphes] (*P. II, l. 77*) = [hiéroglyphes] (*P. I, l. 110, 112*), et la phrase suivante d'Ounas (*l. 587-588*) est très caractéristique, [hiéroglyphes] etc. La pancarte présente, avec la formule [hiéroglyphes], un jeu de mots sur un objet d'offrandes qui s'exprime, dans Papi II (*l. 311*), par [hiéroglyphes] et, dans Ounas (*l. 59*), par [hiéroglyphes]. Pour en finir, je signalerai deux mots, qui reviennent très souvent dans les textes des Pyramides. La locution, si fréquente en tout temps, [hiéroglyphes], revêt les apparences suivantes : [hiéroglyphes] (*O., l. 538*), [hiéroglyphes] (*M., l. 85, 86*), [hiéroglyphes] (*T., l. 278*), [hiéroglyphes] (*O., l. 438; T., l. 142, 178; M., l. 26, 160*), [hiéroglyphes] (*M., l. 3, 160*), [hiéroglyphes] (*P. II, l. 93, 135, 651*), [hiéroglyphes] (*P. I, l. 60, 239, 250; M., l. 85-86; P. II, l. 92*), [hiéroglyphes] (*P. I, l. 3, 63; P. II, l. 84, 648*), [hiéroglyphes] (*T., l. 178; P. II, l. 112, 293, 808*), [hiéroglyphes] (*P. II, l. 651*, où il y a probablement un [hiéroglyphe] passé par la faute du graveur), et comme adjectif [hiéroglyphes] (*P. I, l. 676*, et *P. II, l. 1287*) = [hiéroglyphes] (*T., l. 190*). D'autre part, on rencontre le terme [hiéroglyphes] et son dérivé [hiéroglyphes] avec des variantes analogues : [hiéroglyphes] (*O., l. 469*), [hiéroglyphes] (*T., l. 220*), [hiéroglyphes] (*P. I, l. 400*), [hiéroglyphes] (*P. I, l. 728*), [hiéroglyphes] (*M., l. 565*), [hiéroglyphes] (*M., l. 290, 571*), [hiéroglyphes] (*M., l. 578; P. II, l. 390, 913*), [hiéroglyphes] (*O., l. 489; P. I, l. 396; M., l. 362; P. II, l. 1912*), [hiéroglyphes] (*P. II, l. 1287*), [hiéroglyphes] (*T., l. 191, 193*), [hiéroglyphes] (*P. I, l. 396*), [hiéroglyphes] (*T., l. 194*), [hiéroglyphes] (*P. I, l. 651, 677*), [hiéroglyphes] (*T., l. 48*). Sans pousser plus loin cette étude, on constate que [hiéroglyphe] et tous les syllabiques où l'on peut reconnaître sa présence, [hiéroglyphes], ont des variantes en [hiéroglyphe]; les leçons comme [hiéroglyphes] semblent même indiquer que [hiéroglyphe] est, parfois au moins, le véritable syllabique de [hiéroglyphes].

Ce premier point vérifié, que doit-on penser de la règle d'après laquelle les mots égyptiens en [hiéroglyphe] donneraient toujours des dérivés coptes en ϩ, ϧ, ϣ, selon les dialectes, jamais en ϣ? Pour répondre à cette question, il n'y a qu'à rechercher si, à partir du second empire thébain jusqu'aux temps voisins de l'âge copte, nous ne trouvons pas des mots renfermant un [hiéroglyphe] équivalant à [hiéroglyphe] en égyptien, qui offriraient un ϣ dans les dialectes récents. Il y en a certainement quelques-uns : [hiéroglyphes] = [hiéroglyphes] [hiéroglyphes] = [hiéroglyphes] ϧⲟⲩⲛ *T.* ϧⲏⲁⲛ *B.* ϣⲟⲩⲛ *M.*, qui a sa forme simple [hiéroglyphes],

[hiéroglyphes] donne ϣϩⲙ *T.* à côté de ϧⲉⲙ, ϧⲏⲙ *T.*, ϣⲉⲙ *M.*; [hiéroglyphes] donne ϣⲉⲛⲛⲟϧ *M.*; [hiéroglyphes] = [hiéroglyphes] donne au dérivé de l'infinitif féminin ϣⲓⲛⲉ *T.* ϣⲓⲛⲓ *B. M.*; [hiéroglyphes], [hiéroglyphes], [hiéroglyphes], [hiéroglyphes], [hiéroglyphes], qui donnent, à côté de ⲱⲛϧ *T. B.*, ⲱⲛϣ *M.* et ⲱⲛⲁϧ *T.*, les doublets ⲁⲛϧ, ⲁⲛⲁϧ *T. B.* et ⲁⲛⲁϣ *T. M.*, ⲁⲛⲏϣ *B.*; peut-être [hiéroglyphes], [hiéroglyphes], si c'est ϣⲁⲣ *T. M.*, ϣⲁⲁⲣ *T.*, *pellis, corium, saccus coriaceus*. Quelques mots qui présentaient des variantes en ⊙, [signe], ▭, aux derniers temps ne sont pas demeurés en copte où n'y ont pas été retrouvés encore, [hiéroglyphes], par exemple, tandis qu'un plus grand nombre offrent la variante de [signe] à ⊙ seul sans avoir laissé de traces en ϧ-ϣ ou en ϣ dans le copte, [hiéroglyphes], [hiéroglyphes], [hiéroglyphes], [hiéroglyphes], etc. Enfin, d'autres, en assez petite quantité, produisent un ϣ *M.* ϩ *Akhm.* ou ϧ *T.*, ϧⲱϣ *T.* ⲫⲱϣ *M.*; [hiéroglyphes], où, bien que le bas-égyptien ait un ▭ en échange du ⊙-[signe], le copte n'a conservé que les formes en ϣ-ϧ, ϧⲙⲥ *T.* ϣⲙⲥ *M.* Le phénomène est donc moins absolu que ne le disait Erman, et il y a quelques rares mots en [signe] qui ont laissé dans le copte des descendants en ϣ. Il serait étonnant, d'ailleurs, qu'il n'en fût pas ainsi, du moment qu'on admet aux époques récentes l'équivalence complète des orthographes en ⊙ et en [signe], [hiéroglyphes], [hiéroglyphes], [hiéroglyphes], [hiéroglyphes], et ainsi de suite : du moment qu'aux temps voisins de l'âge copte, le [signe] n'est plus dans la plupart des cas que l'équivalent graphique du ⊙ ordinaire, on doit s'attendre à ce qu'il suive les fortunes de celui-ci et qu'à l'occasion, il puisse devenir ϣ aussi bien que ϧ ou ϩ. Il y a même quelques exemples qui prouvent que le [signe] a été employé dans les hiéroglyphes pour rendre le ϩ; ainsi, sur le cercueil de l'archonte Sôter à Thèbes, l'*Hatorienne* [hiéroglyphes] écrit son titre [hiéroglyphes] en variante de [hiéroglyphes], où le [signe] représente le [hiéroglyphes] de [hiéroglyphes], où ce [signe] était tellement adouci que le memphitique a pu le supprimer, ⲁⲟⲱⲣ, à l'initiale le gardant à la finale, quand le thébain ϩⲁⲧⲱⲣ le conservait à l'initiale et le supprimait dans le nom de [hiéroglyphe].

Et maintenant peut-on, avec ces données, retrouver approximativement quelles étaient les valeurs relatives de ⊙ et de [signe] à l'époque où les deux signes couvraient des phonèmes différents? Remarquons d'abord que les variantes qui nous montrent [signe] équivalant à [hiéroglyphe] et à ⊙ [hiéroglyphe] dans [hiéroglyphe], par exemple, sont très anciennes, aussi anciennes que les plus vieux monuments littéraires de la langue, et que, déjà en ce temps-là, le signe tendait à modifier sa valeur primitive quelle qu'elle fût; il était, d'ailleurs, relativement assez rare, et il ne devint jamais très fréquent. Il couvrait un phonème intermédiaire entre la sourde chuintante franche ᴄʜ (sʜ de l'anglais) et la sonore aspirée ϧ, quelque chose comme le ᴄʜ-doux de l'allemand dans *icʜ*, tandis que le ⊙ aurait eu plutôt le son du ᴄʜ-dur de l'allemand dans *acʜ, Bucʜ*, ou de la ᴊ espagnole moderne dans *Jerez, ᴊues*. L'histoire de la *jota* expliquerait donc cette particularité du

---

1. E. DE ROUGÉ, *Lettre à M. Alfred Maury* (1847), dans les *Œuvres diverses*, t. I, p. 191-192.

renforcement de ⬭ en ● sans retour au ш dans le copte : on sait en effet que la prononciation actuelle de cette lettre est récente et que le retour à la prononciation cн ou
G-doux, antérieure au XVIIᵉ siècle, ne s'est pas fait jusqu'à présent. Il semblerait donc
qu'en égyptien, si, terminés les temps memphites, la valeur approximative du signe ●—
s'efface, et que les variantes en ⬭ disparaissent dans la période suivante pour ne
plus reparaître que vers les temps moyens ou derniers de la κοινή ramesside, c'est que le
son attaché à ce caractère ●— ayant passé partout à celui que recouvrait ● avait suivi
les destinées de ce dernier. Or, celui-ci manifestait déjà sous l'empire memphite la
tendance à se faire remplacer par le son du ⬭, et les variantes telles que ⟨signe⟩ pour
⟨signe⟩ sont fréquentes dès lors. Toutefois, même en s'accentuant avec les siècles, ainsi
que nous le verrons plus bas, elle ne s'étendit pas à tous les mots de la langue qui contenaient un ● soit originel, soit provenant d'un ●— antérieur : tandis que certains
d'entre eux se modifiant en ш, la plupart des autres, conservant une aspirée, produi-
saient un ϩ memphitique, un ϧ akhmimique ou un ϧ thébain, beaucoup plus rarement
un ϧ. Pour en finir donc avec l'histoire du ●—, nous dirons qu'après avoir perdu de
très bonne heure sa valeur chuintante et être devenu une simple variante de ●, il se perpétua par l'écriture dans certaines orthographes traditionnelles, ⟨signes⟩ ϩροτι, ϧροϯ·
ϧροϯ M., ⟨signe⟩ ϧн T. ϧει Akhm., ⟨signe⟩ ϧιce T. ϩιcι M. ϧιcι B. ϧιce Akhm., ⟨signe⟩
ϧωτϩ T. ϩωτεϩ M. ϧωτϩε Akhm., ⟨signe⟩ ϧοκ T. ϩωκ M., ou bien, pour des raisons de
carrure, il fut employé en variante de ●, même adouci en ш, ainsi que je l'ai dit plus
haut, ⟨signes⟩ шεннοϧ M. Je m'attacherai donc ici exclusivement à l'étude du ● et
du ●—, variantes l'un de l'autre.

1° *Du XVIᵉ siècle avant notre ère à la fin de l'époque saïte.* — On ne trouve dans
les listes de Thoutmôsis III aucun exemple de ●— employé pour rendre un son sémitique; elles contiennent en revanche beaucoup de ●-⟨signe⟩, pris comme équivalents du
п hébreu répondant au ح comme au خ arabes, ⟨signes⟩ טָבַח ﻃ, chald. דבח,
⟨signes⟩ אַנְחַרת, ⟨signes⟩ חָלְקֹת, ⟨signes⟩ חַלְבֹּון ﺣﻠﺐ, et dans les termes
de langue courante empruntés aux idiomes cananéens, ⟨signes⟩ חמן. Les tablettes cunéiformes d'El-Amarna rendent le ● par les mêmes syllabes que le ⬭ et
le ⟨signe⟩, ainsi ⟨signes⟩ *Ma-na-aḫ-pi-ir-ia, Manaḫpiria,* ⟨signes⟩ *Na-ap-ḫur-ri-ia,*
Napḫouria, et le rédacteur des listes de Shashanq a traduit par ⟨signes⟩ et ⟨signe⟩ tous les п
de l'hébreu, qu'ils répondissent au خ ou au ح de l'arabe; il n'a point employé le ●, le ⟨signe⟩
ou le ●— pour rendre la nuance forte du п. Comme les scribes cananéens d'El-Amarna,
ceux d'Asarhaddon et d'Assourbanipal expriment le ● par les mêmes syllabes que le ⟨signe⟩,
soit ⟨signes⟩ *Tap-na-aḫ-ti, Tafнакнti,* ⟨signes⟩ *Na-aḫ-ti-ḫu-*
ru-an-si-ni, Nакнthournashine, ⟨signes⟩ *Ḫi-ni-in-si, Кннénshi,* ⟨signes⟩ *Ḫi-mu-*
nu, Кнmоuнou. Tous ces faits semblent indiquer que, dès cette époque, la série des
aspirations égyptiennes était entraînée par un mouvement d'adoucissement qui appro-
chait ●-●— à ⟨signe⟩ et celui-ci au ⬭, d'un côté, et il semble que ce mouvement se com-

pliquait d'un autre qui amenait ◉ au ⊏⊐. La variante 𓎛, qu'on rencontre pour ⊟ dans le titre ⊟ 𓅂 𓏏 d'Aménôthès III, peut montrer que le son ◉, renfermé dans le syllabique ⊟, s'affaiblissait déjà à cette époque, et, d'autre part, que la valeur SHA que ce ⊟ a prise dans ses dérivés coptes ϣⲁ *T.* ϣⲁⲓ *M.* ne l'emportait pas encore. Au temps d'Hérodote, la version traditionnelle en ΚΗ pour ◉ se maintenait au moins dans les noms des pharaons réels ou supposés, ◉ 𓅂 𓃀 Χεόψ, ⊟ ⊙ Χεφρήν, 𓃾 Ἄσυχις; mais qu'elle était déjà assez entamée pour que les Grecs pussent rendre également par leur 𝒳 le ⌣ légèrement aspiré de 𓈖 𓅂 ⌣ Ψαμμήτιχος; un siècle plus tard, cette aspiration s'était assez rapprochée, au moins dans certains mots, de la gutturale ordinaire Κ pour qu'on pût écrire Νεκτανέβης ou Ναχτοναβώ ⌣ et ailleurs Τνέφαχθος ⊂ 𓅂 𓃾 𓀀. Si les monuments de l'époque saïte avaient été dépouillés plus complètement que cela n'a été le cas jusqu'à présent, on y verrait les variantes en 𓎛 et celles en ⊏⊐ du ◉ primitif se multiplier à mesure que les scribes reproduisent davantage par l'écriture les prononciations réelles.

2º *Du commencement de l'époque macédonienne au commencement de l'âge copte.* — L'orthographe traditionnelle des mots renfermant un ◉ ne devait plus correspondre dès le début à leur expression phonétique. Les transcriptions grecques des noms propres enregistrent celle-ci, et Manéthon n'hésite pas à substituer au Χεόψ et au Χεφρήν d'Hérodote deux Σοῦφις qui répondent à ◉ 𓅂 𓃾 et à ⊙ ⊟ 𓃾 prononcés Sнoufi et Sнáfrié-Sнáfré. D'autre part, les exemples abondent de ◉ égyptiens transcrits par des 𝒳 comme 𓎛, Βιῆγχις 𓅂 𓏏 ◉ 𓏤𓏤 𓀀, Ἐπώνυχος, Ἐφώνυχος 𓅂 𓏏 𓀀, Παχνοῦβις ou Παχνοῦμις ⊡ 𓅂 𓀀, Χεσθώτης ◉ 𓅂 𓀀, et ainsi de suite. En même temps, dans les textes égyptiens, les variantes ne sont pas rares qui nous montrent le ◉, le ✱—, le 𓎛 et même le 𓊎, tour à tour employés dans les mêmes mots, ou le ◉ affaibli en ⊏⊐. On a de la sorte ✱— 𓏤 𓎛 ⌣ 𓏤, 𓎛 𓃾 𓏥 ⊏⊐ ⊏⊐, 𓋹 𓅂 𓏤 ⊏⊐ 𓏤, ✱— ⌣ 𓀀 ⊏⊐ 𓅂 𓀀, ◉ 𓃾 ✱— ⊏⊐ 𓏤, d'une part, et, d'autre part, ⊏⊐ 𓃾, 𓏤 ◉ 𓃾 ⊏⊐ 𓏥, ◉ ⊏⊐ 𓃾 𓏤 ⊏⊐, ✱— 𓃾 𓏤 ⊏⊐ 𓃾, et ainsi de suite. A la fin de l'époque hiéroglyphique, le ◉-✱— était déjà assimilé à 𓎛 dans les dialectes méridionaux, et il ne conservait une aspiration plus forte que dans les dialectes du Centre et du Nord, où il pouvait devenir ⳉ en akhmimique, ou ϩ en memphitique; encore trouve-t-on là même des variantes en ⳉ aux mots en ϩ, ⳉⲣⲟⳁ *M.* à côté de ϩⲣⲟⳁ, ⳉⲏⲓⳉⲓ *M.* à côté de ϩⲏⲓⳉⲓ, ⲉⳉⲣⲏⲓ et ⳉⲣⲁ *M.* à côté de ⲉϩⲣⲏⲓ et de ϩⲣⲁ. La comparaison entre le copte et le très bas égyptien prouve même que celui-ci avait poussé l'affaiblissement du ◉ en ⊏⊐ plus loin que celui-là, au moins dans certains cas. On y trouve, en effet, des formes telles que ⊏⊐ 𓏏, ⊏⊐ 𓇜, quand le copte a encore les formes en ◉, ϣⲁϣ *M.* ◉ 𓏏, ϣⲉⲩⲥ *M.* ⳉⲩⲥ *T.* : il y a là sans doute une différence dialectale de la part du scribe égyptien, mais je ne sais où la placer. Quoi qu'il en soit de ce dernier point, l'ensemble des documents est assez significatif pour que nous puissions aborder dans le copte l'étude des aspirées ⳉ, ϩ, ϣ, 𝒳, dérivées de l'ancien égyptien.

ⲉ, ⲉ̆, ⳃ, ⳉ

Dans les textes en copte archaïque comme dans les hiéroglyphes contemporains, les trois phonèmes répondant à ⌐, 𓎛 et 𓏤 sont déjà unifiés, de même que dans le dialecte thébain classique et dans une partie du memphitique, mais ils sont rendus de manière différente selon les scribes. Dans la première partie du Papyrus Anastasi DLCCIV de la Bibliothèque nationale, ils sont rendus par un caractère spécial ȝ que j'ai transcrit ⲉ̆ pour la commodité des impressions. Dans la deuxième partie, il est indiqué d'ordinaire par une sorte d'esprit rude ʼ, ʼ, placé sur le caractère qui suit immédiatement, et doublé quelquefois par un χ grec ou supporté par un ou deux ⲉ tracés sous lui : toujours pour la commodité des impressions, je lui ai substitué l'esprit rude ʻ courant. On a donc, selon les pages du manuscrit, ⲉ̄ⲟⲩⲛ, ⲉⲟ́ⲩⲛ = [hiér.], ⲉ̄ⲉⲛ, ⲉⲭⲉ̄ⲛ, ⲉⲭⲉⲛ = [hiér.] afin de rendre le 𓏤, ⲅ̆ⲟⲟⲩⲛⲧ, ⲟ́ⲟⲩⲛⲧʼ = [hiér.] afin de rendre 𓎛, ⲉⲟ́ⲙ-ⲁⲟ́ⲙ, ⲉⲗⲱ́ⲃ = [hiér.] et ⲉⲗⳉⱳⲃ B., ⲣ̄ⳉⲱⲃ T., afin de rendre un ⌐ ; ajoutons que n'importe laquelle des aspirées anciennes ⌐ ou 𓎛, 𓏤, se trouvant derrière un ⲛ ou un ⲧ, se combine avec celui-ci pour former un ⲫ ou un ⲑ prononcés ⲡ + ⲉ ou ⲧ + ⲉ, ⲫⲟ = [hiér.] ⲡ + ⲉⲟ, ⲛⲉⲃⲟⲱ-ⲛⲉⲫⲟⲱ = [hiér.] ⲛⲉⲃⲧ + ⲉⲱ, ⲑⲛ [hiér.] ⲧ + ⲉⲛ. On pourrait se demander si, dans une forme comme ⲡⲙⲉⲉ̆ⲭ, le redoublement ⲉ̆ⲭ ne marquerait pas une aspiration plus forte que celle du ⲉ ordinaire, quelque chose comme le ⳃ du memphitique ; il est plus probable qu'il ne faut y voir qu'une tentative fantaisiste de rendre le son ⲉ, dont l'équivalent n'existe pas complètement dans l'alphabet grec.

Quoi qu'il en soit de ces essais, il est certain que, pour rendre l'aspiration, les dialectes coptes du Midi et surtout le thébain ne possédaient plus qu'une lettre dans laquelle se confondaient les sons des trois caractères anciens ; l'akhmimique en eut deux ⲉ et ⲉ̆ pendant sa brève existence, le memphitique en a conservé deux jusqu'à maintenant, ⲉ et ⳃ. Le ⲉ̆, qui n'est qu'un ⲉ différencié par un trait, est propre au dialecte akhmimique et a duré autant que celui-ci ; encore dans un des derniers textes conçus en ce dialecte n'est-il plus employé et les mots qui le contenaient sont-ils écrits les uns avec le ⲉ thébain, les autres avec le ⳓ, ⲟⲩⲱⳓⲉ et ⲁⳉⲣⲏⲓ pour ⲟⲩⲱⲉ et ⲁⲉⲣⲏⲓ[1]. C'est qu'en effet ce ⲉ̆ akhmimique répondait à deux sons : une partie des mots où il se trouvait renferme dans les autres dialectes un ⲉ ou un ⳃ, ⲱⲛⲉ̆ = ⲱⲛⲉ T. B. ⲱⲛⳃ M., ⲉ̆ⲣⲁⲩ = ⲉⲣⲟⲟⲩ T. ⳃⲣⲱⲟⲩ M. ⲉ̆ⲱⲧⳃⲉ = ⲉⲱⲧⳃ T. ⲉⲱⲧⲉⳃ T. B. ⳃⲱⲧⲉⳃ M. ⲉ̆ⲁ = ⲉⲁ T. B. ⳃⲁ M., tandis qu'une autre partie, la plus considérable jusqu'à présent, contient un ⳓ dans les autres dialectes, ⲉⲉ̆ = ⲁⳓ T. M., ⲉ̆ⲱⲛⲉ = ⳓⲱⲛⲉ T. B., ⳓⲱⲛⲓ M. B., ⲥⲁⳉⲃⲉ-ⲥⲁⲉⲉ̆ⲉ = ⲥⲁⳓⳗⲉ T. ⳗⲁⳓⳗⲓ M., ⲉ̆ⲁⲣⲉ = ⳓⲁⲣⲉⲩ, etc. Le ⲉ̆ ne doit pas avoir tout à fait le même son que le ⲉ,

---

1. La présence de ⲛ dans ce mot suppose une forme [hiér.], que je n'ai pas encore rencontrée : on a de même [hiér.] à côté de [hiér.] de [hiér.], par adjonction de la vieille forme en [hiér.] m., [hiér.] f., à laquelle s'est ajouté le \\ ou [hiér.] d'état.

2. Krall, dans les *Mittheilungen* 1887, p. 54-55.

puisqu'il existe à côté de celui-ci dans le dialecte : c'est donc à peu près, sinon complètement, l'équivalent du ϣ, et le second phonème qu'il recouvre, celui qui le mène au ϣ des autres dialectes sans toutefois le confondre avec celui-ci, puisque l'akhmimique possède ϣ également, semble nous indiquer la direction où on peut en chercher la valeur. ϧ serait analogue à la seconde chuintante du polonais, celle qu'on écrit *ś* dans cette langue : il se serait résolu d'un côté sur la chuintante ordinaire, *sz* du polonais, de l'autre sur l'aspirée plus ou moins forte. Le ϧ, qui se maintient jusqu'à nos jours dans le copte, est particulier au memphite et échange assez souvent avec le ϫ dans ce dialecte, seulement, tandis que le ϫ se rend dans les transcriptions de l'arabe ك, ش et خ, c'est-à-dire qu'il procède, comme nous l'avons vu, aussi bien du ⲗ que du ⲉ dans sa double valeur chuintante et aspirée, ϧ est toujours l'aspirée forte et répond à خ. On a donc dans les textes de Galtier ϧⲉⲛ et ⲉⲧϧⲉⲛ خان et الخان, ⲉⲕⲉⲣⲁϧⲧ اكاراخت, ⲛϧⲏⲧ نخات, ⲟⲩϫⲓⲱⲛ اوشيون, ⲁϥϫⲱ افكو, ⲛⲓⲁⲣϫⲱⲛ نيارخون, et dans celui de Le Page-Renouf, ϧⲉϫⲉⲛⲉⲟ وكانت, ⲉϣϣⲉⲓϧ الشيخ, ⲉⲗⲁϧ الاخ, enfin, dans le psaume de Petræus, ϧⲉⲛ *cпân*, ϧⲁⲧⲉⲛ *cнadân*, ⲛϧⲏⲧⲟⲩ *ancнádu*, où cн a la valeur du cн-dur allemand ou du خ arabe. Depuis lors, rien n'a été changé dans la prononciation traditionnelle, et le ϧ est toujours rendu par خ au sud comme au nord de l'Égypte. Quant au ϫ dans les mots où il n'est pas la sourde ordinaire non aspirée ⲕ', ce qui est le cas pour tous les mots égyptiens, dans les mots d'origine grecque, « il a oscillé entre deux fri-
» catives égyptiennes, ϧ et ϣ, rendues aujourd'hui respectivement par l'uvo-palatale
» arabe خ et par l'antéro-palatale ش, et s'est fixé tantôt sur l'une, tantôt sur l'autre.
» Aussi nos transcriptions nous fournissent : ⲡϫ̅ⲥ̅ *bak'restos* Χριστό, ϫⲱⲣⲁ *k'ura* χώρα,
» Ⲁⲣϫⲏⲗⲁⲟⲥ *Ark'illaos* Ἀρχέλαος, Ⲣⲁϫⲏⲗ *Rak'al* רָחֵל, ⲧⲁⲣϫⲏ *darsi* ἀρχή, ⲁⲣϫⲏ-
» ⲉⲣⲉⲩⲥ *ar'si'aros* ἀρχιερεύς. Je n'ai pu obtenir de mes maîtres, ni retrouver la règle qui
» détermine cette répartition. C'est, je le crois, la tradition avec ses faiblesses qui
» guide le lecteur pour chaque mot[2]. »

Il ne semble pas que ⲉ ait changé de valeur, depuis les derniers temps égyptiens où le son de ⲗ se confondit avec celui de ⲝ. Il représentait, dès lors, l'aspirée simple de toutes les langues, prononcée plus ou moins énergiquement, et il répondit, par conséquent, à l'esprit doux ' du grec, aussi bien qu'à l'esprit rude ', ϩⲓⲣⲏⲛⲏ εἰρήνη, ϩⲓⲧⲁⲗⲓⲁ Ἰταλία, ϩⲓⲛⲁ ἵνα, ϩⲟⲧⲉ ὅτε; il marquait même l'aspiration produite par le hiatus au corps des mots, ⲁϩⲟⲣⲁⲧⲟⲥ ἀόρατος, Ⲓⲱϩⲁⲛⲛⲏⲥ Ἰωάννης. De même, les premiers coptes qui furent en rapport avec les Arabes rendirent par ϩ tantôt le ح de محمد ⲙⲟⲩϩⲁⲙⲉⲧ-ⲙⲱϩⲁⲙⲙⲏⲧ, tantôt le ⲟ, Ⲁⲡⲟⲩϩⲏⲗⲁⲗ ابوهلال, tantôt le ع, عامر ϩⲁⲙⲏⲣ à côté, d'ailleurs, de Ⲁⲙⲉⲣ : l'arabe d'Égypte confondait le ح et le ع alors comme aujourd'hui. Le même fait se retrouve dans le texte arabe écrit en lettres coptes de Le Page-Renouf, 'ϩⲁⲛⲇⲟϩ = عنده, 'ϩⲁⲙⲉⲗⲟⲩ عملوا, ⲛⲉϥⲥⲟϩ نفسه, ⲁϩⲁⲇ احد, ϩⲓⲛ حين, mais les textes coptes écrits en lettres arabes de Galtier n'emploient que le ⲟ, ⲡⲉⲧⲉϩⲛⲁⲕ بادهناك, ϩⲓϫⲉⲛ ⲡⲕⲁϩⲓ هى جان بكاهى, ⲛⲁϩⲙⲉⲛ نأهمان, ⲛⲏⲉⲧϩⲏⲡ نيادَهاب, etc., et laissent de côté le ح. Dans le glossaire français

1. Voir plus haut, p. 33.
2. Rochemonteix, *Œuvres diverses*, p. 113-114.

en lettres coptes, sauf une orthographe comme ⲗⲁϩⲉⲛⲉϩ *l'âne*, ou ⲗⲓⲙⲟⲩⲗϩ *le mulet*, où sa présence s'explique mal, le ϩ ne se rencontre qu'à la fin des mots terminés en français par une voyelle, de préférence notre E muet, ⲡⲓⲣⲁϩ *vrai*, ⲗⲁ⳿ⲫⲗⲟⲉⲓϩ *la pluie*, ⲗⲁⲟⲉⲗⲉϩ *la toile*, ⲙⲁⲗⲁⲟⲉϩ *malade*, ⲛⲁⲟⲉⲗⲉϩ *battez-le*, ⲛⲟⲩⲟⲣⲟⲩϩ Ⲥⲓⲙⲟⲩⲣ *Notre-Seigneur*, ⲗⲓϫⲁⲛⲓⲱϩ *les anneaux*, il rend ainsi l'espèce de souffle léger par lequel nous terminons l'émission de nos voyelles. Il y avait là, comme on voit, un emploi très atténué de ϩ. Petræus donne dans son psaume le ⲏ aspiré pour équivalent de cette lettre, ⲁⲙⲉϥⲟϩⲓ *ambafóni*, ϩⲓϥⲙⲱⲓⲧ *Hiibmoît*, ϩⲉⲙⲥⲓ *Hamsi*, ⲡⲓⲉϩⲟⲟⲩ *biaHúii*, ϩⲱⲃ *Húb*, ⲛⲉϩϥ *naHf*. Tous les grammairiens européens modernes font comme lui, mais Rochemonteix montre que les Coptes d'aujourd'hui ont réduit encore le degré d'aspiration, car, dit-il, « le ϩ est le ه arabe articulé avec une énergie très variable. Parfois, il semble n'avoir » d'autre valeur que notre *h* muette : ϩⲱ *u*, ⲉⲃⲟⲗϩⲓⲧⲟⲧϥ *ab'ol-idotf*, ⲡⲕⲁϩⲓ *ebkaé*, ⲟⲩⲟϩ » *uó, ouó*, etc. D'autre part, il est fortement articulé, par exemple, dans ⲛϫⲱⲣϩ *en-* » *ĝorHH*, sans jamais s'assimiler au ح arabe[1]. » De toutes les aspirées que possédait l'égyptien antique sous les signes ⌷ et 𝍠, il ne subsiste donc plus aujourd'hui que la plus faible, encore est-elle en général si affaiblie elle-même qu'elle disparaît souvent dans la prononciation et ne se maintient plus alors que par tradition dans l'écriture.

B. SIFFLANTES

Selon l'école de Berlin[2], il y aurait eu dans l'égyptien antique deux sifflantes —⊶—, ⟨ et une chuintante ⊏⊐ : la sifflante —⊶— aurait répondu au ז ou au ס de l'hébreu, tandis que la sifflante ⟨ aurait répondu au שׁ (س et ث de l'arabe) et la chuintante au שׁ[3]. Qu'il y ait eu, en effet, une distinction établie entre —⊶— et ⟨ aux très anciennes époques, on n'en saurait douter, bien qu'il soit difficile de discerner en quoi elle consistait, donnés l'antiquité de l'époque où elle existait et le moment relativement récent où nous prenons les textes hébreux. Il est non moins certain que les Égyptiens commencèrent fort tôt à employer les deux en variantes purement graphiques l'un de l'autre; dès le début, Hommel lui-même cite quelques exemples de la confusion, tirés des textes des Pyramides, et il ne serait pas malaisé d'en signaler d'autres encore. Au premier empire thébain, elle était complète, et l'on rencontre dans le même manuscrit, à quelques mots d'intervalle, [hiéroglyphes], où [hiéroglyphes] est écrit par —⊶— initiale, tandis qu'il est noté par ⟨ dans le membre de phrase [hiéroglyphes][4], etc. Sous le second empire thébain, ce n'est plus qu'une question d'orthographe, et si, par pure routine traditionnelle, certains mots tels que [hiéroglyphes] continuent à s'écrire régulièrement par —⊶—, les autres échangent indifférem-

---

1. Rochemonteix, *Œuvres diverses*, p. 117.
2. L'assyriologue Hommel est le premier qui ait attiré l'attention sur ce point (*Zeitschrift*, 1892, t. XXX, p. 9-11).
3. Erman, *Ægyptische Grammatik*, 3ᵉ édit., p. 66-67, §§ 113-115.
4. *Papyrus de Berlin* nº I, l. 148-151; cf. Vogelsang, *Die Klagen*, p. 128.

ment ∩ et —*— dans leur composition. Nous étudierons donc ces deux signes et leur prononciation dans un même article.

—*— et ∩

C'est la sifflante ordinaire s de toutes nos langues, qui s'est maintenue jusqu'à présent dans ce qui reste du copte, sans autres changements de prononciation que ceux qui peuvent provenir du voisinage de certaines lettres, ainsi que nous le verrons par la suite.

Dans les listes de Thoutmôsis III et postérieurement, —*— et ∩ égyptiens servent à transcrire le ס ou le שׁ des mots cananéens qui plus tard fut remplacé en hébreu par un שׁ : שׁוֹבֵךְ, devenu plus tard dans la liste de Shashanq, en hébreu אַשְׁקְלוֹן, דְּמֶשֶׂק, devenu en hébreu עֲשְׁתָּרֹת, אֶלְסֵף, en hébreu לַישׁ, et ainsi de suite, mettant ∩ et —*— indifféremment par ס, même dans les mots d'usage courant, סוּס, סוּסִים, שְׁלָם. De leur côté, les scribes cananéens traduisent également par la chuintante le —*—, ∩, égyptien, *Ouroušša*, *Tahmašši*, *namša*, et, un siècle plus tard, *Ouašmouriya*, *Riyamašeša*, *Šatepnariya*. Ni ∩ ni —*— ne se rencontrent dans la liste de Shashanq, mais les Assyriens d'Asarhaddon et d'Assourbanipal les rendent généralement par la chuintante comme les scribes cananéens, sans toutefois écarter la sifflante, *Harsijêsou*, *Saiya* ; et deviennent alors *Êši-Êšou* et *Ouširou* dans les noms propres où on les trouve, devient *Oubešti*; devient *Pišamilki*, et *Išpimâtou*; toutefois, dans le néo-babylonien, le son sifflant de ∩, —*—, se retrouve, et l'on a *Pousouastou* pour *Pisamiski* pour , *Patési* pour . Il y a là un fait de philologie sémitique, et nous verrons bientôt que, par contre, la chuintante égyptienne , est traduite, en assyrien au moins, par la sifflante dans les transcriptions. Dans l'hébreu biblique, au contraire, ס équivaut toujours à la sifflante égyptienne, פִּיבֶסֶת; פַּתְרוֹם, contre l'assyrien *Patourêši*, סְנֶה, רַעְמְסֵס. Ces faits notés, il n'est pas nécessaire d'insister sur l'histoire de ce phonème. Il a toujours répondu à notre s; — et il y répond encore dans le copte actuel, sous le signe ⲥ, — cela depuis la XVIIIᵉ dynastie au moins ; je ne puis pas remonter plus haut par les documents.

—*—

XXXII. Il en va de même pour la chuintante et pour ses syllabiques , ∫, etc.; c'est notre mi-occlusive chuintante CH dans *chat*, *chèvre*, et celle de l'anglais SH dans *fresh*, *shield*. Il répond donc au שׁ du cananéen et de l'hébreu, comme le prouvent et les transcriptions de noms géographiques, 𓀀 𓏏 𓀀 𓅓 𓊖 𓅃 𓇋 כַּרְכְּמִישׁ, 𓆏 𓊖 בֵּית־שְׁאֵל, 𓊖 רֹאשׁ־קֶדֶשׁ, et les transcriptions de noms communs 𓊖 𓅃 𓅓 שָׁלֵם, 𓊖 𓅃 עָשָׁק; mais, tandis que les scribes d'El-Amarna expriment toujours le ⌧ égyptien par la chuintante, 𓀀 *Kâši*, ⌧ *šouibda*, les Assyriens et les Babyloniens des derniers temps le rendent tantôt par la chuintante *Koušou*, 𓊖 *Šabakou*, *Pišanḫourou*, tantôt par la sifflante *Kûsi*, 𓊖 𓊖 *Sousinkou*. C'est l'inverse de ce qui se passait pour la sifflante. Les Grecs, qui ne possédaient point la chuintante, ont rendu naturellement le ⌧ par Σ, Ἀσυχις, Ψάμουθις, Ψαμοῦς, Ψαμμοῦς, puis, au début de l'époque musulmane, ils ont essayé de la transcription σζ pour le ش arabe et le ш copte, Ῥασζιδ رشد, εισζορπ εⲛϣⲟⲣⲡ, εισζτζεν εⲓϣϫⲉⲛ. Le phonème compris sous l'égyptien ancien ⌧ et sous le ш copte est toujours notre chuintante, mais, ainsi que nous l'avons vu, il avait absorbé dans les dernières formes de la langue les sons de la ⲝ et du ϭ : il est inutile de revenir sur ces faits.

LES LETTRES PUREMENT GRECQUES DE L'ALPHABET COPTE

Nous avons parlé déjà des lettres grecques entrées dans l'alphabet copte pour exprimer la gutturale aspirée ⲭ et l'aspirée ⊙ χ, ainsi que la dentale aspirée ⲧ + ⲏ-ⲑ et la labiale aspirée ⲣ + ⲏ-ⲫ. Tous les autres caractères de l'alphabet grec ont été admis dans l'alphabet copte, mais l'usage de certains d'entre eux, ⲅ, ⲇ, ⲍ, ⲝ, ⲯ, est généralement confiné à un petit nombre de termes d'origine étrangère, et ils servent rarement dans des vocables égyptiens : quelques mots suffiront donc à caractériser leur emploi et à déterminer les valeurs qu'ils ont pu prendre depuis leur entrée dans l'alphabet copte jusqu'à nos jours.

ⲅ était proprement à l'origine la spirante gutturale sonore, celle de l'allemand *Tag*, comme dans la κοινή hellénistique du moyen empire romain, et on prononçait de même qu'en ce grec les mots étrangers où elle se rencontrait, Γαλιλαια, Γομορρα, Γαλϭαλ, ⲛⲉⲧⲅⲗⲏⲡⲧⲟⲛ = τὰ γλυπτὰ αὐτῶν, ⲅⲉⲛⲉⲁ, et dans les mots dérivés de l'hébreu comme ⲅⲟⲑⲱⲛⲓⲏⲗ עָתְנִיאֵל, où le ע ressemble pour le son au غ arabe, elle avait dû assumer, comme aujourd'hui, un son très voisin de cette dernière lettre. Elle a pris pourtant bientôt, tantôt la valeur du ⲅⲏ nasal, très voisine de celle de ⲕ comme le prouvent les variantes ⲅⲟⲩ ou ⲕⲏⲛⲏⲙⲁ pour δοκεῖ, γέννημα, tantôt le son du ⲅ-doux ou du ш comme il résulte des variantes ⲙⲁⲅⲉ, ⲅⲓⲛⲓⲟⲣ. pour ⲙⲁⲁϫⲉ, ϫⲓⲛⲓⲟⲣ. Le dialecte thébain et en général les dialectes méridionaux l'ont adoptée assez régulièrement lorsqu'elle se trouve au contact d'un ⲛ (ⲙ) précédant immédiatement ⲁⲛⲅ, ⲙⲟⲩⲛⲅ, ⲡⲡⲅ, pour ⲁⲛⲟⲕ, ⲙⲟⲩⲛⲕ, etc. : elle remplace même alors le ⲕ suffixe de la seconde personne du singulier masculin, ⲛⲅϣⲁϫⲉ, ⲁⲕϭⲱⲧⲉ, ⲧⲱⲟⲩⲛⲅ, pour ⲛⲕϣⲁϫⲉ, ⲁⲕϭⲱⲧⲉ, ⲧⲱⲟⲩⲛⲕ. Cet affaiblissement du ⲕ — ⲭ en ⲅ n'existait-il pas dans la langue antique, au moins sous les mêmes conditions, et n'y avait-il pas des

positions dans lesquelles, ⲟ devenant l'équivalent d'un ～～ simple, se serait déjà
prononcé *Aⁿᶜ*ɢʜ, ⲁⲛɢʜ? Rien ne m'a permis de l'affirmer jusqu'à présent, et ce n'est
encore qu'une hypothèse, mais elle me parait être vraisemblable. Les textes coptes-
arabes de Galtier transcrivent ⲅⲁⲣ par غار, ⲟⲣⲅⲁⲕⲟⲛ par وغورانون, avec métathèse pour
ورغانون, avec un غ, mais صالبا نجوس ⲥⲁⲗⲡⲓⲅⲅⲟⲥ par un ج prononcé probablement ici à
l'égyptienne, et de même, dans le vocabulaire copte-français, ⲅ répond à notre ɢ-dur,
ⲗⲁⲅⲁⲣⲥⲉ *la garce*, ⲗⲉⲅⲁⲣⲥⲟⲩⲙ *le garçon*. Les grammairiens du XVIIᵉ et du XVIIIᵉ siècle
ont essayé de donner des règles pour indiquer les différentes prononciations possibles du ⲅ, et il « est le غ arabe, mais, dans la pratique, il est plus souvent prononcé
» comme la palatale égyptienne ⲭ *ǧ*. et parfois comme *g*[-doux], ⲅⲁⲣ *g'ar* (غار), ⲁⲅⲁⲑⲟⲥ
» *ag'atos*, ⲅⲏⲧⲉⲙⲱⲛ *eǧámon*, — ⲙⲟⲛⲟⲅⲉⲛⲏⲥ *mònóǧanis*, ⲁⲅⲅⲉⲗⲟⲥ *aǧǧalos*, *aⁿǧalos*, ϯⲅⲁ-
» ⲗⲓⲗⲉⲁ *diǧálila'a*, ⲙⲁⲅⲟⲥ *maǧos* et *maios*, ⲅⲩⲅⲟⲩⲙⲉⲛⲟⲥ *heǧumános*, ⲅⲏⲧⲉⲙⲱⲛ *eǧamon*,
» — ⲙⲟⲛⲟⲅⲉⲛⲏⲥ *monogenas*… De même qu'à la sourde ⲭ, les Coptes des premiers
» temps donnaient-ils déjà au ⲅ, suivant sa position, deux valeurs plus ou moins voi-
» sines de l'articulation grecque? Probablement. Mais ces valeurs ont divergé et sont
» identifiées actuellement, la première au غ arabe, la seconde au ⲭ ou ⳝ du Saïd, et
» ce dernier empiète sur l'étranger غ. » Comme on le voit, le ⲅ a fait et fait encore
double emploi avec les dérivés coptes du ⲥⲁ et du ⲅⲓ égyptiens, et c'est sans doute
pour cette raison que son usage est si peu répandu en dehors des mots grecs qui le renfermaient à l'origine.

ⲇ ne devrait se rencontrer régulièrement en copte que dans les mots grecs ou
dans les mots d'origine étrangère arrivés à l'égyptien par le grec, ⲇⲟⲣⲕⲁⲥ, ⲇⲟⲣⲉⲁ, ⲟⲩⲇⲉ,
ⲇⲉ, ⲇⲁⲩⲉⲓⲇ, ⲓⲟⲩⲇⲉⲁ̀, ⲓⲟⲣⲇⲁⲛⲏⲥ, et il devait avoir à l'origine le son de la spirante dentale
sonore du grec hellénistique *ð* ou du ᴛʜ anglais dans *father*, *mother*, mais de bonne
heure il perdit cette valeur pour prendre celle de notre sonore ᴅ, si bien qu'en cette
qualité il se substitua fautivement au ⲧ dans l'orthographe des manuscrits, ⲇⲉⲕⲭⲓⲝ,
ⲑⲩⲁⲇⲣⲟⲛ, ⲇⲱϭⲉ, ⲟⲩⲇⲉ (*inter*), ⲁⲣⲁⲧⲙⲓⲥ, ⲇⲓⲟⲩⲇⲉⲁ, ⲇⲓ, pour ⲧⲉⲕⲭⲓⲝ, ⲑⲉⲁⲧⲣⲟⲛ, ⲧⲱϭⲉ, ⲟⲩⲧⲉ,
ⲁⲣⲧⲉⲙⲓⲥ, ⲧⲟⲩⲇⲁⲓⲁ, ϯ, ou il fut remplacé non moins fautivement par ⲧ dans les mots qui
auraient dû le contenir, ⲧⲟⲣⲕⲁⲥ, ⲧⲉⲣⲃⲏ, ⲕⲁⲛⲧⲁⲕⲏ, ⲕⲗⲁⲧⲟⲥ, ⲇⲁⲩⲉⲓⲧ, ⲥⲭⲉⲧⲱⲛ, pour ⲇⲟⲣⲕⲁⲥ,
ⲇⲉⲣⲃⲏ, ⲕⲁⲛⲇⲁⲕⲏ, ⲕⲗⲁⲇⲟⲥ, ⲇⲁⲩⲉⲓⲇ, ⲥⲭⲉⲇⲟⲛ. Dans le texte arabe en lettres coptes de Le
Page-Renouf, د et ذ sont également rendus par ⲇ, ⲭⲉⲇⲇⲉ جِدا, ⲅⲁⲇⲉⲑ عادَة, ⲛⲁⲅⲇⲁ بَعد,
ⲣⲁⲕⲁⲇ رقَد, ⲅⲉⲭⲅⲓⲇⲉ وكَذا, ⲅⲉⲇⲉ هَذا, ⲑⲉⲕⲁⲇⲇⲉⲙ تَقَدَّم, ⲅⲁⲛⲇⲁⲅ عِندَ, ⲙⲉⲥⲛⲉⲇⲟⲅ مِسنده, ⲓⲇⲉ اذا,
mais il faut se rappeler qu'en Égypte, le ذ de كَذا et de هَذا se prononce comme ⲇ, *kéⅮé*,
haⅮa, et celui de اذا comme ⲍ, *iza*. D'autre part, le texte copte en lettres arabes de
Galtier transcrit ⲇ par د ou par ظ, ⲇⲓⲕⲉⲟⲥⲧⲛⲏ دى كاوسينى, ⲅⲱⲇⲏ هودا, ⲉⲇⲱⲙ اظوم, mais ici
encore le ظ est, en Égypte, une des lettres qu'on prononce généralement ᴅ. Enfin, le
ᴅ français du vocabulaire français en lettres coptes est rendu parfois par le ⲇ, au lieu
du ⲧ ordinaire, ⲇⲓⲟⲩⲛⲇⲓ, ⲙⲁⲣⲇⲓ, et ainsi de suite, pour tous les jours de la semaine. La
transcription de Thomas Petræus donne toujours un *d* pour ⲇ dans *úda* ⲟⲩⲇⲉ, *katadra*
ⲕⲁⲑⲉⲇⲣⲁ-ⲕⲁⲑⲉⲇⲣⲁ, et Rochemonteix avoue que, pour les Coptes actuels, ⲇ « tend à se

» confondre avec ⲧ : ⲁⲟⲗⲟⲥ *do'los*, ⲓⲟⲣⲁⲁⲛⲏⲥ *iordanïs*, ⲛⲣⲁⲛⲁⲱⲣⲟⲛ *enhāndôron*, à côté
» de ⲛⲧⲉ†ⲟⲩⲁⲉⲁ *end'iiâd'ôd'a'a*, ⲁⲉ *d'a*, » etc., où le ⲁ prononcé *d'* lui paraît être l'intradentale arabe ذ; il avoue d'ailleurs que c'est là une prononciation artificielle, et que
les Coptes actuels « affectent même parfois de substituer le son *d'* [ذ] à celui de ⲧ = *d*,
» donnant par là à leur lecture une apparence d'érudition[1] ». De tous ces faits il résulte
que, ce cas d'affectation à part, le copte, en admettant ⲁ dans son alphabet, n'y a
pas introduit un son nouveau, mais qu'il a simplement assimilé la spirante ⲇ à la sonore
ⲅ-ⲧ, provenant de l'égyptien ⌒, ═, ⌐, ⌖.

ⲍ est encore moins usité que ⲁ, et il ne se trouve guère que dans quelques mots
grecs comme ⲍⲏⲡⲱⲡ, ⲍⲱⲟⲛ, ⲍⲱⲟⲛⲱⲏⲙ, ⲍⲏⲧⲏⲥⲓⲥ, ⲡⲁⲣⲣⲏⲥⲓⲁⲍⲉ, ⲡⲓⲣⲁⲍⲉ; il y était assimilé à
notre z, mais il prit la valeur d'une simple s douce ou forte selon les circonstances,
comme le prouvent les variantes ⲃⲟⲉⲥ pour ⲃⲟⲟⲍ, ⲁⲡⲟⲧⲁⲍⲉⲑⲉ pour ⲁⲡⲟⲧⲁⲥⲥⲉⲥⲑⲉ, ⲥⲧⲁⲩⲥⲓⲥ
pour ⲍⲏⲧⲏⲥⲓⲥ, ⲕⲧⲣⲓⲥⲍⲉ pour ⲕⲏⲣⲩⲥⲥⲉ, et même il envahit quelques mots coptes avec ce
son de s-dure, ⲙⲁⲍⲉ *T.* pour ⲙⲁⲥⲉ, ⲍⲱⲡⲧ *T.* pour ⲥⲱⲛⲧ. Le plus fréquemment employé,
le seul, je crois, où l'orthographe par ⲍ soit constante, est ⲁⲛⲍⲏⲃⲉ *T.*, ⲁⲛⲍⲏⲃ *M.*, †, avec
la graphie erronée ⲁⲛⲍⲏⲃⲉ *T.*, et il avait été considéré par Peyron[2], précisément à cause
de cette particularité orthographique, comme un mot d'origine étrangère : nous savons
aujourd'hui qu'il est la transcription de l'égyptien antique 𓇼𓐰𓏤𓂧𓏺𓎁𓅆𓏏𓏏 , mais
je ne comprends pas pourquoi la lettre ⲍ a fini par s'enkyster dans cette locution pour
exprimer la valeur de ⲓ, *c*. Dans le texte arabe en lettres coptes de Le Page-Renouf, le
ⲍ est employé pour rendre les caractères ض et ظ dans leur prononciation z, ⲍⲁⲍⲓⲙ

ⲍⲁⲓⲉⲕⲟⲩ pour ضايقوا, ⲉⲓⲍⲁ pour أيضا, ⲍⲁⲓⲉⲕⲁⲑⲟⲣ pour ضايقته, ⲉⲥⲑⲏⲕⲁⲍ pour استيقظ, ⲑⲉⲙⲍⲓ

pour قض, ⲉⲓⲕⲁⲍⲁⲕ pour ايقظك, tandis que, dans le vocabulaire copte français, ⲍ répond
à notre s-douce prononcée z, ⲥⲟⲩⲍⲁⲓ *jouzdi-jeudi*, ⲁⲗⲉⲃⲟⲩⲍⲉⲛⲉⲛ *allez-vous-en*, ⲗⲓⲭⲁ-
ⲍⲓⲟⲩⲣ *le gazeau-la gazelle*, ⲗⲓⲍⲁⲛⲓⲱⲣ *les anneaux*, ⲁⲗⲟⲩⲍⲟⲩⲙⲟⲩⲥⲑⲉⲣ *allez au moustier*,
ⲗⲉⲫⲟⲩⲥⲉⲍⲉ *les pougeoises*. Pour le couper court, disons que les transcriptions de Rochemonteix assimilent uniformément ⲍ au z-ج arabe.

Il est inutile d'insister longuement sur le ⲯ et sur le ⲝ. Ce ne sont en copte que
de simples formules orthographiques résultant, le premier de la combinaison du ⲡ-ⲃ et
de ⲥ, le second de celle du ⲕ et de ⲥ : ⲯⲓⲧ, ⲯⲓⲥ *T. M.*, à côté de ⲡⲥⲓⲧ, ⲡⲥⲓⲥ, et un nombre
relativement considérable de noms propres géographiques ou autres, ⲯⲟⲓ, ⲯⲱⲓ *T. M.*,
à côté de ⲡⲥⲟⲓ, ⲡⲥⲱⲓ, ⲯⲉⲛⲉⲧⲁⲓ *M.*, à côté de ⲡⲥⲉⲛⲉⲧⲁⲓ, ⲯⲉⲛⲥⲓⲣⲟ *M.*, à côté de ⲡⲥⲉⲛⲥⲓⲣⲟ,
ⲯⲁⲧⲉ *T.*, à côté de ⲡⲥⲁⲧⲉ, ⲯⲁⲣⲣⲉϥ *M.*, à côté de ⲡⲥⲁⲣⲣⲉϥ, plus quelques mots grecs
comme ⲯⲩⲭⲏ, pl. ⲯⲩⲭⲟⲟⲩⲉ, ⲑⲗⲓⲯⲓⲥ, etc., ⲝⲟⲩⲣ *T.* à côté de ⲕⲥⲟⲩⲣ, ⲝⲙⲁⲣⲱⲟⲩⲧ pour
ⲕⲥⲙⲁⲣⲱⲟⲩⲧ. Il semble que le ⲝ ait pris parfois le son de ⲥ simple, car on trouve
ⲁⲛⲍⲏⲃⲉ, ⲝⲉⲗⲥⲟⲗ, ⲉⲕⲝⲟⲩⲥⲓⲁ, pour ⲁⲛⲍⲏⲃⲉ, ⲥⲉⲗⲥⲱⲗ, ⲉⲝⲟⲩⲥⲓⲁ, et, en ce cas, la faute d'orthographe s'expliquerait par la valeur donnée à la lettre. Il serait possible que, de même,

---

1. Rochemonteix, *Œuvres diverses*, p. 115-116.
2. Peyron, *Lexicon linguæ copticæ*, p. 9.

Ψ ait été prononcé parfois comme ϭ, et on s'expliquerait ainsi des variantes telles que ⲡϢ︥ⲟⲧⲉ pour Ϣⲟⲧⲉ. De toute manière, ces deux lettres n'ajoutent aucun son nouveau à ceux que possédait déjà l'ancien égyptien.

___

En résumé, si l'on considère attentivement les textes qui peuvent nous donner des renseignements à cet égard, on remarquera qu'avant le commencement du second empire thébain, le système phonétique des occlusives et des sifflantes égyptiennes avait perdu au moins trois phonèmes, ceux que les scribes du début avaient notés ▱, ▰, ▬, et qu'ils ne les conservaient plus que par tradition comme simples variantes orthographiques des sons exprimés par ⌒, ◉, ▭, ∏, Il en possédait encore vingt-deux, répartis sous quinze signes-types et sous leurs variantes, mais dont beaucoup étaient en voie de transformation, comme le ◟, ou même d'évanouissement total, comme ⌗. A l'époque romaine, il n'en subsistait plus, ce semble, que onze ou douze, et le système complet s'était déplacé tout entier dans le gosier : il avait tendu à ouvrir les occlusives, même les plus fortes, et à en faire des spirantes. De la série des occlusives sourdes, ⌒ ⲕ est la seule qui paraisse avoir subsisté telle quelle, au moins en thébain ⲕ, car, en memphitique, elle s'est aspirée très souvent et est devenue ⲭ : le ◻ ⲡ et le ⌒ ⲧ se sont changés en sonores, ◻-ⲛ-ⲃ et ⌒-ⲧ-ⲇ. La série des sonores ⎰-ⲃ, ⌒-ⲇ-δ, ▨-ⲅ, ϭ, et des aspirées ◻, ◻ ⲫⲏ, ◠ ⲧⲏ, se modifie de même, et seul ⌒ conserve sa valeur antique, mais ⎰, ⌒, ▨, deviennent des spirantes ⎰-ⲃ-ⲣ ou perdent leur caractère, et, identifiées progressivement aux sourdes, suivent les destinées de celles-ci, ⌒-⌒-ⲧ-ⲇ, ⊿-▨-⌒-ⲕ. Le système de la dentale ◟ connut des fortunes plus compliquées, mais on constate que là aussi le déplacement des sons se continue; ◟ ⲧⲥ-ⲧϭ aboutit d'une part à la dentale simple ⌒ ⲇ, de l'autre à la chuintante ⲝ-ⲥ-ϣ. A ce point, le son noté par ϭ en provenance du ⊿, du ▨ ou du ⌒ antiques se confondit avec ceux qui dérivaient du ◟, et les deux aboutirent à la prononciation chuintante du ϣ, bien qu'ils conservassent étymologiquement leur forme graphique personnelle. Aujourd'hui, malgré l'adoption intégrale de l'alphabet grec et l'adjonction aux lettres grecques de six caractères d'origine égyptienne, la prononciation des Coptes marque l'appauvrissement phonétique le plus évident : la série des occlusives et celle des sifflantes ne comprennent plus qu'environ treize ou quatorze phonèmes effectifs, au lieu d'une trentaine plus ou moins que la langue antique pratiquait.

2° VOYELLES PROPREMENT DITES

La question de savoir si l'écriture égyptienne possédait des signes-voyelles réels a été très débattue en ces derniers temps, et, tandis qu'une bonne partie des égyptologues, ceux que la génération actuelle traite de *vieux égyptologues*, en soutient l'existence, l'école de Berlin et ses adhérents la nient résolument, et ne consentent à reconnaître dans le système hiéroglyphique de tous les âges que des signes de *consonnes faibles* vocalisés, à la façon des autres consonnes, de façon différente selon le cas. Pour trancher la question, il est nécessaire de rétablir, si on le peut indépendamment de toute graphie hiéroglyphique, le système des voyelles de l'égyptien avec les variations qu'il a subies à travers les siècles, puis d'examiner l'un après l'autre les signes qui, dans l'écriture, correspondent à ces sons-voyelles, et d'en suivre les fortunes dans le temps : les conclusions viendront après que nous aurons effectué ces deux opérations successivement.

a. Système des voyelles de l'égyptien.

Remontant du connu à l'inconnu, c'est-à-dire de la vocalisation actuelle du copte à celle des siècles antérieurs, on est contraint d'avouer, avec Rochemonteix, qu'« à ne » considérer que l'écriture, ce vocalisme paraît riche et précis », mais qu'« à entendre » les lecteurs modernes, il est pauvre et indécis ». Il comprend tous les signes-voyelles, simples ou diphtongués, de l'alphabet grec, ⲁ, ⲉ, ⲏ, ⲓ, ⲟ, ⲩ, ⲟⲩ, ⲁⲓ, ⲁⲩ, ⲉⲓ, ⲉⲩ-ⲉⲟⲩ, ⲏⲓ, ⲏⲩ-ⲏⲟⲩ, ⲓⲟⲩ, ⲟⲓ, ⲟⲩⲓ, ⲟⲟⲩ, ⲱⲓ, ⲱⲟⲩ; pourtant, laissant de côté pour le moment les diphtongues sauf ⲟⲩ qui correspond toujours à l'ou du français, et ⲉⲓ qui n'est le plus souvent que, l'équivalent de ⲓ simple en ses emplois multiples, on s'aperçoit bientôt que, dans l'usage courant de l'Église, « toutes les voyelles sont ramenées vers les trois types principaux, » ⲁ, ⲓ, ⲩ ». Ainsi, « ⲁ et ⲉ se lisent *a*, sans qu'aucune différence d'intonation ou de » quantité les distingue ». Le son ⲉ, qui était celui de l'ε grec d'où procède l'ⲉ copte, ne subsiste que dans l'énonciation du nom de cette lettre ⲉⲓ, ⲉⲓⲁ, ⲉⲓⲉ, mais il se retrouve sous diverses autres lettres, ainsi qu'on le verra. Ⲏ se prononce tantôt ⲁ, tantôt ⲓ bref ou long, selon des règles qui ne sont pas très strictes, ⲁ dans les syllabes fermées ⲟⲩⲏⲃ *uâb*, ⲧⲏⲣⲥ *dar-s*, ⲓ dans les ouvertes ⲡⲣⲟⲫⲏⲧⲏⲥ *ebrófidas*, ⲙⲏⲣⲓ *šìri*, ⲧⲁⲣⲭⲏ *darši*, ⲫⲏ *bi*, *bei*, et pourtant Ⲓⲟⲣⲇⲁⲛⲏⲥ *Yordanis*, ⲭⲏ *ka*, ⲙⲫⲣⲏϯ *em ebrade*, ⲛⲓⲣⲏ *béira*, etc.; dans beaucoup de mots étrangers, il sonne ⲉ́ ⲓ ou ⲁ presque indifféremment ⲃⲏⲑⲗⲉⲉⲙ *b'étlaam, b'itlaam*, ⲏⲣⲱⲇⲏⲥ *eró'das, irudas*, ⲙⲟⲛⲟⲅⲉⲛⲏⲥ *monoǧanis* ou *monoǧanas*, ⲯⲩⲭⲏ *psiki* ou *psika*. Ⲓ, simple voyelle, se lit ī, ǐ et ⲉ́ surtout à la fin des mots, mais souvent, à l'attaque des syllabes, c'est l'*yod*, ⲓⲥϫⲉⲛ *yisǧan*, ou en finales des syllabes accentuées, auquel cas il s'appuie sur un ⲉ́ adventice, ⲁϥϯ *afdéy*, ⲅⲓⲧⲟⲧϥ *héydodf*, ⲛⲓⲥⲓⲟⲩ *néysio*. Ⲟ et ⲱ ne se distinguent pas l'un de l'autre; ils sonnent selon les individus ŏ et ō̄, ō̄ū et oŭ, ⲛⲧⲉⲙⲙⲱⲛ *éǧa'mŏn*, ⲏⲣⲱⲇⲏⲥ *irō̄'das* ou *ir̄ō̄ūdas*, etc., et ils peuvent se réduire à l'ⲉ muet dans les syllabes brèves, ⲕⲟⲥⲙⲟⲥ *kesmes*, ⲧⲱⲛⲕ *denk* : ⲟⲩ voyelle se comporte de même, bien qu'il soit de préférence ⲟⲩ̄ (*ū*), ⲟⲩ̆ (*ŭ*), et quelquefois comme la diphtongue ⲟ + ⲟⲩ, ⲉⲧϥⲉ ⲉⲥⲟⲩⲉⲛ *adba aso'uan*, ⲧⲁⲟⲩⲛⲟⲩ *dauno'u*. Enfin, ⲩ est tantôt un ɪ, ⲟⲩⲗⲩⲃⲁⲛⲟⲥ *olīb'anos*, tantôt un É, ⲟⲩⲅⲩⲧⲟⲩⲙⲉⲛⲟⲥ *ohéǧumanos*. J'ai pu vérifier moi-même, à Bibéh et à Bellianéh, l'exactitude de la plupart des transcriptions de Rochemonteix, et, comme le montrera la suite, les éclaircissements qu'il y ajoute, ainsi que mes propres observations, m'ont prouvé la vérité de sa conclusion : « Certains » repères qui subsistent » à travers cette incohérence apparente « suffisent à montrer » que l'appareil graphique de la langue sacrée[1] avait été adapté à des formes réelles de » la vocalisation[2] ». La position du copte actuel vis-à-vis de cette vocalisation est assez semblable à celle de notre latin d'église vis-à-vis de l'ancienne vocalisation latine. En gros, les sons-voyelles, ou reproduisent à peu près ceux de la langue antique, ou ils se sont modifiés et transformés sous l'influence de la langue courante, c'est-à-dire de l'arabe. Rochemonteix a remarqué très justement, à propos de ⲉ prononcé ⲁ, que « les Coptes modernes en ont fait un *a* régulier, *comme les puristes arabes, lorsqu'ils* » *affectent de prononcer correctement les* É *du dialecte courant que recouvre dans* » *l'écriture un fatha*[3] », MADINAH, BALIANA, etc., pour MÉDINÉH, BELLIANÉH. Il reprend en conclusion les résultats auxquels l'a mené l'examen de chacun des signes-voyelles coptes en particulier, puis, après en avoir rapproché brièvement la prononciation vulgaire de celle des dialectes arabes saïdiens, il déclare : « C'est à l'imperfection d'un organe mal exercé par la pratique d'une vocalisation spéciale, menue et » flottante »; la vocalisation arabe, « qu'il faut, ce semble, attribuer l'altération manifeste que les Coptes saïdiens ont fait subir à la vocalisation du vieil idiome égyptien[4] ». Mes propres observations, réparties en deux fois sur une période de trente-quatre ans, m'ont convaincu qu'il avait raison de s'exprimer ainsi.

Naturellement ces altérations se sont produites dans la suite des temps, à mesure que l'usage de l'arabe se répandait parmi la population de langue copte ou grecque, et le progrès peut en être jalonné assez aisément par les documents dont nous disposons actuellement. Partout, dans les manuscrits et dans les transcriptions en caractères latins, on rencontre des orthographes qui permettent de préciser la valeur phonétique des signes-voyelles aux époques diverses.

I. — ⲁ semble ainsi couvrir deux valeurs. C'est d'abord l'équivalent de ⲁ grec et de ⲁ latin, ⲁⲣⲭⲱⲛ ἄρχων, Ⲁⲛⲧⲓⲟⲭⲓⲁ Ἀντιόχεια-*Antiochia*, ⲕⲁⲕⲓⲁ-ⲕⲁⲥⲓⲁ κακία, Ⲅⲁⲗⲁⲧⲓⲁ Γαλατία-*Galatia*, même dans certains mots d'origine purement égyptienne. C'est ensuite un son intermédiaire entre ⲁ et ⲟ, mais tendant à se rapprocher du son de ⲟ jusqu'à se confondre avec lui, le son de l'ⲁ anglais dans ⲁll, *wa*r, *wh*ⲁt prononcé vulgairement

---

1. Par cette expression *langue sacrée*, Rochemonteix désigne ici comme ailleurs (*Œuvres diverses*, p. 95) le copte lui-même, considéré aujourd'hui comme idiome propre à l'Église, l'arabe étant la langue d'usage courant.

2. ROCHEMONTEIX, *Œuvres diverses*, p. 119-125.

3. ROCHEMONTEIX, *Œuvres diverses*, p. 120.

4. ROCHEMONTEIX, *Œuvres diverses*, p. 124-125.

wŏt, woater : ainsi, le bachmourique écrit ⲉⲗⲛⲁⲃⲓ à côté de ⲉⲗⲛⲟⲃⲓ, ⲛⲙⲙⲟⲓ-ⲛⲙⲙⲟⲕ, etc., à côté de ⲛⲙⲙⲁⲓ-ⲛⲙⲙⲁⲕ, ⲙⲟ à côté de ⲙⲁ, ⲧⲟⲓⲉ à côté de ⲧⲁⲓⲉ en memphitique, et, dans tous les dialectes, des écritures comme ⲙⲟⲛⲟⲭⲟⲥ pour ⲙⲟⲛⲁⲭⲟⲥ, ⲁⲥⲡⲟⲍⲉ pour ⲁⲥⲡⲁⲍⲉ, ⲕⲉⲛⲉⲟ pour ⲅⲉⲛⲉⲁ, ⲟⲛⲓⲥⲕⲟⲥ pour ⲁⲛⲓⲥⲕⲟⲥ, ⲛⲉⲁⲛⲓⲥⲕⲟⲥ, et des prononciations actuelles telles que *Morkos* pour *Markos* montrent que la tendance qui amena les ⲁ de cette nature à l'o existe encore aujourd'hui. Cette constatation est d'autant plus importante que le fait a joué, comme nous le verrons, un grand rôle dans l'histoire de la vocalisation antique de l'égyptien : cet ⲁ franc tourne à l'o sans aucune différence de quantité. Le psaume de Thomas Petræus nous apprend qu'au XVIIe siècle tous les ⲁ du copte n'avaient que la valeur ⲁ, ⲟⲁⲉⲓⲧⲙⲁϯ *schⲁfdimⲁdi*, ⲕⲁϩⲓ *kⲁhi*, ϥⲁⲓ *bⲁi*, ϥⲛⲁⲧⲁⲕⲟ *ifnⲁdⲁku*, etc. Il en est de même dans le glossaire copte-français de notre Bibliothèque nationale, ⲗⲓⲛⲁⲧⲣⲓⲁⲣⲱⲟⲩⲣ *le pⲁtriⲁrche*, ⲗⲓⲟⲱⲁⲙⲉⲗ *le tchⲁmel*, ⲗⲁⲣⲭ *l'ⲁrc*, ⲗⲓⲣⲣⲁⲟ *le rⲁt*, et dans les transcriptions arabes de Galtier, انوك ⲁⲛⲟⲕ, بانوى ⲡⲁⲛⲟⲃⲓ, كاطاباشاى ⲕⲁⲧⲁ ⲡⲁⲱⲁⲓ; partout le son de l'ⲁ-ⲁ franc y est rendu par ١. Sans insister davantage sur les époques intermédiaires, nous pouvons arriver du coup au temps de la formation de l'alphabet copte, où ⲁ correspond toujours à α, mais avec des distinctions de quantité que la prosodie grecque nous révèle parfois, ⲁⲗⲗⲁ ἀλλά, ⲁⲛⲟⲩⲡ Ἄνουϐις, ⲁⲙⲟⲩⲛ Ἄμμων, ⲁⲛⲟⲙⲓⲁ ἀνομία. Les transcriptions grecques des noms propres nous permettent de remonter jusqu'au Ve siècle avant notre ère l'histoire de ces deux ⲁ, Ἀρμαῖς *Hⲁrmhⲁbi*, Ψαμάτιχος-Ψαμμήτιχος *PsⲁmⲁtiKo-PsⲁmétiKo*, Ἀταρϐῆχις *HⲁthⲁrbéKi*, Σάϊς *Sⲁî*, Πάτουμος *P-ⲁtoumo* et vingt autres. A partir du VIe siècle, nous n'avons plus de translitérations de mots égyptiens en caractères alphabétiques, mais le syllabaire cunéiforme nous fournit des renseignements précieux, et c'est alors qu'on voit apparaître nettement, outre la distinction entre *ā* et *ă*, la distinction entre *Å* et *Ă* que j'ai marquée plus haut. En effet, tandis que les inscriptions d'Assourbanipal et les textes assyriens contemporains nous donnent pour le nom d'Amon les deux transcriptions *Amounou* dans *Ḫⲁtpimounou (Ḫa-ⲁt-pi-mu-nu), OunⲁMounou (U-nⲁ-mu-nu)* et *Amⲁné* dans *OurdⲁMⲁné-TandⲁMⲁné (Ur(tan)-dⲁ-mⲁ-ni-é)*, les tablettes d'El-Amarna n'ont que la transcription *AmⲁNou-AmⲁNa (A-mⲁ-na, A-mⲁ-nu, A-mⲁ-a-nu, A-mⲁ-nu-um)* pour le nom du dieu Amon, isolé ou entrant en composition. Ainsi, à sept ou huit siècles de distance, l'â-long, portant l'accent tonique du mot, est devenu un ou͡-long à la même place dans la κοινή égyptienne, tandis que le dialecte éthiopien a maintenu l'â. Ce fait est confirmé par d'autres exemples empruntés au même ensemble de documents : où les tablettes d'El-Amarna vocalisent *Âna (A-na), nâta (nⲁ-ta, nⲁ-té), Hâra (Ḫⲁ-a-ra), Kâshi (Kⲁ-ši)*, Assourbanipal et ses contemporains prononcent *Ounou (U-nu), noûti (nu-u-ti), Hoûrou (Hu-ru)*[1], *Koûshi-Koûshou (Ku-si, Ku-u-si, Ku-u-su)*; et, si, suivant toujours l'histoire de ces mots, on passe au grec, puis au copte, on trouve successivement Ἄμμων-ⲁⲙⲟⲩⲛ, Ὤν-ϣⲛ, ⲛⲟⲩⲧⲉ-ⲛⲟⲩⲧⲉ-ⲛⲟⲩϯ, Ὧρος-

---

1. Dans les noms *Qounihourou (Ku-ni-ḫu-ru* ⟨hiéroglyphes⟩ *), Nakhtihourouanshéni (* ⟨hiéroglyphes⟩ ⟨hiéroglyphes⟩ *), etc.

Ϩⲱⲣ, Ⲕⲩⲥⲓⲥ-ⲉⲥⲱϣ-ⲉⲫⲱϣ. Un souvenir de l'ancienne vocalisation en Â subsiste dans les formes que ces Â-ou-ô prennent en composition, là où ils ne portent plus l'accent tonique, Ἀμεν- pour *Amânou-Amôn* dans Ἀμενώθης d'*Amanhâtpi* ou Ἀμενῶφις d'*Ama-nâppa*, dans Ἀτπίς pour [hiéroglyphes], dans Ἀτπαχνοῦϐις ou Ἀτπεχνοῦμις, dans Ἐτφεμοῦνις [hiéroglyphes], qui sonne en assyrien Hatpimounou, dans *Hara-Hoúrou-Hôr* de Ἀρσιῆσις-*Harsiyaêsou*[1]. On doit donc en déduire, comme je l'ai déjà fait il y a près d'une vingtaine d'années, et comme M. Ranke l'a reconnu à mon exemple, qu'à la tonique un Â antique peut produire un ou, puis un ô dans la langue saïto-ptolémaïque et dans le copte[2]; que, réciproquement, un ou-ô saïto-copte portant l'accent tonique peut remonter à un Â long tonique de la κοινή ramesside. Cette règle, qui est bien assurée à présent, nous permet de rattacher à des formes premières en Á des mots de transcriptions grecques ou coptes qui ont un ô (ⲟ-ⲱ) à la tonique, Χῶνσις-Ὀνσός-ϣⲱⲛⲥ-ϣⲁⲛⲥ à *Khânsa* (*Ḥa-an-ša*), ϧⲟⲛ[ⲧ], -ⲟⲙ-ⲉⲛ[ⲧ] à *hâm* (*ḫa-am*, *ḫa-nate*), ⲛⲟⲩϥⲓ-ⲛⲟⲩϥⲉ, ⲛⲟⲩϥⲣⲓ-ⲛⲟⲩϥⲣⲉ et en construction Ⲛⲉϥⲉⲣ-, Ⲛⲁϥⲉⲣ- à *Náfa*, *náp[a]t* (*na-ap*, *na-pa-t[e]*), qui peut devenir aussi en construction *nɛf* (*ni-ip*), ⲥⲱⲧⲡ̄ à *sátep-sátp* (*ša-te-ep*), Ὦπις à *Apa[t]*, *Ape* (*[n]a-pa*, *[n]a-ap*), etc. Les exemples d'Ă-bref tournant à l'ɛ ou à l'ı ne sont pas rares à côté des Â-longs, et, bien qu'il ne soit pas toujours facile de dire si le syllabique cunéiforme que nous lisons avec un Ă est ou n'est pas un substitut approximatif pour un Ĕ-bref égyptien, je crois qu'on peut supposer pour certains mots au moins la séquence vocalique Ă, Ĕ-Ĭ. Les tablettes d'El-Amarna, comparées aux inscriptions d'Assourbanipal, nous donnent ainsi pour le mot qui signifie *dieu* les transcriptions *nátĂ-*nátĔ-noútĬ* en copte ⲛⲟⲩⲧⲉ T. ⲛⲟⲩϯ M. Par analogie avec ce mot, l'histoire du mot qui signifie *bon* se rétablit *náfĂ* (*na-pa*, *na-ap-*náfĔ*)-ⲛⲟⲩϥⲉ T. ⲛⲟⲩϥⲓ M. avec les formes construites Ⲛⲉϥ- à l'époque grecque, ou la forme très contractée par la perte de l'accent *-mpĭ-mbĕ-*μφις-ⲛϥⲉ dans *MĬmpi-MĔmbĔ-*Μέμφις-Ⲙ̄ⲫⲉ. De même pour des formes nominales féminines telles que ĀpĂ[Ĕ]-ÁpĬ-*Ἀπις-*Ὦπις-*Ὦφις, et NĂmšĂ[Ĕ]-nĂmsĬ[t]. L'article féminin, noté tĂ dans *TĂfnÁkhti*, nous apparaît comme TĔ dans Τνεφάχθος pour *Τνεφάχθος, puis ⲧⲉϥ- en copte. Et l'on pourrait évoquer d'autres cas du même genre. Je dois pourtant rappeler ici combien, dans le dernier égyptien païen, l'ⲁ prédomine où le copte a fini par avoir des ⲉ; ainsi, dans l'horoscope de Stobart, ⲁⲣⲁⲧϥ pour ⲉⲣⲁⲧϥ T., ⲁⲣⲭⲁⲝⲉ pour ⲉⲣⲭⲁⲝⲉ M., ⲣ̄ⲭⲁⲝⲉ T. *Akhm.*, ⲁⲡⲁⲥ pour ⲉⲣⲟⲥ T., ⲁϩⲣⲏⲉⲓ pour ⲉϩⲣⲏⲓ.

Nous avons donc, à la XVIIIᵉ dynastie : 1° un â-long, qui, à la tonique, devient communément ⲟⲩ, puis ⲱ; 2° un ă-bref, qui, à l'initiale non accentuée, reste généralement Ă; 3° en composition, aux syllabes qui ne portent pas la tonique, ces deux ⲁ peuvent se changer en Ĕ. Cet ă-bref atone, par enharmonie avec la tonique en ou-ô, peut tourner à l'ŏ, même à l'attaque du mot, ainsi dans Ὀνοῦρις pour *Anhoúrĕ-Anhoúri* et dans Ὀθώης-Ὀθόης pour *Atoúi*; mais je ne connais que peu d'exemples de ce fait sur

---

1. Les variantes Ὡρσιῆσις, Ὡραπόλλων, Ὡρσενοῦφις, etc., à côté de Ἀρσιῆσις, Ⲁⲣⲁⲡⲟⲗⲗⲱⲛ, Ἀρσενοῦφις, montrent l'ô pouvant rester secondairement à la contre-tonique. La présence d'un accent, même secondaire, sur la syllabe suffit pour expliquer la persistance de la vocalisation en ô à cette place.

2. Ranke, *Keilschriftliches Material*, p. 70-72; à la note 5 de la page 71, il cite plusieurs des articles du *Recueil*, où j'ai établi la règle bien avant lui.

lequel je reviendrai ailleurs. Plus anciennement, nous n'avons pas assez de documents pour suivre les fortunes des ⲁ.

II. — Ⲅ se prononce presque toujours ⲁ dans le copte actuel, ainsi que nous l'avons vu, et cette prononciation n'est pas nouvelle dans la langue. Elle était déjà universelle au XVIIe siècle, quand Petræus transcrivit son psaume : ⲁⲗⲗⲁ ⲉⲣⲉ ⲡⲉϥⲟⲩⲱϣ ϣⲟⲡ ⳉⲉⲛ ⲫⲛⲟⲙⲟⲥ ⲙ̅ⲡ̅ϭ̅ⲥ ⲉϥⲉⲉⲣ ⲙⲉⲗⲉⲧⲁⲛ ⳉⲉⲛ ⲡⲉϥⲛⲟⲙⲟⲥ ⲙ̅ⲡⲓⲉ̀ϩⲟⲟⲩ ⲛⲉⲙ ⲡⲓⲉ̀ϫⲱⲣⳉ sonne pour lui *álla ᴀɪᴀ bàfuoòch schob chᴀn ibnomos ᴀmibscheús ᴀfᴀâr mᴀlᴀdân chᴀn bᴀfnómos ᴀmbiahüü nᴀm biᴀjorh.* Aussi ne sera-t-on pas étonné de trouver dans le smanuscrits de date récente des échanges perpétuels entre ⲉ et ⲁ, et, si la leçon ϣⲁ ⲁⲛⲉϩ pour ϣⲁ ⲉ̀ⲛⲉϩ que cite Schwarz est caractéristique, elle est loin d'être la seule faute de ce genre qu'on ait à relever. Toutefois les puristes coptes condamnaient cette prononciation, et, sur leur témoignage, les grammairiens occidentaux des XVIIe et XVIIIe siècles considéraient ⲉ comme un ᴇ. Il n'y a pas de renseignement certain à tirer des transcriptions arabes de Galtier où ⲉ est rendu par ا, ⲡⲉⲕⲣⲟ بالكهو, ⲛ̀ⳉⲣⲏⲓ ⳉⲉⲛ حان ان هراى, ⲁⲣⲓⲧⲉⲛ اريدان, quoique cela semble prouver l'identité de son pour les deux lettres ⲁ et ⲉ qu'exprime le signe arabe, et il faut tirer la même conclusion du fait que la transcription de Le Page-Renouf met le plus souvent ⲉ pour ا, ⲛⲉϫⲉⲛⲉⲟ وكانت, ⲙⲉ لا, ⲉⲗⲭⲉⲙⲉϩⲁ الجمل, réservant ⲁ pour le ⲅ, ⲅⲁ. Dans le vocabulaire français-copte, la confusion de ⲁ et de ⲉ est peu fréquente, et les deux sons de ⲁ et de ⲉ sont tenus séparés le plus souvent; on rencontre pourtant des formes telles que ⲗⲁⲃⲁⲣⲧⲟⲩⲣⲟⲩϩ, ⲗⲁⲡⲉⲗⲭⲁ, ⲗ̀ⲗⲁⲧⲟⲣⲁⲙⲟⲩⲧⲛⲟⲉ, ⲗⲁⲡⲛⲁⲃⲁⲙⲉ, pour *la* ᴠᴇ*rdure, la* ʙᴀ*rque, en l'autr*ᴇ *monde, la bonn*ᴇ *femme,* ce qui semble indiquer que, pour le copiste au moins, il était facile de mélanger les valeurs de ⲁ et de ⲉ. Néanmoins, à mesure qu'on s'éloigne des époques plus modernes, la distinction entre les prononciations des deux lettres devient absolue, et, au moment de la formation du copte, il est évident que, tandis que le ⲁ correspondait à l'α grec, ᴀ du latin, le ⲉ était l'équivalent exact de ε grec, ĕ du latin. Nous devons remarquer en passant que cet ⲉ, correspondant à ε c'est-à-dire à notre ᴇ-fermé, est rarement à la tonique du mot ou de la phrase. On le rencontre le plus souvent à la syllabe atone ou qui porte un ton secondaire. Il est alors le substitut d'une autre lettre, généralement un ᴀ̆ ou un o͡u-ŏ provenant d'un ⲁ, ⲉⲃⲱⲧ d'Ἄβυδος, ⲉⲙⲉⲛⲧ à côté d'Ἀμενθίς Ⲁ̆ⲙⲛ̅ⲧⲉ, ⲉⲣⲧⲱⲃ à côté de ἀρτάβη, Ἑⲣⲡⲁϫⲥⲓⲥ à côté de Ἀρπαῆσις, Ⲥⲉⲛⲉⲙⲉⲛⲱⲡⲓⲥ à côté d'Ἀμενῶπις *A*ᴍᴀ*n*ᴀᴘᴘă, Ⲛⲉϥⲱⲑⲏⲥ à côté de ⲛⲟⲩϥⲓ-*nᴀ̆fä*; les exemples sont nombreux. Nous avons vu à l'article de l'ᴀ̈ que l'indécision du syllabaire assyrien ne nous permet pas toujours de savoir quels mots égyptiens renfermaient déjà un ĕ-bref rendu en cunéiformes par ᴀ, quels mots avaient alors réellement un ᴀ; peut-être le système cunéiforme ne se prêtait-il à rendre distinctement que l'ᴇ́ très ouvert, celui que le grec et après lui le copte notaient par ⲏ.

III. — Ⲏ̄, comme nous l'avons dit, a communément la prononciation ⲁ dans le copte actuel, et il est généralement un homophone de ⲉ ou de ⲁ, sans distinction nécessaire de brièveté ou de longueur, mais il sonne aussi ᴇ et ɪ bref ou long selon le caprice de l'individu. Il en était de même, il y a trois siècles, car on lit dans la transcription de Petræus *asaᴜᴀ̀s, bischschên, adrᴀ̀d, bɪadnàdi, ibsᴀ̀u andᴀ̀if, anchᴀ̀du, báirᴀ̀di* et *amibrâdi, birâisi, niitmâi*, pour ⲁⲥⲉⲃⲏⲥ, ⲡⲓϣϣⲏⲛ, ⲉⲧⲣⲏⲧ, ϥⲛⲉⲧⲛⲁϯ, ⲛ̄ⲥⲛⲟⲧ ⲛ̄ⲧⲏⲓϥ, ⲛ̄ⲇⲏⲧⲟⲧ, ⲡⲁⲓⲣⲏϯ et ⲙ̄ⲫⲣⲏϯ, ⲡⲓⲣⲏⲥⲓ, ⲛⲓⲑⲙⲏⲓ. D'autre part, le texte arabe en lettres coptes de Le Page-Renouf ne contient pas de ⲏ, mais le texte copte en caractères arabes de Galtier rend ⲏ par ى ou par ١, ce qui semble bien indiquer une triple lecture par ⲁ, par ı, ou par É si on applique les règles arabes de l'*imaléh*, ⲛⲓϥⲛⲟϯ نِفاوى *nifâoui*, ⲙⲏⲓϥ مَيْف *mâif*, où le *fatha* tient lieu de ١, ⲛ̄ⲛⲏ ⲉⲧⲉⲟⲧⲟⲛ اٮى اداون *anné adaouon*, ⲛⲁⲓ ⲛⲏⲓ ناى ٮاى *nai nâi*, ⲩⲉⲛϩⲏⲧ شنهات *shanhât*, ϩⲏⲡⲡⲉ هِبا *hibba*, ⲑⲙⲏⲓ ٮَمَى *tmâi*, ⲕⲏⲉⲧϩⲏⲡ ٮادَهاب *nia-dahab*, etc. Le vocabulaire français-copte ne se sert jamais de ⲏ, mais les variantes des manuscrits nous montrent cette lettre échangeant dans les mots grecs avec ⲉ, ⲕⲗⲏⲣⲟⲛⲟⲙⲓⲁ-ⲕⲗⲉⲣⲟⲛⲟⲙⲓⲁ, ⲁⲑⲏⲛⲁⲓⲟⲥ-ⲁⲑⲉⲛⲁⲓⲟⲥ, avec ⲧ prononcé ı ou ⲉ, ⲙⲉⲧⲓⲗⲏⲛⲏ-ⲙⲓⲧⲧⲗⲏⲛⲏ, ϥⲣⲧⲥⲓⲁ-ϥⲣⲏⲥⲓⲁ, ⲥⲕⲏⲛⲏ-ⲥⲕⲧⲛⲏ, ⲥⲏⲙⲁⲛⲉ-ⲥⲧⲙⲁⲛⲉ, avec ı et les diphtongues prononcées ı aux bas temps, ⲁⲣⲭ̄ⲏⲉⲣⲉⲧⲥ-ⲁⲣⲭ̄ⲓⲉⲣⲉⲧⲥ, Ⲇⲏⲙⲏⲧⲣⲓⲟⲥ-Ⲇⲓⲙⲏⲧⲣⲓⲟⲥ, ⲥⲧⲛⲏⲇⲏⲥⲓⲥ-συνειδήσις, ⲥⲧⲏⲃⲏ-στοιϐή, etc. L'échange de ⲏ avec ⲉ se trouve pour quelques mots coptes dans le même dialecte, ⲏϭⲉ-ⲉϭⲉ *T.*, ⲛⲏⲛⲃ-ⲛⲉⲉⲃ *T.*, ϣⲏⲛ-ϣⲛⲉ *T.*, ⲛⲏⲭⲓ-ⲛⲉⲭⲓ *M.*, etc. De tous ces faits, il semble résulter que ⲏ possédait dans le copte moyen deux sons équivalents à ceux qu'il avait en grec au moment où son alphabet fut formé, un son ê et un son î. La répartition de ces deux sons dans la langue est assez capricieuse, et il serait bien malaisé le plus souvent de dire quels mots renfermant ⲏ l'y prononçaient ê et quels mots î, si la vocalisation présente ne nous fournissait parfois un moyen empirique de les reconnaître. On sait en effet combien la valeur ⲁ s'est répandue pour ⲏ : tandis que d'un côté ⲏ-ê s'ouvrait de plus en plus jusqu'à l'ⲁ, ailleurs, il se ferma et aboutit à l'ı. Quand donc on rencontre un mot comme ⲛⲁⲏ prononcé âdâ aujourd'hui, il est plus que probable que les premiers Coptes le prononçaient êdê ou *édé*, non îdî. D'ailleurs, les variantes en ⲉ-ⲏ des papyrus précoptes, ⲡⲣⲉ pour ⲡⲣⲏ, ⲣⲉⲧⲉ pour ⲣⲏϯ, ϣⲏ pour ϣⲉ *M.* ϣⲉⲓ *T.*, ϩⲧⲉϥ pour ϩⲧⲏϥ *T.* ϩⲟⲏϥ *M.*, ⲛⲉⲟⲧ pour ⲛⲏⲟⲧ *M.* ⲛⲏⲧ *T.*, ⲁⲣⲉⲟⲧ pour ⲁⲣⲏⲟⲧ *M.* ⲁⲣⲏⲧ *T.*, ⲧⲉⲣⲟⲧ pour ⲧⲏⲣⲟⲧ, *ⲛⲧⲉⲣ à côté de *ⲛⲟⲏⲣ, montrent quel était le son de ⲏ en général pour les Égyptiens. La question en ce qui concerne les égyptologues se ramène donc à savoir ce qu'était pour chaque mot le son de ⲏ en grec, quand les Coptes l'introduisirent dans leur alphabet. Un coup d'œil sur la grammaire de Meyser nous apprend qu'en somme, la prononciation ouverte de ⲏ y subsistait à côté de la prononciation fermée, et le fait en lui-même n'a rien qui surprenne, si l'on songe aux conditions dans lesquelles le grec s'était établi et perpétué aux bords du Nil. Lorsqu'il commença à s'y introduire sérieusement, l'ῆτα était encore nettement la longue de ε, quelle que fût d'ailleurs l'origine de ce son, mais les gens qui enseignèrent la langue aux Égyptiens étaient de provenance très diverse, et l'on ne doit pas s'étonner si leur parler présentait déjà par endroits des traces de l'altération de ⲏ en ⲉ qui se produisait déjà en Hellade. Si, dans les exécrations magiques de l'Attique, on lit, dès le Ve siècle, Αθεναιος, με, μετερα, pour Ἀθηναῖος, μητέρα, μή, ou τηχνην, τρυφηρος, Ηκατην pour τέχνην, τρυφερός, Ἑκάτην, pourra-t-on trouver bizarre que Sapho au VIIe siècle, puis Lycophron au IIIe, aient orthographié ἕρπις par un ε le mot que les Coptes transcrivirent ⲏⲣⲡ par un ⲏ, ou que les papyrus portent les graphies ει δη μη pour εἰ δὲ μή et ευσηϐειαν pour εὐσέϐειαν un peu plus tard? Le Papyrus Anastasi DLXXIV de la Bibliothèque nationale fournit de même les orthographes ксє, клнсє, pour le nom de la déesse Isis et pour le mot клсє *T*. нлсı *M*., tandis que le Papyrus magique de Leyde donne pour les groupes démotiques ⟨signes⟩ et \\, ou pour le signe ⟨signe⟩, l'équivalent л, є, н, лı, т, et transcrivent par є des groupes que le copte écrit par н, *нⲗⲉⲧ, нⲟнⲧ *T*. *M*. *B*., *нєтⲃєⲟⲧ où le nom du dieu est rendu en grec indifféremment Πανεϲθεύς et Πανεϲθήους, *коⲙрн où рн est le nom du soleil à côté de ⲙιρⲙоре et de ⟨signes⟩ exprimé ⲃⲁⲙⲡрє avec рє, ⲡрє, pour le copte ⲡрн *T*. *M*. ⲡре *B*. нтєр « les dieux » est aussi en grec et en copte archaïque ⲛθηρ et *нⲧнр-; *тєⲧ est тнⲧ *T*. тнⲟⲧ *Akhm*. ѳнⲟⲧ *M*.; *ⲙєн et en grec Μεν- ⟨signe⟩ est en copte ⲙнн *T*. *M*. *B*. au qualitatif de ⲙоⲧн; *лⲙєр est en memphitique єⲙнр; *ннн correspond à нкє *Akhm*. ннⲁ *T*. єнχлı *M*., et le nom magique ⟨signes⟩ est rendu *⟨signes⟩лє⟨signes⟩лı, une fois par є, une fois par ı, quand le grec a constamment -σαφης par η dans Ἀρσάφης. En même temps, des fautes, où l'η tantôt se substitue à ι et à ει dans l'écriture, tantôt est remplacé par ces formes, prouvent que η-Ê tendait de plus en plus à se fermer pour aboutir au son ı. Cette évolution avait commencé assez tôt pour que le nom de la déesse égyptienne ⟨signe⟩ passât en grec comme Ἶσις dès les temps saïtes, car Hérodote emploie cette forme couramment au Ve siècle[1], et il ne fit que reproduire en cela l'usage de ses drogmans. D'autre part, le copte a pour ce nom l'orthographe нсє, qui a probablement répondu à une prononciation I*sé* lorsque le nom est isolé, mais se prononçait *Êsé* ou sous la forme нсı *Ési* en composition, car les noms tels que ⲅⲱрсıнсı-ⲱрсıнсє, Ἀρσιῆσις, sonnaient *Horsiêsi-Harsiêsis*, et la transcription latine *Horsiεsis* se rattache ainsi à travers les siècles à l'assyrienne *Ḫar-si-ya-ê-šu*, *Harsiyêshou* des scribes d'Assourbanipal. Et la valeur *êshou*, avec un ê, du nom de la déesse dans ce composé, nous est confirmée par plus d'un autre exemple, *Nâèsi*-нлнсı, *Pataniêshi*-Πετενιῆσις, *Pataêshou-Patêshi*-Πετεῆσις-Πετῆσις-Πετῖσις, *Nikhtiêsharou-Nikhtisharaou* ⟨signes⟩. Le cas de *Pataêshi-Patêshi* devenant successivement Πετεῆσις-Πετῆσις-Πετῖσις est sans doute le même que celui de *Nikhtiêsharaou* devenant *Nikhtisharaou* : il y a eu là une forme intermédiaire *Nikhtêsharaou*, où le ê s'est fermé graduellement et a tourné à l'ı franc. Nous avons donc, pour la période où les transcriptions nous permettent de rétablir l'histoire des sons désignés par н dans le copte, le schème suivant :

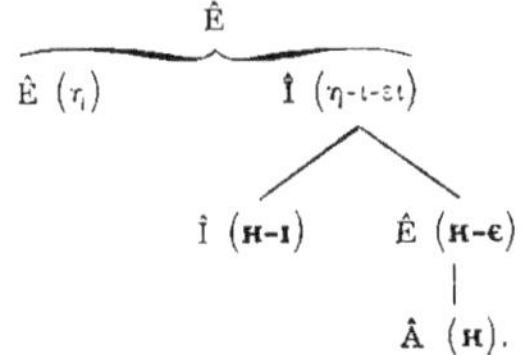

Cela nous mène jusqu'au VIIe siècle avant notre ère, mais, si l'on veut remonter plus haut, l'analogie de ce qui se passe dans d'autres groupes de langues ne nous encourage-

---

1. Hérodote, II, xlv, etc., où le nom est décliné, Ἶσις, Ἶσιος, Ἶσι.

t-elle pas à émettre une hypothèse? Dans la branche ionienne-attique du grec, un A long originel tend à se fermer de plus en plus jusqu'à se fondre avec l'E long du grec commun, si bien que, par exemple, un vieux *mātēr, conservé comme μάτηρ en éolien et ailleurs, produit en ionien attique μήτηρ prononcé d'abord mĕtēr, puis arrivant à une prononciation mĭtīr : à l'inverse, partant de ce mĭtīr afin de remonter les temps, on aura comme vocalisation de la première syllabe un son î qui s'ouvre peu à peu en ê pour aboutir à un â. De même en égyptien, si nous partons du son î que prend н à côté des survivances en ê du copte ancien et de son remodellement sur ă du copte moderne, on trouve aux temps pour lesquels nous possédons des transcriptions un son ê : n'est-il pas naturel de pousser un degré plus loin et de supposer antérieurement un son â? Si on l'admet, nous serons amenés à concevoir qu'aux XVIIIᵉ-XIXᵉ dynasties, de même qu'on avait un A long qui tourna à l'ou, puis à l'ô par la suite, on connaissait aussi un A long qui tourna à l'E par la suite. Si l'on considère qu'il y avait aussi, alors, un A pareil à celui d'Anubis que la poésie grecque ou latine nous oblige à déclarer bref, on aura pour le système vocalique égyptien, tel qu'il nous apparaît jusqu'à présent les deux schèmes suivants :

IV. — Le son ı est exprimé communément dans le dialecte sahidique, à l'attaque des mots par la diphtongue ɛı avec la variante ı, ï au milieu, et à la fin des mots par ı avec la variante rare ɛı : le memphitique préfère ı dans tous les cas et réserve la graphie ɛı pour rendre la diphtongue ĕî. Nous avons déjà dit qu'il peut dériver d'un ă ou même d'un á antique, le plus souvent par l'intermédiaire d'un ɛ; nous constaterons souvent par la suite qu'il est très fréquemment d'origine secondaire dans les formes tardives de l'égyptien. Comme j'aurai à insister sur son compte au chapitre des sonnantes, je me bornerai à indiquer ici, en passant, son existence comme voyelle brève ou longue : en tant que voyelle longue, il est aussi rendu par н, ainsi que je viens de l'indiquer.

V. — Nous avons constaté que, aujourd'hui, les timbres ô-ŏ, oû-oŭ, peuvent se rendre indifféremment par o ou par ω, et qu'ils deviennent parfois E-muet dans les syllabes brèves, tandis que oʏ sonne constamment oû-oŭ. Dans Petræus, au XVIIᵉ siècle, la confusion est déjà établiē. Devant une voyelle, il note ω et o par o, ⲱⲟⲩⲛⲓⲁⲧϥ *ouniádf* (oouniádf) ϥⲙⲱⲓⲧ *ibmoît*, ⲛⲓⲗⲟⲓⲙⲟⲥ *niloimos*, ⲛⲓϧⲟⲓ ⲙⲙⲱⲟⲩ *nifoï ammòù* (ammòou), ⲧⲱⲟⲩⲛⲟⲩ *doûnu* (doounou), ⲥⲱⲟⲩⲛ *soûn* (soun), avec une exception pour ⲡⲥ̅ⲥ̅ prononcé *ibschɛûs* (ibchÈoûs) avec interversion de o et de ɛı, et pour ⲛⲓⲉϧⲟⲟⲩ prononcé *bïahûü* (bïahoŭu). Devant une consonne, on trouve successivement les valeurs ⲣⲱⲙⲓ *rómi*, ⲥⲟϭⲛⲓ *soschni* ou *suschni*, ⲛⲟⲃⲓ *nówi*, ⲛⲓⲗⲟⲓⲙⲟⲥ *nilóimos*, ⲡⲉϥⲟⲩⲱϣ *bafuosch*, ⲟⲩϫⲱⲃⲓ *ujóûwi*, ⲛⲛⲉϥϧⲟⲣϥⲉⲣ *annasfurfâr*, ⲅⲱⲃ *hûb* (hoûb), ⲉⲃⲟⲗ *aûùl* (aoûoùl), ⲛⲅⲟ *ibhû* (*ibhoû*), ⲟⲩⲟϩ *uoh* (*ouóh*), ϥⲛⲁⲧⲁⲕⲟ *ịfnadaku* (*ifnadakou*), qui nous prouvent qu'en pareil cas l'usage est variable. Les textes coptes en lettres arabes de Galtier transcrivent ο et ω indifféremment par و au milieu des mots, mais, au commencement ou à la fin, ils les rendent par او et par وا, ⲛ̄ϫⲟⲥ نُجُوس, ⲟⲩϣⲉⲛϩⲙⲟⲧ اوثابهموت, ⲡⲉⲛⲓⲱⲧ بانيوت, ⲉⲣⲱⲟⲩ اروآٓ, ϩⲱⲛ ⲛ̄ⲧⲉⲛϫⲱ ⲉⲃⲟⲗ هون انڌن كو اول, ϣⲱⲛⲓ شوبى, ⲙⲁⲇⲟⲣⲣⲟ مادرروا, ⲙⲉⲧⲟⲩⲣⲟ, ⲡⲓϥⲏⲟⲩⲓ نيفاوى, ⲟⲩⲟϩ اوزه, ⲉϧⲟⲩⲛ اخون, etc., et, comme on le remarque, il en est de même pour ⲟⲩ : en résumé, malgré l'indécision du système graphique arabe, c'est déjà la prononciation moderne telle que Rochemonteix l'a décrite. Il n'y a rien à tirer, pour l'espèce qui nous occupe, du texte arabe en lettres coptes de Le Page-Renouf, ni du vocabulaire français-copte, mais les leçons des manuscrits nous montrent que déjà, au VIIIᵉ siècle de notre ère, ο avait pris la prononciation ⲟⲩ, ⲡⲣⲟⲩⲥ, ⲙⲟⲩⲛⲁⲥⲧⲏⲣⲓⲟⲛ, ⲥⲡⲟⲩⲇⲁⲓⲕⲟⲛ, pour ⲡⲣⲟⲥ-πρός, ⲙⲟⲛⲁⲥⲧⲏⲣⲓⲟⲛ-μοναστήριον, δεσποτικόν[1], tandis que ω conserve toujours la prononciation ο. C'est donc vers le temps de l'invasion arabe que cette valeur ⲟⲩ de ο semblerait s'être établie dans la langue, et, en effet, à l'époque impériale, ο et ω se rencontrent toujours dans des mots que nous savons par ailleurs avoir renfermé le son ο, Ἄμμων, Ὧρος, Ὄσιρις, etc.; toutefois, les variantes grecques ou coptes nous montrent des leçons desquelles il résulte que même alors on pouvait entendre là des ⲟⲩ, Ἀμμοῦν-Ⲁⲙⲟⲩⲛ, Ὑρος[2]-Ὑρις dans Ψενῦρις, Πετεῦρις, Ὕσιρις, Παυσῖρις et Παύβαστις, Πουῆρις, Ἀροῆρις à côté de Ποῆρις, Ἀρουῆρις, prononcés *Houros, Psénouris, Pétéouris, Ousiris, Paousiris, Paoubastis, Pouéris, Harouéris,* à côté de *Poéris, Horos, ǀHaroêris.* Ὕσιρις et Παυσῖρις avaient été recueillis par Hécatée de Milet et par Hérodote à une époque où l'ⲩ grec valait encore ⲟⲩ, et la forme en ⲟⲩ se retrouve dans Βούσιρις-ⲃⲟⲩⲥⲓⲣⲓ-ⲡⲟⲩⲥⲓⲣⲓ, comme dans Παύβαστις, pour lequel les noms voisins Πετουβάστης, Βούβαστις, garantissent la lecture Οὔβαστις, *Ὕβαστις étant comme Ὕσιρις un archaïsme orthographique. Il y avait donc, dès le commencement de l'époque grecque, oscillation entre les sons ⲟⲩ, ο, ô, au moins dans les noms propres, qui, comme c'est le cas dans toutes les langues, retiennent souvent de vieilles prononciations à côté de prononciations plus modernes. On a ainsi en français Langlois-Langlais, François-Français, Leroide-Leraide, etc., comme en égyptien Pouêris-Poêris, Patéor (ⲡⲁⲧⲉⲱⲣ)-Pétéouris (ⲡⲉⲧⲉⲩⲣⲓ), Patousirios (ⲡⲁⲧⲟⲩⲥⲓⲣⲓⲟⲥ)-Pétosiris (ⲡⲉⲧⲟⲥⲓⲣⲓ), etc. Les transcriptions assyriennes d'Assourbanipal, comparées aux transcriptions grecques les plus anciennes, nous marquent les mêmes fluctuations entre ⲟⲩ et ο-ω pour traduire le son égyptien tel qu'il sonnait alors, *Nikoû* (*Ni-ik-ku-u, Ni-ku-u*)-Νεκώς-Νεχαώ, *Pirôu* (*Pi-ir-u-u, Pi-ir-u*)-Φερών-Φαραώ, *Shabakou* (*Ṣa-ba-ku-u*)-Σαβακώς-Σαβάκων, *Tarkou* (*Tar-ku-u, Ta-ar-ku-u*)-Τεαρκώ-Τάρκος-Ταρακός, *Boukourninip* (*Bu-kur-ni-ni-ip*)-Βόκχωρις-Βόκχορις-Βοχορῖνις, etc. Dans certains cas, l'ⲟⲩ assyrien, exprimé ο-ω en grec, a gardé en copte la vocalisation ω : ainsi *Boukou* est le ⲃⲱⲕ *M.* qui garde un ⲁ pour ω à l'état construit, ⲃⲁⲕϣⲁⲣ *M.* ⲃⲁⲕϣⲁⲁⲣ *T.*, etc. La comparaison avec les tablettes d'El-Amarna nous force à croire que souvent l'ⲟⲩ-ο-ω-ⲱⲓ-ⲟⲓ de la langue récente est d'origine secondaire, et qu'il provient d'un ⲁ́ antérieur, ainsi que nous l'avons dit en traitant de l'ⲁ : l'histoire des timbres ο

---

1. L. Stern, *Koptische Grammatik*, § 45, p. 34.
2. Wilcken, *Griechische Ostraka*, t. II, p. 314, nᵒ 1188, l. 3 : Ὑρος (*sic*) Πιχῶτος....

réntre donc en partie dans celle du timbre ᴀ, dès cette époque, mais, comme il est difficile de déterminer actuellement quels sont, parmi les mots o-ω-oⲩ des temps postérieurs, ceux qui descendent d'un o-ou pur ou ceux qui se rattachent à un ᴀ plus ancien, j'estime qu'il est prudent de ne pas pousser plus loin la recherche présentement, sauf à en reprendre le détail ailleurs. J'aurai à revenir sur ce point à propos de ou considéré comme semi-voyelle à propos des sonnantes.

VI. — ⲩ. A première vue, il semble assez étrange que les Coptes aient donné à cette lettre le nom ϩⲩ, ϩⲉ, ou même dans le dialecte du Nord ϧⲉ prononcé ʜÉ ou ᴋʜÉ[1], c'est-à-dire qu'ils l'aient considéré comme une sorte d'aspirée vocalisée É, ɪ, ou. Cette singularité doit remonter jusqu'aux origines de l'écriture copte, au temps où les scribes du Papyrus de Leyde-Londres transcrivaient les ⬚, ⬚, des mots égyptiens à l'initiale par un ⲩ, parfois surmonté d'un tréma ⸚, ⬚ *ⲩᴀⲉɪ, en copte ϩᴀɪ T., ⬚ *ⲩⲛᴀⲉ, en copte ϩⲛᴀⲁⲩ ϩⲛо T., ⬚ *ⲩoⲩⲩoⲩ (ⲩ = ϩʜ hi ici), en copte ϩʜⲩ T. ϩⲛoⲩ M., lui prêtant aussi les sons ou, É, ɪ, dans les autres positions. Il a perdu aujourd'hui sa force d'aspiration, mais il a conservé les autres valeurs, É et ɪ à l'état simple, ou lorsqu'il entre en combinaison avec les voyelles ᴀ, ⲉ, ʜ, o. On ne le trouve pas dans le psaume de Petræus, et il est rendu par ‫ى‬ dans les textes de Galtier, ⲧⲉᴋⲁɪᴋⲉoⲥⲧʜⲛ ‫تاكدى كاوسىنى‬, ⲙ̅ⲡⲉᴋϣⲉⲛϩⲣ̄ⲧⲥⲱⲡoⲛ ‫امىاك شا نىسوبون‬, mais les variantes des manuscrits nous le montrent remplaçant ⲉ ou échangeant avec lui, ᴀⲩᴋⲉ T.-ᴃⲉᴋⲉ, ⲥⲩⲛⲧⲉ T.-ⲥⲛ̅ⲧⲉ, ⲗⲉᴋᴀoⲛɪᴀ T.-ⲗⲩᴋᴀoⲛɪᴀ, ⲟⲩᴀⲇⲣoⲛ T.-ⲑⲉᴀⲧⲣoⲛ, ᴋⲩⲣᴍɪ B.-ᴋⲉⲣᴍɪ, ⲧⲩⲃⲃᴀ B.-ⲧⲉⲃⲃᴀ, ⲧⲉⲃᴀ, et plus souvent remplaçant ʜ-ɪ ou échangeant avec eux, ⲫⲣⲩⲥɪᴀ T.-ⲫʜⲣⲥɪᴀ, ⲥᴋʜⲛʜ T.-ⲥᴋⲩⲛʜ, ᴋⲩⲧoⲥ T.-ᴋʜⲧoⲥ, ⲥⲩⲙᴀⲛⲉ-ⲥⲩⲙⲙⲉⲛɪⲛ T.-ⲥʜⲙᴀⲛⲉ, ⲡⲗⲩⲩⲛ T.-ⲡⲗʜⲛⲛ, ᴋⲩⲣɪⲥⲋⲉ T.-ᴋʜⲣⲧⲥⲥⲉ, ϩⲩⲇoʜⲛ T.-ϩʜⲇoʜⲛ, ᴋⲩⲃⲱⲧoⲥ T.-ᴋɪⲃⲱⲧoⲥ, ⲗⲩⲙʜⲛ T.-ⲗɪⲙʜⲛ, ϩⲩⲥoⲥ T.-ϩɪⲥoⲥ, ou dans des mots purement égyptiens, ϩⲩⲙʜ M.-ϩʜⲙʜ, ϩⲩⲙɪⲙ pour ϩɪⲙɪⲙ M., ᴀⲩⲃɪ M.-ᴀɪⲃɪ, ⲥⲟⲩⲛoⲩϥɪ M.-ⲥⲟⲟⲩⲛoⲩϥ M. ⲥ†ⲛoⲩϥⲉ T. Il résulte de ces variantes fautives et de bien d'autres qu'à l'origine ⲩ a été pris par l'alphabet copte avec la valeur ɪ que ⲩ avait alors en grec, et qu'au fond, de même qu'en grec, c'était un doublet purement graphique des caractères ɪ, ʜ, ⲉɪ, oɪ; la valeur ⲉ, qu'il a reçue par la suite, s'est développée probablement sous l'influence de l'arabe qui prononce souvent son ‫ى‬ d'une façon très indéterminée, oscillant entre É et ɪ. Quant à la prononciation ou, que ⲩ possédait en grec avant de glisser vers la prononciation ɪ, elle n'a subsisté qu'à titre d'archaïsme dans l'orthographe de quelques transcriptions grecques, ainsi qu'on l'a vu à l'article précédent : il n'y a donc pas lieu de tenir compte pour la vocalisation antique de ⲩ et des phonèmes qu'il peut représenter dans la vocalisation actuelle du copte.

VII. — *Diphtongues*. Les diphtongues véritables du copte sont construites avec ɪ-ⲉ et oⲩ-ⲩ finals sur toutes les voyelles ᴀɪ, ⲉɪ, ʜɪ, oɪ-oⲩɪ-ⲱɪ, oⲩⲉ, ᴀⲩ, ⲉⲩ, ʜoⲩ-ʜⲩ, ɪoⲩ, ooⲩ-ⲱoⲩ; nous verrons ailleurs les combinaisons anciennes formées par les voyelles sur ɪ-ⲉɪ et sur oⲩ initiaux, ɪᴀ, ɪⲉ, ɪʜ, ɪo-ɪⲱ et oⲩᴀ, oⲩⲉ, oⲩʜ, oⲩo-oⲩⲱ. Aujourd'hui, les groupes de voyelles, diphtongues ou non, conservent en général la prononciation de leurs éléments, ᴀɪ-ⲉɪ-ʜɪ A + ɪ, oɪ-oⲩɪ-ⲱɪ o + ɪ ou bien ou + ɪ, ᴀⲩ-ⲉⲩ A + ou, ʜⲩ-ʜoⲩ tantôt A + ou,

---

1. Kɪʀᴄʜᴇʀ, *Prodromus*, p. 284, 286, et *Lingua Ægyptiaca restituta*, p. 1².

tantôt ı + Ꙭꙮ, ooⲧ-ⲱoⲧ o + ou réduit le plus souvent à ô, oû, ⲉⲧⲉⲙⲙⲁⲧ ⲛⲉ ⲫⲛⲁⲧ *adaem-maou n'ebnaou,* ⲉⲧⲉⲙoⲧϯ *aouamôdi,* ⲉⲧⲥ̂ⲛoⲧⲧ *adesk'ᴀoud,* ⲉⲛⲓⲏⲓ *abiᴀı,* ⲛⲓⲥⲓoⲧ *néysıo,* etc.[1]; il faut en excepter, bien entendu, les cas où ⲁⲓ, ⲉⲓ seraient des graphies pour des prononciations ê, î, surtout dans les mots empruntés au grec, tels que ⲇⲓⲕⲁⲓoⲥⲧⲛⲏ ou ⲡoⲓⲥⲧⲏ pour ⲡⲓⲥⲧⲏ. C'est déjà le cas dans le psaume de Petræus, ⲗoⲓⲙoⲥ *lóımos,* ⲛⲓϥoⲓ *nifoï,* ⲙ̀ⲙⲱoⲧ *ammòù,* ⲛⲥⲛoⲧ *ibsᴀu,* ⲛⲧⲏⲓϥ *andᴀıf,* ⲉ̀ϣⲁϥⲁⲓⲧoⲧ *aschafᴀıdu,* ⲙ̀ⲫⲙⲱⲓⲧ *amibmoıd,* et dans les textes de Galtier, ⲡⲉⲛⲱⲓⲕ يانُوبك, *ⲙⲏⲓϥ سَيف, ꙅⲱoⲧ هو, ⲛⲁⲓ ⲛⲏⲓ ابشوى, ⲙⲱⲓⲧ مويت, ⲛⲥⲛoⲧ انساو, ⲛꙅⲣoⲧ̂ انهر, ⲛⲁⲓ ⲛⲁⲓ نای تای, etc., avec quelques irrégularités résultant le plus souvent du système d'écriture arabe, ⲙⲙoⲓ اماى, ⲧⲁⲙⲁⲧ داماى, ⲁⲕⲧⲁⲙoⲓ ⲉⲣⲱoⲧ اكضاموا اروى pour اكضاموى ارو, ⲧⲉⲛⲛⲏoⲧⲧ دانوت, ⲑⲉⲕⲓⲛoⲧⲧ تاوُيوت, et ainsi de suite. A mesure que l'on remonte dans le temps, le système des diphtongues se régularise pour les mots purement égyptiens, chaque élément de la diphtongue affirmant de plus en plus la valeur qu'il avait dans l'alphabet grec au moment de la formation de l'alphabet copte ⲁⲓ = ⲁ + ⲓ, ⲉⲓ = ⲉ + ⲓ, ⲏⲓ = ê + ⲓ, et ainsi de suite. Toutefois, on remarque chez les mots renfermant une diphtongue une tendance à la résoudre sur un seul son, dans plusieurs dialectes à la fois ou dans un seul par rapport aux autres. Ainsi l'on trouve les doublets ⲧⲁⲓⲃⲓ, ⲑⲕⲃⲓ, ⲑⲉⲃⲓ dans ·le memphitique, et dans le thébain ⲧⲏⲃⲉ, ⲧⲁⲓⲃⲉ; ou bien le memphitique ne possédant que les formes contractées ϣⲓⲏ, ꙅⲓⲏⲃⲓ-ꙅⲓⲉⲃⲓ, ⲭⲏⲃⲉⲥ, le thébain conserve ·à la fois ϣⲓⲁⲓ et ϣⲓⲏ, ꙅⲉⲓⲁⲓⲃⲉ, ⲭⲁⲓⲃⲉⲥ. Tandis que le memphitique s'en tient aux formes pleines des diphtongues ascendantes en ⲁⲓ, ⲉⲓ, oⲓ, oⲧⲓ, ⲱⲓ, le thébain préfère les contracter en ⲁ, ⲉ, o, ⲱ purs à la finale des mots, et à des ⲙⲉⲓ, oⲧⲉⲓ, ꙅⲉⲓ, ⲉⲣⲫⲉⲓ, oⲧⲁⲓ, ⲃⲁⲓ, ⲛⲭⲁⲓ, ⲥⲁⲓ, ϣⲁⲓ, ⲧoⲓ, ϥoⲓ, ⲭoⲓ, ⲁⲥoⲧⲓ, ⲙⲁⲑoⲧⲓ, ⲣⲁⲥoⲧⲓ, ⲱⲓ, ϥⲱⲓ, ⲭⲱⲓ memphitiques correspondent des ⲙⲉ, oⲧⲉ, ꙅⲉ, ⲣ̄ⲡⲉ, oⲧⲁ, ⲃⲁ, ⲛ̄ⲕⲁ, ⲥⲁ, ϣⲁ, ⲧo, ϥo, ⲭo (par ⲧoⲉ, ⲭoⲉ, et probablement, par analogie, *ϥoⲉ), ⲁⲥoⲧ, ⲙⲁⲧoⲧ, ⲣⲁⲥoⲧ, ⲱ, ϥⲱ, ⲭⲱ thébains. Si, quittant l'époque copte, on aborde l'époque gréco-romaine, on remarque des exemples relativement nombreux de diphtongaisons analogues dans les noms propres égyptiens transcrits en lettres grecques, Παθαύς, Θιμεκοῦς, Θιννεϐδοοῦς, Παιαϊ, Παυσῖρις, Παυϐάστις, Ἀμυρταῖος, Θοτορταῖος, Πανεϐχοϊνις, Πχοϊρις, etc.[2] Il n'est pas toujours facile de distinguer si, dans ces exemples, αι, αυ, οι, sont des diphtongues se prononçant comme telles $\widehat{a\text{-}i}$, $\widehat{a\text{-}ou}$, $\widehat{o\text{-}i}$, de simples voyelles qui se rencontrent sans former diphtongues *a-i, a-ou, o-i,* ou des orthographes pour ê (αι), ᴀv (αυ), ı (οι); toutefois, si l'on songe que des formes comme Ἀμυρταῖος et Παυσῖρις sont déjà dans Hérodote, à une époque où les diphtongues grecques αι, αυ, οι n'étaient pas encore résolues sur ê, ᴀv, î, on ne saurait douter que l'original égyptien ne renfermât une diphtongue réelle *Amou(n)r*ᴛᴀ*ıous, P*ᴀ*ousiri.* De même pour

---

1. Rᴏᴄʜᴇᴍᴏɴᴛᴇɪx, *Œuvres diverses,* p. 123-124.

2. Les correspondants égyptiens de plusieurs de ces noms seraient [hiéroglyphes], [hiéroglyphes], [hiéroglyphes], [hiéroglyphes], [hiéroglyphes], [hiéroglyphes]. Je ne sais à quel nom hiéroglyphique répond Θιμεκοῦς et Παιαϊ; celui-ci peut être un équivalent moderne de [hiéroglyphes], [hiéroglyphes].

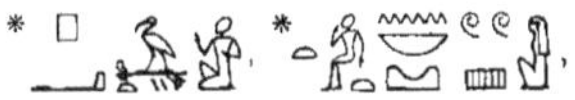

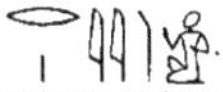

Πχοῖρις, Πακοῖϭις, Πακοῖϭκις. Πχοῖρις est, de l'aveu général, l'égyptien dont l'A tonique s'est fermé en o selon la règle que j'indiquais plus haut; Πακοῖϭις, *Celui du dieu Gabou*, renferme de même le nom divin , dont l'A s'est obscurci en o dans le composé, tandis qu'il se diphtonguait avec ι ou se ramenait directement à η dans le simple ⲕⲏ̄ϭ (*GAιb-Gêb*). Par un hasard curieux, le nom du dieu , , qui doubla lui-même doublet de à Ombos aux époques postérieures, se trouve à la forme récente en οι et à l'archaïque en η dans le nom, Πακοῖϭκις, Πακῆϭκις, ce qui nous ramène dans les deux cas, comme on le verra, à un antique *PagAιbké*, *PagAbké*. Je me demande également si la variante Πορεμϭαῖκις du nom qui qui s'écrit en transcription grecque Πορεμϭῆκις, Πορενϭῆκις, Πορεϭῆκις, Πουερενπϭῆκις, Πουερπϭῆκις, renfermait une diphtongue αι réduite à η-Ê; en tout cas, comme la variante αι assure ici à η la valeur Ê et non î, elle nous reporterait vers une diphtongue A-ι pour *bAıki*, *bÊki*, ⲃⲁⲏϭ *T.* ⲃⲏⲝ *M. accipiter*. Pour en venir à des preuves plus directes, j'ajouterai que les diphtongues sont nombreuses au Papyrus Anastasi DLXXIV de la Bibliothèque nationale et sur l'horoscope Stobart, ⲟⲩⲉⲛⲁ̂ⲡⲉ, ⲓⲁⲡⲓ, ⲓ̈ⲟⲧⲧ (à côté de ⲓ̈ⲟⲧ), ⲙⲉⲛⲧⲟⲩ (corrigé sur ⲙⲉⲛⲧⲱ), ⲧⲱ̄ⲧⲛⲓ pour ⲧⲱⲟⲧⲛ du thébain, ⲙⲉ́ⲟⲧ pour ⲙⲁⲧ, ⲙⲁⲁⲧ *T.*, ⲕⲣⲁϥⲧⲟⲧⲱⲧ, ⲛⲁⲟⲧ (qui se résout en ⲛⲟ dans l'akhmimique, mais qui reste ⲛⲁⲧ dans le thébain), ⲧⲟⲩⲁⲉⲓⲧ, ⲡⲉⲧϩⲁⲟⲧ, etc. Les diphtongues αϊ, οι, ωι, qui plus tard se résolurent sur ⲏ, ⲉ, ⲟ, ω, se présentent encore à l'état séparé dans ces documents, ϭ⁀ⲁⲓ̈ⲡⲉ et ϭ⁀ⲁⲓ̈ⲡⲓ devenus ϣⲏⲣⲉ *T.* ϣⲏⲣⲓ *M.* (ce dernier dialecte a pourtant conservé la diphtongue dans ϩⲉⲗϣⲁⲓⲣⲓ, *puella*), ⲉϭ⁀ⲟⲓⲡⲉ, ⲟⲧⲟⲓⲙ, devenus ⲉϣⲱⲡⲉ *T.*, ⲟⲧⲱⲙ *T. B. M.*, et ⲁϩⲟⲓⲧ, ⲕⲟⲓⲧⲓ, ϩⲟⲓⲟⲓⲟ, corrigés sur ⲁϩⲱⲧ, ⲕⲱⲧⲉ, ϩⲱⲱⲟ. Je borne ici cet exposé sur lequel j'aurai souvent occasion de revenir par la suite, et si je mentionne actuellement des faits de ce genre, c'est afin de bien montrer que l'égyptien, au moins celui de la ϰοινή saïte, possédait des diphtongues comme le copte, que même, ainsi que nous le verrons, elles y étaient probablement en plus grand nombre que dans le copte, ce que l'école allemande a méconnu, et, par conséquent, qu'on doit tenir compte de l'influence que la diphtongaison, en se formant puis en se résolvant, a pu exercer sur l'évolution de la langue. Les transcriptions assyriennes et cananéennes nous confirment dans cette impression, malgré les difficultés que la nature du système cunéiforme oppose à la perception des diphtongues. Comparant aux orthographes des scribes sémites les orthographes grecques ou coptes, on ne peut guère s'empêcher de reconnaître dans *Si-IA-A-ou-tou*, ⲥⲓⲟⲟⲧⲧ *T.* ⲥⲓⲱⲟⲧⲧ *M.*, dans *kou-i-iḫ-kou*, ⲕⲓⲁϩⲕ, ⲭⲟⲓⲁϩⲕ *T.* ⲭⲟⲓⲁⲕ *M.*, dans *MA-A-I-a-ma-na* Μειαμμοῦν, Μιαμμοῦν, dans *Oua-Aš-mou-a-ri-a* Οὐωσιμάρης, Οὐοσιμάρης, Οὐσιμάρης, etc., l'indication de diphtongues qui sont au moins en voie de formation si elles ne sont pas formées. J'aurai d'ailleurs l'occasion de montrer qu'à l'atone comme à la tonique, la combinaison Aϊ, A⁀I de la ϰοινή ramesside se ramène au son simple A, Ἀθώρ de *HAïthour* où *HAïi* est devenu *HAt*, ⲛⲁϭⲟⲛ de *pA¹-I san* où l'article possessif *pA¹-I* devient ⲛⲁ, Μανεθῶν de *MA[r]i-ne-Thoout* où *MA[r]I*, ⲙⲁⲓ *T. M.*, se réduit à *MA*, comme il se contracte en ⲉ dans *Ménephthès* de *MA[r]I-né-phtah*, etc.; mais cette loi ne vaut que pour la ϰοινή, avant le passage de l'égyptien au copte, et les mots composés sur des formes verbales en AI après la ϰοινή et pendant l'éclosion du copte ne la connaissent pas.

Ⲡⲁⲓⲡⲟⲧⲧⲉ, ⲙⲁⲓϣⲉⲙⲙⲟ, ϥⲁⲓⲛⲁϩⲃ, ϥⲁⲓⲣⲟⲟⲧϣ, viennent de ⲙⲁⲓ et de ϥⲁⲓ, ⳝⲁⲓⲃⲉⲕⲉ, ⳝⲁⲉⲓⲃⲉⲕⲉ, d'un ⳝⲁⲓ qui manque à l'état libre en copte où l'on n'a que ⳝⲓ *T. B.*, mais qui existait encore en démotique.

VIII. — *Voyelles redoublées.* Le dialecte thébain du copte a, sous de certaines conditions que nous indiquerons ailleurs, la faculté de redoubler les voyelles d'une racine, très fréquemment à l'intérieur, plus rarement en tête ou à la finale. Le même phénomène se retrouve, mais avec moins de fréquence, en bachmourique et en akhmimique; il n'existe plus en memphitique, mais, comme M. Lacau l'a indiqué, quelques faits nous prouvent que ce dialecte l'a connu lui aussi[1], avant l'époque où il a été fixé par l'écriture grecque. Toutes les voyelles y sont soumises, ⲁ, ⲉ, ⲏ, ⲟ, ⲱ, très régulièrement, ⲓ et ⲟⲩ par exception, ⲙⲁⲁⳝⲉ *T.* ⲙⲉⲉⳝⲉ *B. Akhm.*, ⲥⲙⲁⲙⲁⲁⲧ *T.*, ⲙⲉⲉⲧⲉ *T.* ⲙⲏⲛⲟⲧⲉⲓ *B.*, ⲟⲧⲏⲏⲃ *T.*, ϩⲓⲉⲓⲧ *T.*, ⲙⲟⲟϣⲉ *T.* ⲙⲟⲟϣⲓ *B.*, ⲕⲱⲱⲥ ⲕⲱⲱⲥⲉ *T.*, ⲕⲟⲧⲟⲧⲛ *T.*, ϣⲟⲧⲟⲧⲧ *Akhm.* On remarque d'ailleurs que le thébain possède très souvent une forme à voyelle simple à côté de la forme à voyelle redoublée, ⲥⲁⲛϣ à côté de ⲥⲁⲁⲛϣ, ⲉⲧ à côté de ⲉⲉⲧ, ⲥⲏⲧⲉ à côté de ⲥⲏⲏⲧⲉ, ⲟⲧⲟϩⲉ à côté de ⲟⲧⲟⲟϩⲉ, ⲕⲱⲥ à côté de ⲕⲱⲱⲥⲉ, et ainsi de suite. Y avait-il une différence de prononciation entre la forme à voyelle simple et la forme à voyelle redoublée? Les grammairiens du copte n'ont pas, en général, abordé la question qui, pourtant, peut être résolue parfaitement. Le redoublement de la voyelle ne marque pas, ainsi qu'on serait tenté de le croire, un dédoublement de la syllabe primitive. Ⲙⲁⲁⳝⲉ, ⲙⲉⲉⲧⲉ, ⲟⲧⲏⲏⲃ, ⲕⲱⲱⲥⲉ, formes à voyelle redoublée, ne se prononçaient pas *ma-Agé, mé-Éoué, oué-Éb, kô-ôsé* : les deux ⲁ, les deux ⲉ, les deux ⲏ, les deux ⲱ de l'écriture répondaient, dans la prononciation, à un son unique, $\widehat{aa}$ *magé*, $\widehat{ee}$ *méoué*, $\widehat{éé}$ *ouéb*, $\widehat{oo}$ *kôs*. Le son $\widehat{aa}$, $\widehat{ee}$, $\widehat{нн}$, $\widehat{ωω}$, différait du son simple ⲁ, ⲉ, ⲏ, ⲱ, non point par une élévation de la tonalité, mais par une prolongation de la durée pendant l'émission du phonème; dans ⲙⲁⲁⳝⲉ, ⲙⲉⲉⲧⲉ, ⲟⲧⲏⲏⲃ, ⲕⲱ̄ⲱⲥⲉ, la voix, sans monter ni descendre, traînait sur la voyelle redoublée $\widehat{aa}$, $\widehat{ee}$, $\widehat{нн}$, $\widehat{ωω}$, plus longtemps qu'elle ne faisait sur la voyelle simple ⲁ, ⲉ, ⲏ, ⲱ[2]. Si l'on voulait noter musicalement les deux différences d'énonciation des deux $\widehat{ee}$ de ⲙⲉⲉⲧⲉ ou des deux ⲱ de ⲕⲱⲱⲥⲉ par rapport à ⲙⲉⲧⲉ, ⲕⲱⲥ, on devrait écrire ⲙⲉⲉ̇ⲧⲉ, ⲕⲱ̇ⲱⲥ et ⲙⲉ̇ⲧⲉ, ⲕⲱ̇ⲥ. L'état actuel du copte ne nous apprend rien à ce sujet, le dialecte usité présentement dans l'Église étant le memphitique ou, pour parler plus correctement, l'alexandrin, mais les textes coptes-arabes de Galtier contiennent plusieurs fois le redoublement ⲁⲁ rendu par ⲓ comme ⲁ simple, ⲉϥⲟⲧⲁⲁⲃ افْواب, ⲉⲟⲟⲧⲁⲁⲃ اتْواب, et les poésies publiées par Junker montrent métriquement qu'au Xe et au XIe siècle les voyelles redoublées ne comptaient que pour un accent comme les voyelles simples :

ⲁ̆ⲛⲟ̇ⲕ ⲡⲉ̆ ⲧⲥⲩⲛⲕⲗⲩⲧⲓⲕⲏ̇ ⲧⲉ̆ⲕⲙⲁⲁ̄ⲧ.

ⲡⲁ̆ⲓ ⲛⲧⲁ̆ϥⲟ̄ⲩⲱϣ ⲉ̆ϩⲟ̄ⲟⲕⲉ̆ ⲙⲡⲁ̆ϣⲁ̄ⲣ.

ⲡⲉ̆ⳝⲉ̆ ⲧⲉ̆ⲅⲣⲁ̆ⲫⲏ̇ ⲉ̆ⲧⲟⲩⲁⲁ̄ⲃ.

ⲁ̆ⲣⲓ̇ ⲛⲡⲉ̆ⲧⲛⲁ̆ⲛⲟ̄ⲩϥ ⲙⲉ̆ⲛ ⲉ̆ⲧϣⲁ̄ⲁⲧ.

---

1. Lacau, *A propos des voyelles redoublées en copte*, dans la *Zeitschrift*, 1911, t. XLVIII, p. 77-81.

2. Maspero, *Notes sur différents points de Grammaire ou d'Histoire* (1874), dans les *Mélanges*, t. I, p. 146.

ⲉⲓⲥ ⲟⲩⲙⲏⲏϣⲉ ⲛϩⲟⲟⲩ ⲉⲡⲓⲛⲁⲩ ⲉⲡⲉϥϩⲟ.

ϫⲉ ⲟⲩⲁϩⲟ ⲉϥⲧⲟⲟⲃⲉ ⲡⲉ ⲡⲕⲁⲣⲱϥ.

ⲛⲁⲓⲙⲟⲛⲓⲟⲛ ⲁϥϫⲟⲟⲥⲟⲩ ⲉⲡⲉϣⲁⲩ.

ⲛϫⲱⲱⲣⲉ ⲁⲩⲱ ⲛⲁⲧⲛⲁⲧⲟⲥ.

ⲟⲩϩⲏⲕⲉ ϩⲱⲱϥ ⲉϥϣⲁⲛⲧⲁⲩⲉⲧⲙⲉ [1].

Si anciens que puissent être les manuscrits coptes, on y retrouve ces voyelles redoublées, ceux du Vᵉ ou du VIᵉ siècle comme ceux du Xᵉ. Allant un peu plus haut, je me heurte à des formes comme ⲁⲁϣⲛⲉⲓ, ⲡⲉⲉⲣ, ⲉⲉⲧⲏⲥ, ⲥⲙⲟⲧⲟⲩ, ⲧⲟⲟⲧ, ϭⲟⲟⲙⲉ, ⲁⲗⲭⲁⲁ, ⲛⲕⲱⲱⲧ, ⲡⲉⲉⲣ, dans l'horoscope Stobart et le Papyrus Anastasi DLXXIV de la Bibliothèque nationale, pour ⲁϣⲉⲓ *B.*, ⲡⲁϩⲣⲉ *T.* (ce qui suppose une forme *ⲡⲉϩⲣ̄), ϩⲏⲧⲥ̄, ⲥⲙⲟⲧ, ⲧⲟⲟⲧ *T.*, ϭⲱⲱⲙⲉ *T.*, Ἀλχαί (formé avec ϩⲁϩ, où l'ⲁ était long), ⲛ̄ⲕⲟⲧ *M.* (où le redoublement ⲱⲱ montre l'allongement de ⲟ), ⲡⲱⲱⲣⲉ *T.* en composition ⲡⲉⲉⲣⲉ, ⲡⲉⲣⲉ, mais je ne relève rien de semblable dans les transcriptions en lettres grecques des autres papyrus magiques du démotique. Il y a là, en effet, un cas de traduction artificielle par un caractère redoublé du son correspondant tiré en longueur, et cet artifice a dû ne pas se présenter du premier coup à l'esprit des scribes qui, à l'époque romaine, ont rendu en lettres grecques la parole égyptienne; toutefois, le phénomène, pour ne pas avoir été reconnu encore, n'en existait pas moins déjà, et, outre les formes directes que je noterai ailleurs, diverses considérations peuvent le prouver. Nous savons en effet que, dans certains mots, le redoublement du copte a été produit par compensation afin de rétablir chez eux l'équilibre perdu par la disparition d'une lettre dans le prototype hiéroglypique, un ⬯ comme dans ⬭ devenu ⬭, ⲕⲁⲁⲥ *T.* ⲕⲉⲉⲥ *Akhm.*, ⲕⲱⲱⲥ ⲕⲟⲟⲥ *T.*, ou un ⬯ comme dans ⬭, ⲙⲉⲉⲣⲉ *T. Akhm.* Cela nous permet de supposer que, dans ⬭, le ⬯, en s'évanouissant, avait entraîné l'élongation du son-voyelle, comme c'est le cas en anglais où *pórter*, *córner*, *túrner*, sonnent actuellement *po-ŏte*, *kŏ-one*, *tu-une*, avec une vibration très légère des cordes vocales derrière la voyelle accentuée, *po-o‿te*, *ko-o‿ne*, *tu-u‿ne* : ⬭, ⬭, écrit ⲕⲁⲁⲥ en copte, aurait donc été déjà dans la κοινή ramesside, *kă-a‿s*, qui serait devenu plus tard, suivant la loi que j'ai indiquée, ⲕⲱⲱⲥ, ⲕⲉⲉⲥ énoncés *ko-o‿s*, *ke-e‿s*, que le memphite aurait réduit à ⲕⲱⲥ, ⲕⲉⲥ, *kôs*, *kés*. De même pour ⬭ devenant ⬭, ⲙⲉⲉⲣⲉ en thébain et en akhmimique, ⲙⲉⲣⲓ en memphitique : l'accent tonique dans le mot primitif est sur la première syllabe qui, ainsi que tout l'indique pour les dérivés de mots hiéroglyphiques ayant pu renfermer la syllabe ⬭, devait être vocalisé en ⲁ : de même que l'ⲁ accentué de *pátrem*, *mátrem*, *amátus*, devient ⲉ en français, *père*, *mère*, *aimé*, dans les deux premiers cas avec un allongement de ⲉ en compensation de la disparition du ⲧ, la forme *mátérét, mátré, ⬭, devient en égyptien ⬭ *mâré-mé-éré* avec allongement compensateur ⲙⲉⲉⲣⲉ dans les dialectes qui admettent ce phénomène, puis ⲙⲉⲣⲓ dans celui qui ne l'admet point. Si l'on examine l'ensemble des mots qui, formés par analogie sur ce modèle, reçoivent en copte des voyelles redoublées, on reconnaîtra qu'ils étaient déjà anciens dans

---

[1] H. Junker, *Koptische Poesie*, 1908, p. 38 sqq., où les vers sont scandés.

la langue, pour la plupart, quand l'écriture les a saisis, par suite qu'ils devaient posséder à l'époque antérieure la prolongation vocalique spéciale à laquelle répond en copte l'artifice graphique des signes-voyelles redoublés. Il y a donc lieu, je crois, de conclure avec M. Lacau que le phénomène s'était produit déjà longtemps avant l'époque copte, « dans l'ancêtre commun de tous les dialectes[1] ». Nous verrons plus tard que les orthographes hiéroglyphiques m'inclinent à penser qu'il en fut ainsi.

IX. — *Conclusions*. Il résulte donc de l'examen rapide auquel je viens de me livrer que le système vocalique de l'égyptien, sans être des plus complexes qu'il y ait eu, était pourtant assez compliqué. J'ai déjà indiqué la série des sons qui peuvent dériver de l'A à l'article de cette voyelle : je remets à parler plus longtemps des timbres ou-o et i-y au chapitre des sonnantes. En attendant, on peut constater que le vieil égyptien possédait, au moins pour la κοινή ramesside, trois A, un A franc qui est demeuré A par la suite, un Å qui s'est obscurci, vers la fin de l'époque ramesside, en ou puis en ω et en o, un å qui, vers la même époque, a tourné à E, puis à I. A un moment donné, tous les phonèmes se rattachant à ces trois A et à leurs dérivés se sont prolongés à la tonique, les uns par compensation pour maintenir après lettre ou syllabe disparue la durée primitive du mot, les autres en partie par analogie avec ceux-ci : il en est sorti, dans la graphie alphabétique de la langue, le système des doubles voyelles qui, encore à peu près complet en thébain, l'est déjà moins en akhmimique et en bachmourique et n'existe plus en memphitique-alexandrin par conséquent dans le copte actuel. Il y a de même, pour l'i voyelle, ainsi que je l'ai indiqué et ainsi qu'on le verra plus loin, un i bref et un i long, qui se sont confondus dans le copte, l'i ancien devenant ει dans les dialectes du Sud, ι dans ceux du Nord et quelquefois au Sud, sans distinction de qualité ni de longueur, mais l'équivalent de l'ancien i long étant parfois représenté par н prononcé î. Une observation semblable s'applique au timbre-voyelle ou-o, qui, d'abord long ou bref selon les cas et rendu en grec par ου, o et ω, aboutit en copte à un son unique ὁ prononcé aujourd'hui presque toujours bref. Les diphtongues Æ, AI, AÔ, AOU, ÉA, ÉI, ÉO, etc., ne semblent pas avoir été moins nombreuses dans cette κοινή, mais elles se sont résolues en grande partie sur É, sur A, sur I, sur O, sur OU, etc. Et cette réduction des phonèmes vocaliques est allée toujours s'accentuant : déjà, au XVIIIᵉ siècle, ⲁ, ⲉ, н, ne sont plus que des orthographes diverses pour A, et ⲉ ou н ne conservent qu'exceptionnellement leur valeur É ou I, tandis que o et ω se prononcent uniformément ou dans la plupart des cas, et que ⲧ est un É ou un I plus souvent qu'un ou à l'état isolé. Ainsi qu'on l'a vu, les diphtongues ont subi une semblable diminution. Je ne crois pas exagérer en affirmant que les dix-huit ou vingt nuances vocaliques qu'on est entraîné à conjecturer pour la κοινή tombent à une dizaine au plus dans le copte actuel et qu'elles étaient déjà réduites fortement dans le copte ancien.

---

1. Lacau, *A propos des voyelles redoublées en copte*, dans la *Zeitschrift*, 1911, t. XLVIII, p. 78 et note 2.

b. Examen des signes correspondant aux sons-voyelles de l'égyptien.

Le système vocalique du copte puis de la ϰοινή égyptienne étant ainsi établi, il convient de rechercher quel est le signe qui correspond à chacun de ces sons, en en suivant autant que possible l'histoire à travers les siècles, de notre époque à celle de la XVIIIe dynastie, au moyen des transcriptions étrangères en caractères de valeur vocalique fixe, et par delà la XVIIIe dynastie, par conjecture appuyée sur les faits dégagés précédemment, s'il y a lieu. Je noterai d'abord que la plupart des savants qui se sont occupés de cette question n'ont point distingué suffisamment dans leurs raisonnements entre le phonème et le signe matériel qui le représente à l'œil, et que, seul avec moi, à ma connaissance, Naville a insisté pour qu'on fît soigneusement la distinction. Le phonème peut avoir une histoire et changer, sans que le signe correspondant à sa valeur primitive en ait eu et se modifie. L'anglais en fournit de bons exemples. Le caractère A y représente aujourd'hui une demi-douzaine de phonèmes qui n'ont plus rien de commun avec le son bien défini qu'il possédait dans l'anglo-saxon et le vieux bas-allemand. L'A pur et plein, bref ou long, celui qu'on entend généralement en français et dans la plupart des langues continentales, tend à y devenir de plus en plus rare et à se confondre avec un E. Si la prononciation grammaticale de *father, master, have,* suppose un A continental plus ou moins long, combien n'y a-t-il pas de personnes en Angleterre ou en Amérique qui répètent couramment *feyther, mēster, hĕve,* en donnant à l'A un son analogue à celui de nos E? D'autres A sonnent franchement comme nos E pour tout le monde, *a, any, image, stable,* tandis que d'autres encore ont pris la variété de son O particulière à l'anglais, *water, hall, war,* et cette tendance s'accélère dans la langue des rues et dans les dialectes où l'on dit *wŏt, wŏs, thŏt, mŏn,* pour *what, was, that, man.* Si pourtant on retrace la destinée de ces mots dans le passé, on finit par les ramener à des moments de la langue où leur signe A se prononçait franchement A : si le phonème s'est modifié avec le temps, le signe est demeuré inchangé. Nul ne dira pourtant que le caractère A en anglais est une *voyelle vague,* ou, comme préfèrent s'exprimer les égyptologues de l'école berlinoise, une *consonne faible* mue par sons-voyelles variables : on dira, au contraire, que les différents sons-voyelles existant actuellement pour le signe A dans l'anglais moderne se ramènent historiquement à un son unique A, qui avait été affecté à ce signe A lors de l'invention ou de l'adaptation de l'alphabet dont l'Europe de nos jours se sert par routine, conservant la même graphie pour tous les phonèmes qui se sont succédé sur les mots. Je n'hésite pas à penser qu'il est nécessaire de soumettre l'égyptien à une analyse analogue, avant de se risquer à définir ce qu'étaient les signes rencontrés par nous, dans le système hiéroglyphique, à la place que pouvaient occuper les voyelles dans chaque mot. Le copte, — ou plutôt les dialectes parlés par les indigènes de l'Égypte à l'époque chrétienne et musulmane, car il n'y a pas de langue copte comme il y a une langue française par rapport à nos dialectes locaux, — nous fournira un point de départ suffisamment solide pour cette enquête, avec son alphabet emprunté au grec pour la plus grande partie. La transition de l'égyptien hiéroglyphique à ce que je continuerai par habitude d'appeler le copte s'est faite pour la transcription non pas du tout par l'intermédiaire d'un savant ou d'un corps de savants, qui, méditant théoriquement dans le cabinet, entre l'encrier et des piles de livres, se serait ingénié à rendre les sons de la langue signe à signe, une expression alphabétique pour chaque hiéroglyphe; elle a été accomplie à l'oreille, rendant les sons ou les groupes de sons par des lettres simples ou par des ensembles de lettres, sauf à ce que l'auteur la perfectionnât lui-même à la réflexion ou à ce qu'elle fût perfectionnée lentement par d'autres après lui, comme cela a eu lieu. La preuve nous en est fournie par les documents précoptes, horoscope de Stobart, Papyrus Anastasi DLXXIV de la Bibliothèque nationale, papyrus magiques de Leyde, de Londres ou de Paris, etc. : le rendu des sons consonantiques propres à l'égyptien et celui de certains sons vocaliques y sont encore un peu flottants, assez constants toutefois pour que nous puissions nous appuyer sur lui. Partant de là pour monter plus haut, les transcriptions grecques, assyriennes, cananéennes, nous donneront la faculté de suivre la vocalisation de certains mots jusqu'à la XVIIIe dynastie, et d'en dériver certaines lois. Du temps présent au XVIe siècle avant notre ère, trois mille ans largement passés d'histoire nous auront peut-être enseigné assez de faits pour que nous puissions, sans trop de chances d'erreurs, essayer de calculer, pour ainsi dire, la trajectoire suivie par les sons égyptiens antérieurement.

Coup d'œil sur les doctrines relatives aux voyelles depuis Champollion. — Les signes-types auxquels les phonèmes vocaliques se rattachent sont dans le système hiéroglyphique ꜣ, 𓄿, ꜥ, ꜣꜣ, 𓅱, auxquels se joignirent, dès l'empire memphite, ıı, \\, puis ꜥ et, à partir de l'époque saïte, ▽; comme j'aurai à revenir sur ꜣꜣ et sur 𓅱 à propos des sonnantes, je n'étudierai dans le présent chapitre que les trois premiers de ces caractères ꜣ, 𓄿, ꜥ. L'origine de ıı est douteuse, et Ludwig Stern a contesté que ce fût, au moins primitivement, un caractère réellement phonétique; ç'aurait été d'abord en réalité un chiffre, le chiffre *deux*, qui aurait servi à indiquer le duel, mais comme il répondait à une flexion I-E dans la prononciation, on en serait venu à lui attacher graphiquement la valeur de ce phonème et à le lire I-E à la finale des mots. Cette hypothèse est fort séduisante, et elle a pour elle l'appui de ce fait que ıı, \\, est toujours employé en finales, et qu'on ne le rencontre jamais à l'attaque, sauf vers l'époque romaine, au temps où la fantaisie des décorateurs monumentaux bouleversa tout le système d'écriture. Le signe ꜥ est la forme cursive de 𓅱, régularisée par l'instrument du graveur ou du sculpteur. Enfin, le signe ▽ est le godet à eau du scribe qui a pour nom ꜥ, et voit, en y réfléchissant, l'enchaînement de faits qui a porté les gens des bas temps vers ce mot pour en employer le déterminatif ▽ en doublet du caractère ꜥ.

Dès le même instant de la découverte, Champollion le Jeune, travaillant surtout sur des documents d'époque tardive qui attribuaient mainte valeur diverse à chacun de ces signes, crut devoir y reconnaître l'équivalent des voyelles vagues des écritures sémitiques, c'est-à-dire une aspiration très faible sur laquelle un son-voyelle

s'appuierait. « On peut », dit-il dans sa *Lettre à M. Dacier*, « assimiler l'écriture
» phonétique égyptienne à celle des anciens Phéniciens, aux écritures dites hébraïque,
» syriaque, samaritaine, à l'arabe cufique et à l'arabe actuel ; écritures que l'on pour-
» rait nommer semi-alphabétiques, parce qu'elles n'offrent, en quelque sorte, à l'œil
» que le squelette seul des mots, les consonnes et les voyelles longues, laissant à la
» science du lecteur le soin de suppléer les voyelles brèves[1]. » Et, renforçant sa pensée
dans le *Précis du Système hiéroglyphique,* il écrivait deux ans plus tard : « Puisque
» tous les caractères phonétiques… n'expriment évidemment, dans une foule de noms
» propres, qu'une simple *consonne* ou une simple *voyelle*[2], j'ai dû en conclure que les
» Égyptiens écrivaient à la manière des Arabes, c'est-à-dire que leur alphabet était
» formé de signes qui représentaient réellement des consonnes, et de quelques carac-
» tères-voyelles qui, comme l'*élif* ‍, le *waw* ‍, et le *ya* ‍ des Arabes, n'avaient pas
» un son invariable et se permutaient dans certains cas[3]. » Observant que, pour les
grammairiens d'alors, les *voyelles vagues* sont, comme je l'ai rappelé plus haut, des
aspirations très faibles, colorées diversement par les voyelles, la théorie de l'école de
Berlin se retrouve indiquée en gros dans ces passages du fondateur de notre science,
bien qu'il la formule en des termes différents de ceux qu'on emploie aujourd'hui et
qu'il ne traite pas les caractères égyptiens de *consonnes faibles* ; les *voyelles vagues*
jouent dans son esprit le même rôle que les *consonnes faibles* des Berlinois, et, bien
que ceux-ci prétendent reconnaître là une différence de concept, il n'y a réellement
qu'une différence de mots. Les premiers égyptologues se rangèrent à l'hypothèse de
Champollion, et, peu après la mort du maître, dès 1837, Lepsius, entre autres, l'ex-
posa, en la précisant, dans sa *Lettre à Rosellini*. « S'il en était, vraiment, dit-il, de
» l'écriture égyptienne comme des écritures sémitiques, où א, ה, ע n'étaient point des
» voyelles complémentaires comme A, E, O le sont dans les écritures européennes,
» mais de légères aspirations auxquelles certaines voyelles étaient inhérentes, il est
» clair que les voyelles que nous trouvons au commencement des mots coptes doivent
» toujours se retrouver dans les paroles hiéroglyphiques, parce que, au commence-
» ment d'un mot, la voyelle ne peut point être complémentaire, mais doit former une
» syllabe entière, savoir l'aspiration plus ou moins forte avec sa voyelle inhérente.
» C'est ce que nous trouvons en effet ; la règle est constante. » Lepsius examine ensuite le cas des voyelles internes, et il explique pourquoi, à son avis, la plupart ne
sont pas écrites, tandis que d'autres le sont constamment avec des signes-voyelles au
milieu des mots : « c'est que, dans ces cas, la voyelle écrite n'est point complémen-
» taire, mais syllabe complète, où on entendait l'aspiration qu'on devait représenter
» aussi bien que chaque autre consonne ». Quant aux voyelles qu'on voit en grande
quantité à la fin des mots, Lepsius donne plusieurs explications de leur présence, qui,
toutes, aboutissent à la même raison. « On sent que des caractères, dont l'élément

---

1. CHAMPOLLION LE JEUNE, *Lettre à M. Dacier*, MDCCCXXII, p. 34.
2. Les *italiques*, ici et plus bas dans la citation de Lepsius, sont des auteurs eux-mêmes.
3. CHAMPOLLION LE JEUNE, *Précis du Système hiéroglyphique*, 1824, p. 58. Le passage est reproduit de façon identique dans la seconde édition de cet ouvrage (1828, p. 109-110), et la valeur voyelle de certains signes y est toujours proclamée (cf. p. 365-366).

» essentiel était originairement l'aspiration et non pas la voyelle inhérente, pouvaient
» aussi bien changer de prononciation que les lettres analogues des alphabets sémiti-
» ques, quoique, aussi bien ici qu'ailleurs, la faiblesse de cet élément consonantique
» les ait préservées, plus que toutes les autres, de l'inconstance de la voyelle inhé-
» rente[1]. » C'est, en résumé, l'opinion de Champollion, présentée plus longuement et
avec un appareil de considérations plus scientifiques d'allure, sinon de fond. Lepsius
parle de la *faiblesse de l'élément consonantique* pour ⸢signe⸣, ⸢signe⸣, ⸢signe⸣, et l'école berlinoise
traite ces signes de *consonnes faibles* : c'est bien la même idée et presque les mêmes
mots, et la part qui revient à l'école berlinoise dans sa théorie qu'elle croit nouvelle
consiste à avoir renversé l'ordre des termes qu'on lit dans la phrase de Lepsius. *Faiblesse de l'élément consonantique* chez Lepsius est devenue *consonne faible* chez eux.

Toute l'école suivit la doctrine de Champollion développée par Lepsius, admettant
que les signes ⸢signe⸣, ⸢signe⸣, etc., étaient analogues à l'*élif* ⸢signe⸣ et au ⸢signe⸣ *ya* arabe, et les traitant
de voyelles vagues. Ce fut, avec des énoncés parfois différents et avec des nuances,
l'opinion de Birch, de Hincks, de Leemans, de Brugsch, de Mariette, de Devéria,
de Chabas, et Rougé la formula nettement, dès 1849, dans son mémoire sur l'inscription du tombeau d'Ahmès[2], puis la reprit, en 1866, dans le premier fascicule de sa
Chrestomathie égyptienne. Il y dit en effet, au chapitre intitulé *Aspiration douce et
voyelles vagues* : « Les voyelles égyptiennes sont employées à deux usages distincts,
» 1° comme aspirations ou initiales dans la syllabe, 2° comme voyelles vagues finales
» ou médiales. Les Coptes n'ont noté aucune différence d'aspiration entre les voyelles
» initiales des syllabes de leur langue qui répondent aux mots anciens commençant
» par ⸢signe⸣, ⸢signe⸣ ou ⸢signe⸣. Quand elles sont employées comme voyelles, ou *mater lectionis*,
» on ne voit pas non plus qu'une d'elles ait été employée par préférence pour un son
» plutôt que pour un autre; elles restent vagues dans toute la force du terme; il n'en
» est même pas de cet *a* vague, comme de l'ا de prolongation de l'écriture arabe qui
» devient alors un *a* véritable. » Il parle de ⸢signe⸣, ⸢signe⸣, ou de ⸢signe⸣, \\, dans le même sens
et il fait ressortir le vague de leur coloris vocalique si l'on en juge par les transcriptions du grec et de l'hébreu[3]. Je n'insisterai pas, car en voilà assez pour montrer
quelle a été la doctrine des égyptologues de la première et de la seconde génération
sur les caractères ⸢signe⸣, ⸢signe⸣, etc.; c'étaient pour eux des voyelles vagues, du genre de א, ا,
ﻱ, ﻭ, etc., sémitiques, qu'ils transcrivaient presque chacun à sa manière, *â*, *a*, *ạ*, etc.,
sans tirer de leur nature des conclusions sur la constitution de la langue. Jusque vers
1892, on demeura assez indifférent à la question, et, bien qu'une partie des savants
tendît à s'écarter de la théorie ancienne et à traiter ⸢signe⸣, ⸢signe⸣, etc., comme des voyelles
pures, le gros s'y tint attaché et continua, comme elle, par habitude, à les considérer
comme analogues à א, ا, etc., sans trop approfondir la comparaison. Cet état de quié-
tude fut troublé lorsque, vers cette date, Steindorff, reprenant, avec des raisons beau-

---

1. R. LEPSIUS, *Lettre à M. le professeur H. Rosellini*, 1838, p. 36-42. J'ai abrégé sensiblement la discussion, retranchant les exemples que Lepsius apportait à l'appui de ses affirmations.
2. Reproduit dans E. DE ROUGÉ, *Œuvres diverses*, t. II, p. 12.
3. E. DE ROUGÉ, *Chrestomathie égyptienne*, 1ʳᵉ partie, §§ 25-31, p. 22-27.

coup plus fortes tirées de l'étude du vieil égyptien, une théorie défendue naguère par Benfey, publia dans le *Journal de la Société asiatique allemande* un article où, entre autres preuves d'un sémitisme égyptien, il invoquait la nature des signes ⸢🦅⸣, etc.; ils auraient été, en résumé, des *consonnes faibles mues par des sons-voyelles* comme ׳, א, ו, ע. Son essai de démonstration de la thèse générale ne peut trouver place ici : ce qui concerne sa théorie des *consonnes faibles* doit seul nous occuper. Accueillie avec quelques réserves de détail par Erman, pleinement adoptée par Sethe, Borchardt, Schäfer, et par tout ce que l'école berlinoise compte d'élèves ou de partisans à l'étranger, elle souleva, dans les *Proceedings* de la Société d'Archéologie biblique, une discussion à laquelle prirent part brièvement un certain nombre d'égyptologues, Naville, Sethe, Bénédite, Montet, Breasted, Krall, Wiedemann, Loret, Revillout, et qui n'aboutit à aucun résultat décisif. Chacun, y compris tels autres qui n'avaient pas jugé utile de donner leur avis dans la discussion, resta inébranlable sur ses positions, et, tandis qu'Erman, Steindorff, Sethe ou leur suite, bâtissaient, en s'appuyant pour une grande partie sur leur principe des *consonnes faibles*, un système de grammaire égypto-sémitique, les autres, ne tenant aucun compte de ces idées, continuaient de progresser dans les voies différentes qu'ils avaient ouvertes : l'affaire en est là pour le moment.

Des façons que le système hiéroglyphique pouvait avoir de rendre les sons-voyelles graphiquement. — Rappelons, ce qui a été remarqué plus d'une fois, que la façon dont le système égyptien indiquait ou n'indiquait pas aux yeux les sons-voyelles ne peut nous fournir aucune preuve du sémitisme ou du non-sémitisme de la langue. Si, dans les temps présents, les Malgaches et les Javanais, — ne citons qu'eux ici, — se servent pour écrire d'un alphabet emprunté aux Arabes, cela ne prouve nullement qu'ils parlent un idiome sémitique, et qu'il faille tâcher de leur construire un système de grammaire sur le modèle arabe ou hébreu. Nous reportant à l'antiquité classique, on ne dira point que les Phéniciens et les Hellènes sont apparentés de langage, parce qu'ils emploient deux alphabets de même souche, ni que les Achéens de Chypre ne sont pas de race grecque, parce que nous leur connaissons un syllabaire emprunté à l'une des nations asianiques qui avaient colonisé l'île avant eux. Enfin, le cananéen, le babylonien, l'assyrien, qui sont inconstestablement sémitiques, usent d'un système graphique qui possède et des syllabiques à voyelle fixe, et des caractères correspondant chacun à une voyelle ferme. ⸢𒈾⸣ et ⸢𒌝⸣ y sont toujours *n*a et Ou*m*, jamais *n*ou et ı*m* qu'on rend par ⸢✝⸣ et par ⸢𒌝⸣; ⸢𒀀⸣ est vraiment un a pour eux, là où il n'est pas pris pour idéogramme; ⸢𒄿⸣ est un ı; ⸢𒂊⸣ semble être un é et résulte peut-être graphiquement de la combinaison des deux précédents; ⸢𒌋⸣ et ⟨ sont des ou, et cette existence de syllabiques et de voyelles à valeur stable ne saurait être invoquée comme preuve contre le sémitisme de la langue. Le fait de reconnaître qu'il n'y a pas de signes-*voyelles* dans l'ensemble des hiéroglyphes, mais d'admettre au contraire qu'on y distingue seulement des signes de *consonnes faibles*, ne pourra donc nous gêner en rien lorsque nous aurons à décider de l'origine de l'égyptien et de ses affinités; d'autre part, si nous parvenons à y constater la présence de vrais signes-voyelles, nous ne devrons pas préjuger légitimement le non-sémitisme de la langue. Nous ne nous sentirons autorisés à émettre un jugement sur ce point qu'après en avoir cherché les éléments dans l'examen de l'égyptien lui-même. Mais, avant d'entamer cette enquête, il convient de bien comprendre la nature des phonèmes que l'école de Berlin intitule *consonnes faibles*. En gros, on peut rappeler que le mécanisme d'où sortent tous les sons du langage humain consiste en deux appareils : une soufflerie, les poumons, qui, à travers la trachée artère, envoie l'air aspiré puis expiré, dans un tuyau à double anche membraneuse composé du larynx, de la glotte, de deux caisses de renforcement et de résonance formées par les cavités de la bouche et du nez. Avant d'arriver à l'anche, c'est-à-dire à la glotte, la colonne d'air expirée n'engendre aucun son, mais, à ce point, elle passe à frottement vif sur les cordes vocales plus ou moins tendues, et ce frottement provoque en celles-ci des vibrations plus ou moins rapides selon leur tension ; les sons qui en résultent, intensifiés et variés dans la partie sus-glottique de l'instrument, produisent les éléments de tout idiome parlé, voyelles ou consonnes, et créent ainsi le langage par leurs associations. A ne considérer ici que les voyelles, la manière dont Erman et son école transcrivent les signes ⌐, 🦅, ⎯⊐, auxquels elles s'attachent, montre qu'ils considèrent ces signes comme des aspirées très faibles, plus faibles que le ⊓, échangeant très facilement l'une avec l'autre, et capables de s'associer indifféremment à tous les timbres vocaliques comme les aspirées fortes à partir de ⊓ et comme tout ce qui est vulgairement appelé consonne : 🦅 est en effet pour eux ᵓ, c'est-à-dire deux esprits doux du grec superposés, ⌐ qu'ils traitent en réalité comme une sonnante ɪ-ᴊ est rendu dans ce qu'ils croient être son rôle de voyelle par un ɪ ordinaire surmonté de l'esprit ᵓ, ỉ, et ⎯⊐, qu'ils placent à côté du *v-ع* sémitique, est personnifié chez eux par un esprit rude ʿ. En résumé, nous avons ici l'idée de Lepsius[1] et de Le Page-Renouf[2], qui, déclarant que l'ensemble des signes phonétiques de l'égyptien constitue non pas un alphabet mais un syllabaire, considéraient ⌐, 🦅, ⎯⊐, comme des syllabiques au même titre que ⌐⌐⌐, par exemple. Un seul signe suffit à exprimer la syllabe ᴍᴇɴ, ᴍᴀɴ, avec notre voyelle ᴇ ou ᴀ aussi bien qu'avec nos consonnes ᴍ et ɴ, mais, pour l'égyptien, il ne saurait être question ici de voyelle ou de consonne : c'est le *son entier* de la syllabe *man*, unique pour l'égyptien et composée pour nous des trois éléments *m-a-n*, qui est figuré dans ces hiéroglyphes par un seul caractère. De même pour ⌐, 🦅, ⎯⊐ : si l'on voulait donner aux yeux une idée complète de ce qu'ils représentent pour l'égyptien, il faudrait les noter en combinant, sur le timbre ᴀ par exemple, le système berlinois avec celui de Le Page-Renouf, ⌐ par ᵓᴀ, 🦅 par ᵓᴀ, ⎯⊐ par ʿᴀ, ỉ ᵓ et ʿ marquant pour les Berlinois le souffle produit par la colonne d'air sortant du poumon, et ᴀ le timbre vocalique. Remarquons seulement que, tandis que les Allemands font, en réalité, assez bon marché de cette aspiration, et admettent qu'elle disparaît aisément tout en laissant parfois des traces dans l'idiome postérieur, le copte, Le Page-Renouf ne s'inquiète pas de ces prétendues diminutions de son du signe graphique : il lui conserve la valeur pleine jusqu'à la fin,

---

1. Lᴇᴘsɪᴜs, *Standard Alphabet*, 2ᵉ édit., 1863, p. 195-199 ; cf. p. 175, où ce que Lepsius dit de l'hébreu peut s'appliquer tout aussi bien à l'égyptien.

2. Lᴇ Pᴀɢᴇ-Rᴇɴᴏᴜꜰ, *Are there really no vowels in the Egyptian alphabet?* (1892), dans *The Life-work*, t. II, p. 153-159.

et il ne voit dans les différences de vocalisation qu'on y peut observer avec le son attaché primitivement au signe, ou avec les phonèmes nouveaux qui s'y manifestent pour nous, par la suite, que des variations semblables à celles qui se sont introduites dans l'histoire des langues romanes, quand elles ont passé de leur commune origine latine à leurs formes actuelles. A bien examiner les choses, la théorie berlinoise des signes ⟨ ⟩, ⟨ ⟩, etc., est en principe beaucoup moins originale qu'il n'a paru d'abord à la majorité des égyptologues : ce qu'elle renferme d'à peu près nouveau, c'est l'usage qu'elle a essayé de faire du principe posé par Le Page-Renouf pour édifier, à grand renfort d'hypothèses, une théorie du verbe et du nom qu'elle a créée identique à celle du verbe et du nom sémitique.

Il me semble, à l'encontre de cette opinion, que chacun des caractères, grâce auxquels les Égyptiens ont marqué originairement la place occupée par la voyelle dans le mot, représentait, à ce premier moment de son existence, un phonème unique parfaitement défini, et que, par conséquent, c'était bien là ce que nous appelons un signe-voyelle pris alors à valeur fixe. Pour nous en convaincre, rappelons d'abord d'une manière générale que l'écriture égyptienne n'est pas, comme la plupart de celles qui sont usitées aujourd'hui dans notre monde, un système importé que les naturels de la vallée du Nil adaptèrent à leurs besoins, mais qu'elle s'est formée, modifiée, complétée par elle-même et sur elle-même, presque toujours sans influence étrangère. Les Allemands admettent, comme nous, que les inventeurs voulurent d'instinct rendre synthétiquement, par un seul caractère représentant l'objet, les mots qui constituent le fond de leur langage : voyelles et consonnes, tout était compris dans ce signe unique et sa vue suggérait au lecteur l'ensemble des sons qui pouvaient transférer l'idée à l'ouïe. « Toutefois, comme une » écriture qui procède seulement par images ne peut que mal exprimer des actions ou » des idées abstraites, on se tira d'affaire, lorsqu'il fallut rendre les mots correspon- » dants, en substituant au mot malaisé à noter par une figure matérielle quelque autre » mot de son pareil, — comme si, par exemple, nous employions une *Tor* (porte) pour » écrire le *Tor* (fou)... Il suffisait pour cela que les mots eussent à peu près les mêmes » consonnes[1]. » — « Ainsi ⊏⊐ vaut pour toutes les formes du verbe *prj*, sortir de..., » et des substantifs *prt*, fruit, *prt*, hiver. Le signe-mot marque seulement les con- » sonnes qui constituent la racine et non pas une vocalisation particulière[2]. » Cette dernière affirmation est à la fois vraie et inexacte. Elle est vraie pour les états seconds de l'écriture, lorsque le système purement idéographique eut cessé d'exister : elle est inexacte pour les états premiers, au temps plus ou moins court où le système pure- ment idéographique prédominait. Il fallait alors, pour que l'image pût servir à exprimer, deux mots différents, que ces deux mots sonnassent exactement de même, non seule- ment les consonnes comme Erman le suppose, mais aussi les voyelles : pour me servir de l'exemple apporté par Erman, si l'on avait voulu rendre par le même signe la *Tor* et le *Tor*, il eût été nécessaire que non seulement les deux consonnes $T + r$, mais la voyelle *o*, fussent communes aux deux vocables. Ce fut seulement, plus tard, lorsque

---

1. ERMAN, *Ægyptische Grammatik*, 3ᵉ édit., p. 10-13, §§ 16-21.
2. ID., p. 25-26, § 41.

l'emploi du même signe-mot eut servi à rendre, par exemple, différentes formes du verbe caractérisées chacune par un changement de voyelle interne, que l'on fit abstraction de la voyelle pour ne plus tenir compte que des consonnes, et que ⊏⊐ entre autres correspondit également à *par*, *per*, *pir*, etc. Le contexte permettant alors de rétablir dans la lecture la prononciation exacte, on n'estima pas qu'il fût utile d'intercaler dans l'écriture la voyelle intérieure initiale ou finale qui ne forma point syllabe séparée : on ne s'avisa de l'écrire que lorsque les besoins de la clarté rendirent son addition indispensable. Je pense, sans en être bien certain, que le signe ⌓ représente un petit tas de terre, que cette valeur sonnait à l'origine TA, d'où sa valeur syllabique puis alphabétique TÀ-T, et que, seulement après coup et par suite d'un usage que j'ai indiqué depuis longtemps, il vint à sonner ATA : d'où dissimilation de sens et de son pour ⌓ figurant le mot *terre* et ⌓ figurant le mot *père*. Pour le sens *terre*, où le mot avait seulement voyelle finale, on adopta un signe ▭ valant *ta* ; on conserva ⌓ pour le sens *père* et pour le son *ata*, et cette graphie se perpétua jusqu'aux bas temps dans la locution ⌐. Toutefois, on voulut mieux marquer l'existence d'un son-voyelle initial dans le mot expressif de l'idée *père*, et on préfixa la feuille ⌇ au ⌓, ⌇. J'ajoute en passant que le même phénomène se reproduisit dans tous les mots de type analogue, où l'on fut amené progressivement à donner un représentant visible au son de la voyelle initiale, sans toutefois s'interdire l'usage de l'orthographe acéphale, ⚊, ⚊, ⚊,

⚊, ⚊, en ligature ⌇, ⚊, etc., pour ⌇, ⌇, ⌇, ⌇, ⌇,

⌇, ⌇. Sauf dans le cas de ⌇, ⌇, ⌇, ⌇, les lectures postérieures montrent que ⌇ répond presque toujours à un A pour A*toumŏ* (Π-ατοῦμος), A*manet* (cf. Ἀμένθης), A*r̄i*-A*r̄é* (ⲁⲣⲏⲟⲩ M. ⲉⲣⲏⲟⲩ T. au pluriel), A*mi*, A*nok* (ⲁⲛⲟⲕ), mais ⌇ ⲉⲓⲣⲉ T., ⌇ π̄ T. en M., ⌇ ⲉⲓⲱⲧ T. ⲓⲱⲧ M. Il faudra expliquer ces différences de vocalisation : en tout cas, c'est bien à des sons-voyelles que répond toujours la graphie ⌇, comme nous le verrons.

Il serait facile de continuer présentement l'examen sur d'autres groupes de mots du même genre, mais cela me prendrait ici beaucoup de temps et d'espace sans utilité immédiate : on aperçoit en effet, dès maintenant, l'idée que l'analyse des faits connus m'a suggérée. Lorsqu'il y a cinquante ans, je commençai en tâtonnant mes études sur la grammaire égyptienne, il me sembla entrevoir qu'au début, chacun des signes exprimant ce qu'on appelait alors les *voyelles vagues*, ⌇, ⚊, ⚊, avait possédé une seule valeur fixe ne variant pas dans d'autres limites que la valeur de nos voyelles fixes du français, Ă et Â pour A, E, É, È, Ê pour le signe E, ĭ et î pour le signe I, ŏ et ô pour le signe O, oŭ et oû pour la combinaison OU. Seulement lorsqu'une langue traîne son existence pendant des milliers d'années, elle ne peut pas ne pas s'altérer considérablement surtout dans la partie vocalique, et, au bout de très peu de temps, la phonation des signes-voyelles arrive à changer étonnamment sans que leur figure extérieure se modifie en rien. Le signe-voyelle A, qui marque toujours en latin un son d'A franc bref ou long, Ă ou Â, sonne encore A dans P*aris* de P*arisii*, mais il cède la place à È ouvert dans *père* et *mère* de p*atrem* et de m*atrem*, il se diphtongue en AI et en IE dans m*ain* et ch*ien* de m*ănum* et de c*ănem*, il produit la diphtongue AU prononcée

actuellement ô dans *ch*A*u*d de c*ă*L*ĭ*dum-c*ā*Ldum, et ainsi de suite. Supposons la prononciation du latin aussi peu connue que celle de l'égyptien antique, aurait-on le droit
d'y transporter notre vocalisation française et de profiter des dérivations m*ā*trem-mère,
m*ă*num-m*a*in, pour en conclure que, dans l'écriture de Cicéron, A était un signe, consonne faible ou voyelle vague, dépourvu de valeur fixe et capable de couvrir, selon les
mots, les valeurs A, È, AI, IE, AU? De même pour l'égyptien. De ce que le signe ꟥ équivaut en copte à un A dans ⲁⲛⲟⲕ, à un É dans ⲉⲣⲱⲧⲉ, à un Ê dans ⲏⲣⲡ, à un î-ĭ dans ⲉⲓⲣⲉ-
ⲓⲣⲓ, à un ŏ-ô dans ⲟⲥⲓ-ⲱⲛⲉ, a-t-on raison d'en conclure que, trois ou quatre mille ans
auparavant, quand les mots correspondants s'écrivaient ꟥, ꟥, ꟥, ꟥,
꟥, ꟥, ils avaient une prononciation identique à celle du VIe siècle après
Jésus-Christ, et que, par conséquent, le signe ꟥ représente une consonne faible ou
une voyelle vague, peu importe le terme, susceptible de se vocaliser en toute circons-
tance A, É, Ê, I, O, OU? Dans un pays où l'orthographe des mots s'est maintenue à peu
près invariable une fois formée, il était inévitable qu'un signe destiné d'abord à marquer,
disons A et rien que A dans l'écriture, demeurât immuable graphiquement tandis que
la prononciation se modifiait, et cette modification du son ne change rien à sa qualité
de signe ayant représenté à l'origine et représentant encore à l'occasion un timbre vocalique fixe. A de l'anglais aura eu beau passer de la prononciation A*ll*, A*lle*, de la vieille
langue, où il sonnait comme notre A français, à la prononciation d'aujourd'hui, où il
assume un son aboutissant à un O spécial qu'on peut noter approximativement par la
combinaison Āw, il n'en continue pas moins à s'écrire ALL, et il ne viendra à l'esprit
de personne de dire à ce propos que, chez les Anglais, A est une consonne faible qui
n'a point débuté par avoir une valeur fixe. L'exemple de ce qui se passe pour l'anglais
est tellement frappant, qu'en 1902, lorsque la discussion s'éleva de savoir ce que va-
laient les signes ꟥, 𓅃, ꟥, etc., en égyptien, Naville le cita délibérément à Steindorff[1]. Pour moi comme pour lui, pour Golénischeff, pour tous ceux qui se sont refusés
à admettre les affirmations impératives de l'école berlinoise, l'égyptien a possédé primitivement des signes de voyelles de la nature de ceux des modernes, mais, comme son
système graphique s'est de bonne heure immobilisé presque entièrement, tandis que
la langue parlée poursuivait son évolution sans arrêt, la langue écrite a gardé ses habitudes avec beaucoup d'obstination, et les signes-voyelles, pour des raisons que nous
commençons seulement à entrevoir, ont pris historiquement des valeurs diverses qui
ne semblent pas toujours se rattacher toutes à la valeur primitive. L'un des problèmes
les plus graves de l'heure présente consiste donc, pour l'égyptologie, à essayer de retrouver la valeur qu'avaient ces signes-voyelles au moment où l'écriture hiéroglyphique
se constitua et d'indiquer, autant qu'il est possible actuellement, comment les valeurs
secondes se détachèrent de cette valeur. Afin d'y parvenir, j'étudierai l'histoire de
chacun d'eux en particulier, en commençant la recherche aux derniers temps où le
système auquel ils appartenaient fut employé. Les dialectes coptes, devant être en
effet considérés, dans leurs spécimens les plus anciens, comme représentant le décalque

---

1. *Proceedings of the Society of Biblical Archæology*, 1903, t. XXV, p. 58 sqq.

à peu près exact en caractères alphabétiques des formes dernières de la langue écrite au moyen des caractères hiéroglyphiques, peuvent seuls nous offrir un point de départ solide pour nous permettre de progresser dans cette recherche. Nous remonterons ensuite par degrés jusqu'au XVIe siècle, de la transcription copte aux transcriptions grecques, des transcriptions grecques aux assyriennes et de celles-ci aux cananéennes d'El-Amarna : par delà, nous n'avons actuellement à émettre que des hypothèses plus ou moins fortement motivées.

Il me reste pourtant une observation importante à faire avant d'entamer l'étude de chaque signe-voyelle en particulier. Champollion, désirant déterminer leur équivalence au moment où il aborda le déchiffrement, se servit surtout des documents de basse époque, époque ptolémaïque ou époque romaine, et il tira d'eux un tableau complexe de la valeur des signes vocaliques où régnait une grande confusion. L'impression en est restée dans l'esprit des égyptologues, même des plus récents, qu'il n'y a pas grand chose à tirer pour nos études de la façon dont les Égyptiens ont transcrit les noms latins ou grecs, ou dont les Grecs ont transcrit les noms égyptiens : les transcriptions grecques du *Papyrus gnostique de Leyde* et des autres recueils magiques du même genre n'ont fait jusqu'à présent que confirmer cette impression. Je crois qu'il y aurait lieu de revenir sur elle au moins partiellement. Il convient, en effet, de rappeler que, déjà à l'époque grecque, mais surtout à l'époque romaine, les scribes ou les maîtres dessinateurs qui avaient dressé au profit des sculpteurs les modèles des décorations murales que nous possédons encore pour ces temps-là avaient à un très haut degré le goût du précieux et du rare, tant dans l'expression verbale de leur pensée que dans l'expression plastique des caractères par lesquels ils la figuraient. Non seulement ils se plaisaient à employer des mots oubliés ou des formes grammaticales plus ou moins archaïques, mais ils s'ingéniaient à rechercher les valeurs peu fréquentes des signes connus, à leur déduire des valeurs nouvelles, à trouver pour les mots qui revenaient souvent dans des endroits attirants à l'œil des combinaisons aussi variées et aussi inattendues qu'il était possible. Si donc on signale aux cartouches des singularités comme ⟦hiéroglyphes⟧, ⟦hiéroglyphes⟧, ⟦hiéroglyphes⟧, ⟦hiéroglyphes⟧ pour Οὐεσπασιανός, ⟦hiéroglyphes⟧ pour αὐτοκράτωρ, etc., qui nous montrent \\ employé avec les valeurs E et A, il ne faut voir là qu'une fantaisie de scribe décorateur, qui a employé le signe par à peu près afin de diversifier l'aspect du mot. Erman a déjà remarqué avec plus d'un autre que ces orthographes risquées proviennent surtout d'Esnéh[1]. C'est là, en effet, que les rédacteurs d'inscriptions ont pris le plus de libertés avec le système égyptien, et l'on voit sur telle colonne des légendes où le crocodile ⟦hiéroglyphe⟧, par exemple, a, par de véritables calembours graphiques, remplacé une dizaine de caractères ordinaires; toutefois, le même abus existe à Kalabshéh, à Philæ, à Resrâs, à Thèbes, quoique à un degré moindre, pour les monuments d'époque romaine. Aussi bien n'est-ce pas aux inscriptions ornementales des murailles qu'il convient de de-

---

1. ERMAN, *Altægyptische Studien*, dans la *Zeitschrift*, 1881, t. XIX, p. 45, où sont recueillis d'autres exemples de la valeur \\ = E, A, aux basses époques.

mander les renseignements précis sur la force phonétique des signes correspondants aux voyelles des noms grecs ou latins : c'est dans les inscriptions privées où le sculpteur n'avait pas à se préoccuper de l'effet pittoresque à produire, ni à faire preuve d'ingéniosité dans l'expression graphique des sons, c'est encore plus dans le démotique, inscriptions ou contrats, qu'il faut chercher des documents. Là, l'orthographe des noms est à peu près toujours constante, soit qu'ils gardent la forme traditionnelle, soit qu'à un moment donné, pour une raison ou pour une autre, on les ait décomposés puis transcrits en leurs éléments phonétiques.

depuis l'époque copte jusqu'à la XVIIIe dynastie.

Laissons de côté les formes dernières du copte, qui n'ont rien à voir dans la question puisqu'il s'agit ici de déterminer la valeur du signe ꜣ vers la fin de l'époque païenne, et recherchons quelles voyelles de l'alphabet grec l'égyptien d'époque romaine a consacrées à l'expression de ce signe.

Et d'abord examinons ce qu'il en est de ꜣ initial.

1° ꜣ fait place à ⲁ dans ⲁ *Akhm. B.* et vieux *T.* de ꜣ⬭, ⲁⲩ *B.* de [hiéroglyphes], ⲁⲃⲉ *T.* de [hiéroglyphes], ⲁⲃⲱ *T.* ⲁⲃⲟ *M.* de [hiéroglyphes] *filet*, par chute du ⲉ féminin, ⲁⲃⲟⲧ *M.* de [hiéroglyphes], ⲁⲗⲏⲟⲩ *B.* ⲁⲣⲏⲧ *T.* de [hiéroglyphes], ⲁⲗⲟⲗⲓ *M.* ⲁⲗⲁⲗⲓ, ⲁⲗⲁⲁⲗⲓ *B.* de [hiéroglyphes], ⲁⲙⲉⲛϯ *M.* ⲁⲙⲛⲧⲉ *T.*, *l'enfer*, de [hiéroglyphes], [hiéroglyphes], ⲁⲩⲁⲛ *T.* ⲁⲟⲩⲁⲛ *M.* de [hiéroglyphes] *couleur*, ⲁⲛⲟⲕ, ⲁⲛⲕ, ⲁⲛ⳯ *T.* ⲁⲛⲁⲕ *Akhm. M.* de [hiéroglyphes], ⲁⲛⲟⲙ *M.* de [hiéroglyphes], ⲁⲛⲁⲙⲏⲓ *M.* de [hiéroglyphes], ⲁⲓⲡⲓ *B.* de [hiéroglyphes], ⲁⲡⲱⲧ *T.* ⲁϥⲟⲧ *M.* de [hiéroglyphes], ⲁⲥ *T.* de [hiéroglyphes], ⲁⲥⲁⲓ *T.* ⲁⲥⲓⲁⲓ *M.* de [hiéroglyphes], ⲁⲥⲟⲩ *T.* de [hiéroglyphes], [hiéroglyphes], ⲁⲩ *T. M. B.* de [hiéroglyphes], ⲁϩⲏ *B.* de [hiéroglyphes]. Joignez-y les formes précoptes ⲁ pour ⲉ du copte ordinaire, ⲁⲣⲁϥ = ⲉⲣⲟϥ = [hiéroglyphes] = [hiéroglyphes], ⲁϥⲁⲩⲏ = ⲁϥⲉⲩⲉ = [hiéroglyphes], ⲁⲣⲉⲟⲩ = ⲁⲣⲏⲩ *T.* de [hiéroglyphes], etc., formes qui se sont conservées dans le vieux thébain et dans l'akhmimique. Je n'ai voulu donner là que des exemples où l'équivalence est certaine entre le mot copte ou précopte et le mot égyptien. De plus, le nombre des équivalences certaines étant très restreint, je cite provisoirement, ici et dans la suite de cette étude vocalique, tous les dialectes indifféremment. Je me borne à rappeler que l'akhmimique, le fayoumique, et d'une manière générale les autres dialectes de la moyenne Égypte, que je confonds sous le nom de *bachmourique* pour ne pas rompre avec la vieille tradition de l'école tant qu'on n'en aura pas abordé l'étude sérieusement, ont une tendance à mettre un ⲁ, où le reste des dialectes emploie d'autres voyelles, ⲉ ou ⲟ, et réciproquement. C'est une marque d'archaïsme, car les découvertes nouvelles ont montré que j'avais raison, il y a plus de quarante ans, de considérer comme des plus caractéristiques pour l'étude des formes anciennes de la langue, ce dialecte que Revillout s'est obstiné jusqu'à la fin à considérer comme un patois informe.

2° [hiéro.] est rendu ε dans ε *T. M.* à côté de ⲁ de [hiéro.], ⲉⲁⲩ *Akhm. B.* à côté de ⲁⲩ *B.*, ⲉⲟⲟⲩ *T.* ⲱⲟⲩ *M.* ⲉⲟⲩⲱ Préc. de [hiéro.], dans ⲉϩⲉ *T.* à côté de ⲁϩⲉ *B.* de [hiéro.], ⲉϩⲟⲩ *T.* et ⲉϩⲁⲩ *Akhm.* à côté de ⲁϩⲟⲩ *M.* de [hiéro.], ⲉⲙⲛ̄ⲧ *T.* ⲉⲙⲉⲛⲧ *M.*, *gauche, occident*, à côté de ⲁⲙⲛϯ *M.* ⲁⲙⲛ̄ⲧⲉ *T.*, *enfer*, de [hiéro.], ⲉⲗⲟⲟⲗⲉ *T.* à côté de ⲁⲗⲟⲗⲓ *M.* ⲁⲗⲁⲁⲗⲓ *B.* de [hiéro.], ⲉⲣⲉⲛ *Akhm.* à côté de ⲁⲣⲁⲛ *T.* ⲁⲟⲩⲁⲛ. *M.* de [hiéro.], en forme construite de [hiéro.], ⲉⲛⲉ ⲛ̄ⲙⲉ *T.* à côté de ⲁⲛⲁⲙⲏⲓ *M.* de [hiéro.], ⲉⲛⲉ *T. M.* de [hiéro.], ⲉⲣⲏⲩ *T.* [sic] *Akhm.* ⲉⲣⲏⲟⲩ *M.* à côté de ⲁⲗⲏⲟⲩ *B.* ⲁⲣⲏⲩ *T.* ⲁⲣⲉⲟⲩ Préc. de [hiéro.], ⲉϭ *B.* à côté de ⲁϭ *T.* de [hiéro.] *vieux*, ⲉϭ *Akhm.* de [hiéro.], ⲉϩ̱ *Akhm.* à côté de ⲁϣ *T. M.* de [hiéro.], ⲉϧⲉ *T. M.* à côté de ⲁϧⲏ *B.* de [hiéro.], ⲉⲟⲩⲉ *T.*, *poireau*, de [hiéro.], [hiéro.]. Ainsi qu'il a été déjà remarqué, l'akhmimique a une tendance à conserver des ⲁ antiques où les autres dialectes ont ε, et à remplacer des ⲁ par des ε où ils ont conservé ⲁ.

3° [hiéro.] est rendu par ⲏ prononcé en ce cas ê dans ⲏⲣⲡ *T. M.* ⲏⲗⲡ *B.* de [hiéro.], ⲏⲥⲉ *T.* ⲏⲥⲓ *M.* de [hiéro.], et dans ⲏϭⲉ à côté de ⲉϭⲉ *T.* ⲏⲭⲓ *M.* et dans le qualitatif ⲏⲡ *T. M.* de [hiéro.].

4° [hiéro.] est rendu par ⲓ *M. B.* ou par ⲉⲓ *T. Akhm.* à l'attaque du mot [hiéro.], ⲉⲓⲱ, ⲓ̈ⲱ, ⲉⲓⲁ *T.*, ⲓ̈ⲁ, ⲓⲁ *Akhm. B. M.* de [hiéro.], ⲉⲓϩⲉ, ⲓϩⲉ *T.* ⲓϩⲓ *M.* à côté de ⲁϩⲉ *B.* ⲉϩⲉ *T.* de [hiéro.], ⲉⲓⲉϩⲧ, ⲓⲉϩⲧ *T. M.* de [hiéro.], ⲉⲓⲛⲉ *T. Akhm.*, ⲉⲓⲛⲓ, ⲓⲛⲓ *M. B.*, ⲓⲛⲉ *T.* à côté de ⲉⲛ *T. M. B.*, ⲛ̄ *T.* de [hiéro.], ⲉⲓⲟⲟⲣ, ⲓⲟⲣ, ⲓⲟⲟⲣ *T.* et ⲉⲓⲉⲣⲟ, ⲓⲉⲣⲟ *T.*, ⲓⲁⲣⲟ, ⲓⲟⲣⲱ *M.*, ⲓⲉⲣⲟ *Akhm.*, de [hiéro.] et de [hiéro.] avec chute du ⲟ médial, ⲉⲓⲡⲉ *T.* ⲓⲡⲉ *T. B.* ⲓⲡⲓ *M.* ⲓ̈ⲗⲓ *B.*, de [hiéro.], ⲉⲓⲥ *T.* ⲓⲥ *M.* à côté de ⲉⲥ *Akhm.*, de [hiéro.], ⲉⲓⲱⲧ *T. Akhm.*, ⲓ̈ⲱⲧ *M. B.*, de [hiéro.] *père*, ⲉⲓⲱⲧ *T.*, ⲓⲱ *T. M.* de [hiéro.] *orge*, ⲉⲓⲱⲧⲉ, ⲓⲱⲧⲉ *T. M.* ⲓⲱϯ *M.* de [hiéro.] *rosée*, ⲉⲓⲧⲉⲛ *B.* ⲓⲧⲛ̄ *T.* ⲓⲧⲉⲛ *M.* de [hiéro.], ⲓⲟϩ *M.* de [hiéro.], ⲉⲓⲱϩⲉ, ⲓⲱϩⲉ *T.* ⲓⲟϩⲓ *M.* de [hiéro.], ⲓⲥ *M.*, *démon, esprit*, de [hiéro.].

5° [hiéro.] est rendu par ⲟ ou par ⲱ dans ⲱⲟⲩ *M.* à côté de ⲁⲩ, ⲉⲁⲩ *Akhm. B.* ⲉⲟⲟⲩ *T.* de [hiéro.], ⲟϩⲉ *T.* ⲟϩⲓ *M.* à côté de ⲁϩⲉ, ⲉⲓϩⲉ, ⲓϩⲉ *T.* ⲉϩⲓ *M.* de [hiéro.], ⲱϩⲉⲛ de [hiéro.] *alun*, ⲟϩϭⲉ *T.* de [hiéro.], ⲱⲕⲙ, ⲟⲕⲙ *T.* ⲟⲕⲉⲙ, ⲱⲕⲉⲙ *M.* de [hiéro.],

---

1. J'ai cité, il y a quarante ans de cela, un texte exégétique (*Zeitschrift*, t. XVIII, 1880, p. 42-43) qui prouve qu'au moins à l'époque ptolémaïque, le groupe [hiéro.] était censé commencer par un [hiéro.]. Nouit vient de mettre Isis au monde, et elle dit à sa fille en la voyant : [hiéro.] « C'est donc *toi* ! » (j'avais traduit alors : C'est moi !), et on lui donna le nom d'« Isis », Ἶσις ou Ἦσις. Le jeu de mots entre [hiéro.] *Es-e, Is-e*, et le nom d'Isis, Êse, Isé, donne pour le signe [hiéro.] la valeur [hiéro.].

forme secondaire de �⌉ *être triste, endeuillé*, ⲱⲛ *M.* de ⌇, ⲱⲛⲉ *T. Akhm.*
ⲱⲱⲛⲉ *T.* ⲱⲛⲓ *M. B.* à côté de ⲁⲛⲁ-, ⲉⲛⲉ- en composition, de ⌇, ⲟⲛⲟ *M.* de ⌇
⌇, ⲱⲛ *T. M. B.* à l'actif à côté de ⲏⲛ *T. M.* au qualitatif, de ⌇, ⲟⲥⲓ *M.* de
⌇, ⲱⲥⲕ *T. M.* de ⌇, ⲟϥϯ *M.*, *ramper*, de ⌇.

Je n'ai choisi ici comme exemples que des mots coptes dont l'équivalence avec des
groupes hiéroglyphiques est certaine ou à peu près; on y remarque, à première vue,
un pêle-mêle de correspondants alphabétiques de ⌇, qui semble ne pas permettre de
rien déduire pour déterminer la valeur vocalique de ce signe. Pourtant, à y regarder
de plus près, le chaos se débrouille un peu. Faisons en premier lieu le tri des particularités dialectales : pour nous borner actuellement à un cas, le bachmourique donne à
⌇ initial comme substitut un ⲁ dans ⲁⲗⲏⲟⲩ, ⲁⲗⲁⲗⲓ-ⲁⲗⲁⲁⲗⲓ, ⲁⲣⲏ, etc., tandis que le thébain peut posséder un ⲉ à côté de l'ⲁ, ⲉⲣⲱⲧ, ⲁⲣⲏⲧ, ⲉⲗⲟⲟⲗⲉ, et le memphitique a de
même ⲁⲣⲏⲟⲩ, ⲁⲗⲟⲗⲓ, etc., mais, pourtant, avec des formes ⲱⲟⲩ, ⲉⲣⲉ, etc., contre ⲁⲩ *B.*
ⲁⲣⲏ *B.*, et lui-même nous montre ⲉⲁⲩ avec un ⲉ à côté de ⲁⲩ, et l'akhmimique a l'ⲉ de
préférence où les autres dialectes ont ⲁ, ⲉⲟⲧⲉⲛ au lieu d'ⲁⲧⲁⲛ *T.* ⲁⲟⲧⲁⲛ *M.*, ⲉⲅ au lieu
de ⲁⲩ *T. M. B.* Nous aurons à revenir ailleurs sur ces distinctions dialectales à en
expliquer les cas particuliers. Pour le moment, il nous faut ensuite tenir compte des
distinctions vocaliques que l'usage grammatical a introduites entre les vocalisations
diverses d'une même racine : puisque le groupe antique ⌇, ⌇, se
présente dans les écrits coptes sous plus d'une demi-douzaine d'aspects, ⲁⲃⲉ, ⲉⲃⲉ *T.*
ⲉⲃⲓ *M.*, ⲉⲓⲃⲉ, ⲓⲃⲉ *T.* ⲓⲃⲓ *M.*, ⲟⲃⲉ *T.* ⲟⲃⲓ *M.*, il convient, après avoir écarté les doublets
orthographiques tels que ⲓⲃⲉ pour ⲉⲓⲃⲉ en thébain, de nous rappeler que les types en
ⲉⲓ-ⲉ représentent les formes absolues du copte ⲉⲓⲃⲉ *T.* ⲓⲃⲓ *M.*, et les formes en ⲟ, leurs
qualitatifs ⲟⲃⲉ *T.* ⲟⲃⲓ *M.* Reste à nous rendre compte de ⲁⲃⲉ-ⲉⲃⲉ que Peyron enregistre
comme doublets thébains, mais qui peuvent se rencontrer dans des textes influencés
par un des dialectes peu connus de la Haute Égypte, peut-être par l'akhmimique où ⲉ
joue avec ⲉⲓ *T.* et ⲓ *M.*, ⲉⲥ et ⲉⲥⲧⲉ pour ⲉⲓⲥ *T.* et ⲓⲥⲝⲉ *M.* Ajoutez à cela que les doublets
d'un même vocable ancien apparaissent parfois avec des vocalisations diverses, selon le
sens dans lequel ils s'étaient spécialisés : ainsi ⌇ est ⲁⲙⲛⲧⲉ *T.* ⲁⲙⲉⲛϯ *M. B.* lorsqu'il signifie *enfer*, mais ⲉⲙⲛⲧ *T.* ⲉⲙⲉⲛⲧ *M.* lorsqu'il signifie *Occident*. Ici, le mot religieux avait conservé une prononciation archaïque du temps où ⌇ sonnait ⲁ ⎓ A dans
l'atone initiale.

Ces points indiqués, sans pousser plus loin actuellement l'analyse dans le copte,
recherchons quel son-voyelle les transcriptions grecques mettent en face de ⌇ initial
de l'égyptien, aux époques romaines puis ptolémaïques. J'ai tâché d'y retrouver au
moins quelques-uns des mêmes mots coptes que j'ai cités pour la période précédente,
et j'agirai ainsi, par la suite, de manière à reconstituer leur histoire phonétique à
travers les âges. Je rencontre donc, soit dans les textes purement grecs, soit dans les
rares textes égyptiens écrits en lettres grecques :

1° ⌇ initial rendu par ⲁ dans Ἀμένθης, Ἀμντε[1], pour ⌇ pris dans le sens d'*enfer*.

---

1. GRIFFITH, dans la *Zeitschrift*, 1900, t. XXXVIII, p. 85.

Hadès, dans 〔⎓⎓⎓〕, Ἄμμων, Ἀμοῦν, Ἀμμοῦν, et dans tous les noms propres composés qui renferment l'élément 〔⎓⎓⎓〕 en tête du mot à l'atone ou à la tonique initiale, 〔⎓⎓⎓〕 Ἀμενῆϐις, 〔⎓⎓⎓〕 Ἀμενέμης, 〔⎓⎓⎓〕 Ἀμονρχσονθήρ, etc., 〔⎓⎓⎓〕 Ἀμαῦνι, la déesse Amaouni[t], dans ᴀⲛ-ⲁⲅ et ⲁⲛⲟⲭ, ⲁⲛⲟⲭ, transcription du pronom 〔⎓⎓⎓〕 dans les textes magiques[1], dans Ἄνουπ, Ἀνουϐις de 〔⎓⎓⎓〕, dans ⲁⲩ 〔⎓⎓⎓〕 du *Papyrus gnostique*, IX, 5, où le copte a ⲓ⳧ *M.*, et dans les noms en ⲁⲭ de 〔⎓⎓⎓〕, Ἀχενχέρης ou Ἀχεγχέρης de 〔⎓⎓⎓〕, Ἀχόνρης-Ἀχέϐϐης de 〔⎓⎓⎓〕, Ἀχομάρρης formé comme Πραμάρρης et Ουσιμάρης avec 〔⎓⎓⎓〕, mais ayant le mot comme première syllabe 〔⎓⎓⎓〕, ⲁⲣⲉⲟⲩ à côté de ⲁⲗⲏⲟⲩ *B.* de 〔⎓⎓⎓〕, le tout, sans parler des noms grecs écrits en hiéroglyphes, tels que les variantes 〔⎓⎓⎓〕, 〔⎓⎓⎓〕 et 〔⎓⎓⎓〕 d'Ἀλέξανδρος et d'Ἀρσινόη.

2° 〔 est rendu par ε dans ⲉⲟⲟⲩ, ⲉⲟⲩⲱⲧϥ de 〔⎓⎓⎓〕, dans ⲉⲛⲓ de 〔 pris avec le sens impératif ⲉⲛⲁⲓ 〔⎓⎓⎓〕 tandis que le véritable impératif de cette forme est ⲁⲛⲁⲓ 〔⎓⎓⎓〕, dans l'adaptation grecque ἔρπις de 〔⎓⎓⎓〕 qui se trouvait déjà, paraît-il, dans Sapho, dans la variante Ἐσούερε, Ἐσεγχῆϐις 〔⎓⎓⎓〕, du nom d'Isis 〔⎓⎓⎓〕 si, comme il est probable, il faut voir dans Ἐσούερε la transcription de 〔⎓⎓⎓〕 aussi bien que celle de 〔⎓⎓⎓〕.

3° 〔 est rendu par η dans Πσενεφύς de 〔⎓⎓⎓〕 et dans les noms propres qui renferment le verbe 〔⎓⎓⎓〕 au qualitatif, Νιτῆτις 〔⎓⎓⎓〕 par exemple.

4° 〔 est rendu par ι dans ⲓⲣⲓ de 〔⎓⎓⎓〕 à côté du copte ⲉⲓⲣⲉ, ⲓⲣⲉ *T.* ⲓⲣⲓ *M.* ⲓⲁⲓ *B.*, dans Ἰναρώς provenant de 〔⎓⎓⎓〕, dans Ἰμούθης de 〔⎓⎓⎓〕, dans Ἴσις de 〔⎓⎓⎓〕 et dans ses composés où 〔⎓⎓⎓〕 serait initiale, ainsi dans Ἰσίδωρος.

5° 〔 devient ο, ου, ω, dans Ὄνουρις de 〔⎓⎓⎓〕, dans Ὄσιρις, Οὔσιρις, Ὕσιρις, de 〔⎓⎓⎓〕 avec les variantes d'époque récente, montrant déjà la vocalisation en ⲟⲩⲁ, ⲟⲩ, 〔⎓⎓⎓〕, dans Ὀστάνης de 〔⎓⎓⎓〕, et dans Ὧν de 〔⎓⎓⎓〕, dans ⲓ̈ⲟⲧ précopte pour ⲉⲓⲱⲧ *T.*

En résumé, c'est la même variété de son pour 〔 initial que dans le copte, en général, mais pour chaque mot en particulier la même vocalisation : il est plus que probable que l'égyptien en usage sous les Romains et les Grecs était presque partout identique à celui qu'on parlait sous les Byzantins.

---

1. Ces transcriptions se rencontrent entre autres dans Leemans, *Papyri Græci*, t. II, p. 25, 87, 93, 97, 123, 127, etc., où le texte dit qu'elles sont ἁϐραϊστι, c'est-à-dire en hébreu; mais comme elles précèdent souvent des noms magiques égyptiens, Βιϐιου, Βαινφνουν, Σφη, Σουχαρι, etc., 〔⎓⎓⎓〕, il n'y a aucune difficulté à admettre que le magicien les prononçait à l'égyptienne. C'est le commencement de la formule si fréquente dans les textes religieux : 〔⎓⎓⎓〕 X... « Je suis » le dieu X... ». Le sens est rendu évident par ce fait que, dans plus d'un passage, le magicien dit que le nom était de *trente-six lettres*, par exemple, Αναγ Βραθιαρϐαρ, etc. : or, si l'on compte les lettres du nom magique qui suit βραϐι, etc., on voit qu'il y en a juste trente-six.

2. Griffith, dans la *Zeitschrift*, 1900, t. XXXVIII, p. 79, 84.

La différence n'est pas sensiblement plus grande pour celui du VIIe siècle avant notre ère sous les Assyriens, à en juger par les transcriptions cunéiformes contemporaines. On a, en effet, — mais les exemples ne nous présentent que des mots en composition à la seconde place, — Amounou pour ⟨…⟩ dans *A-na-mu-nou* ⟨…⟩ *Oun-Amounou* d'un dialecte probablement septentrional, mais Ama-ané dans *Taš-da-ma-ni-e* ⟨…⟩ *TanouatAmanou*, *Tantamânou*, où ⟨…⟩ du nom éthiopien devenant L comme dans Λαμάρης ⟨…⟩ est remplacé par un š sémitique, de même que dans *Kasndi*, Χαλδαῖοι. Le ⟨…⟩ égyptien y correspond à l'A assyrien de la syllabe *nA*, de même que dans *IptihArdéchou*, *TihoutArdéshou*, ⟨…⟩, il correspond à l'⟨…⟩ de ⟨…⟩ fondu avec celui de ⟨…⟩, ou de ⟨…⟩ dans *Na-At-ḫu-u*, Ναθω. Toutefois il sonne Ê dans ⟨…⟩ de *Ḫar-si-ya-Ê-šu* de ⟨…⟩ Ἀρσιῆσις, et dans *Ni-iḫ-ti-Ê-ša-ra-u* de ⟨…⟩, I dans *Ibi* ⟨…⟩ de ⟨…⟩ Ἀθαρραβις, Ἀθρίβις, **Ⲁⲑⲣⲏⲃⲓ**, I vocalisé IA dans *IA-ru-u-u*, ⟨…⟩ **ⲓⲁⲣⲟ** *M.*, ou-o dans ⟨…⟩ U-*nu*, On-Héliopolis, et dans U-*ši-ru* de ⟨…⟩ *Poushirou*-Busiris. Tous ces mots nous sont déjà connus par les prononciatons des âges postérieurs, Amâ-nou-Amâné par Ἄμμων-**Ⲁⲙⲟⲩⲛ**, Êsou par Ἡσι[ς]-**ⲏⲥⲉ**, Athou par Ν+αθώ, Ib par Ἀθρίβις-**Ⲁⲑⲣⲏⲡⲓ**, IArouou par Ιαρο. Ounou par Ὠν : l'assyrien a seulement l'avantage de nous donner la prononciation vocalique pour son temps des sons couverts par ⟨…⟩. Notons qu'il y a onze cents ans plus ou moins entre le règne d'Asarhaddon et l'apparition définitive de l'alphabet dans l'égyptien : c'est une belle durée de fixité dans le son pour des caractères qu'on se plaît à déclarer vagues.

Si nous nous reportons à sept ou huit cents ans plus tôt, la fixité nous paraîtra moins grande, mais pas de beaucoup, en tout cas dans les quelques exemples que nous rencontrons de mots égyptiens transcrits en cunéiformes sur les tablettes d'El-Amarna. L'⟨…⟩ initial de ⟨…⟩ y est rendu par un A, soit lorsque le nom divin est isolé, A-*ma-nu*, A-*ma-a-nu*, soit lorsqu'il entre en composition au commencement d'un nom de particulier, ⟨…⟩ A-*ma-an-ḫa-at-pi*, Amanhatpi-Aménôthès, ⟨…⟩ A-*ma-an-ma-ša*, Amanmâsa, ⟨…⟩ A-*ma-an-Ap-pa*, AmanApa-Amenôpis-Amenôphis : on remarquera que, même en composition, l'⟨…⟩ de ⟨…⟩, ⟨…⟩, est rendu par A en syllabe intense, dans la prononciation de la XVIIIe dynastie. D'autre part, cet ⟨…⟩ correspond à Ê dans *Na-Ap-tE-ra-Naftêra*, ⟨…⟩, un peu plus tard. On a, toujours avec la valeur A contre la valeur ou que nous avons rencontrée à l'époque assyrienne, l'⟨…⟩ initial de ⟨…⟩ A-*na*, Ana-Ane-Ounou-Ôn. ⟨…⟩ renferme également un ⟨…⟩ correspondant à une transcription cunéiforme en A, A-*ku-nu*. Si peu nombreux que soient ces exemples, ils présentent un intérêt considérable pour les renseignements qu'ils nous fournissent sur l'histoire de la langue. En les comparant avec les transcriptions assyriennes postérieures, puis avec les transcriptions grecques et les formes coptes, on reconnaît immédiatement la règle, que j'ai indiquée plus haut[1], que beaucoup des mots dont la syllabe

---

1. Cf. p. 61 du présent volume.

accentuée a en copte la vocalisation o-ω se trouvent avoir à la même place en égyptien antique un A bref ou long. Sans reprendre en détail la question, je me bornerai à rappeler ici que dans les mots où le caractère ∫ ne figure point, parce que la vocalisation interne n'y nécessitait pas l'existence d'une figuration matérielle, on trouve, dès le XV⁰ ou le XIV⁰ siècle, un Ā long indiqué par l'assyrien à la tonique, puis, au VII⁰ siècle, un ou-ω se substitue à l'A long, et enfin, à l'époque grecque, un o-ω se substitue à òu :

*Am*Ā*nou*	*H*Ā*ra*	*K*Ā*shi*	*N*Ā*fa*
*Am*ou*nou*	*Hou*rou	*Koushou*	ⲛⲟⲩϥⲉ
Ἄμμⲱν	Ὡρος-*Horus*	ⲉϭⲱϣ	»

Un degré peut manquer dans nos témoignages de l'évolution, mais le fait de l'évolution demeure constant. Appliquons donc la règle à des mots tels que ∫⬚ ou ∫⊗ : ils seront, vers le temps du second empire thébain, A*pa*, A*na*, au VII⁰ siècle Ou*nou*, et à l'époque grecque Ôn, O*phis*, O*pis*; en d'autres termes l'Â de la syllabe intense se sera mué progressivement en ou puis en ô. Le signe ∫ n'est donc pas dans les cas de ce genre une consonne faible ou une voyelle vague pouvant recevoir arbitrairement les valeurs A, ou, o, mais prenant l'orthographe ∭⊗ traditionnelle du nom de la ville, nous devrons dire de l'∫ exigé par les variantes du signe ∭ = ∫ + 〜〜〜, qu'il représente notre son Â, qui plus tard, en vertu de la règle philologique bien connue aujourd'hui, a passé au son ou puis au son o. Si nous appliquons ce principe aux mots qui, commençant par un ∫ en égyptien, ont un o ou un ou- à l'initiale en transcription grecque, nous arriverons pour l'époque antérieure à une vocalisation Á : l'accent tonique portant sur o, ou, dans Ὄνουρις, Ὄσιρις-Ὄσιρις, on doit avoir pour la XVIII⁰ dynastie une prononciation Ánhourë, Ásirë-Ásare, de 𓂝𓏏𓅓, 𓇋𓊃𓏏. Le précopte ï*ott*, répondant au copte ⲉⲓⲱⲧ, ⲓⲱⲧ, nous amène de même à une prononciation *iát* pour les temps antérieurs. Quant à Ὀστάνης, la tradition grecque a établi une confusion ici entre un nom égyptien et un nom persan. La vocalisation perse nous ramène pourtant comme l'égyptienne, pour la première syllabe, à une prononciation Ástanou-Ástane ayant précédé Ὀστάνης.

Il est fort délicat de chercher un témoignage sur la valeur phonétique du caractère ∫, dans les orthographes hiéroglyphiques des noms de villes et de peuples cananéens compris dans les textes du second empire thébain; car la tradition qui nous fait connaître la prononciation hébraïque de ces noms est très postérieure à la rédaction des documents égyptiens. Pourtant, lorsque la vocalisation fournie par l'hébreu pour le א initial concorde avec celle des textes cunéiformes contemporains du second empire thébain, on pourra en toute sûreté en tirer des conclusions pour la valeur phonétique de l'∫ initial aussi qui correspond à cet א. Si donc, dans l'orthographe hébraïque אשור, où le א répond comme son à notre A, cette valeur est confirmée pour les temps prébibliques par les orthographes assyriennes ou cananéennes, *mat-Aššur-ki*, il est certain que le ∫ de 𓏺𓏤𓎡𓈖 devait couvrir lui aussi un A. La lecture avec A initial rendu par ∫

sera aussi valable pour [hiéroglyphes], [hiéroglyphes] exprimé en assyrien par *A-ru-ad-da, Ar-va-da,* et en hébreu par אַרְוַד Ἄραδος. Souvent même il suffira de rencontrer une leçon assyrienne datant du second empire assyrien, et concordant avec la vocalisation hébraïque traditionnelle pour que, nous autorisant de la grande fixité qu'offrent partout les noms de villes, nous puissions, avec assez peu de chances d'erreur, en déduire la valeur A pour [hiéroglyphe], quelques siècles plus tôt à l'époque des conquêtes égyptiennes : *Akseph* [hiéroglyphes], A*k-zi-bi,* אַכְזִיב, dont la prononciation flotte à l'époque grecque entre Ἐκδίππα et Ἀκτίπους, *Apouken* [hiéroglyphes], A*p-ku,* אָפֵק, אֲפֵקָה, Ἀφεκά, nous donneront un [hiéroglyphe] sonnant A, et cette valeur nous sera d'autant mieux assurée que le signe [hiéroglyphe] est suivi du signe [hiéroglyphe], comme dans l'exclamation [hiéroglyphes] A. A plus forte raison peut-on s'appuyer, comme je l'ai déjà fait, sur les seules transcriptions cunéiformes, lorsque les transcriptions grecques nous prouvent que la vocalisation avait changé au cours des temps. J'ai cité déjà [hiéroglyphes] devenant Ἐκδίππα au lieu d'A*ksib* qu'elle était antérieurement ; je citerai encore, mais avec modification de la vocalisation A en vocalisation O, [hiéroglyphes], en assyrien *A-*RA-*an-tu* devenu en grec Ὀρόντης. On pourrait invoquer d'autres exemples de ce fait : tous nous montreraient que les valeurs vocaliques diverses qu'on attache au signe [hiéroglyphe] ne sont pas pour ces mots des valeurs premières. Il y avait à l'origine une prononciation A, la même dans tous ces mots et que les Égyptiens marquaient dans leur transcription par le signe [hiéroglyphe] ou par le groupe [hiéroglyphes] pour ne laisser subsister aucun doute. Si, beaucoup plus tard, la prononciation s'est transformée et si un E ou un O y a remplacé l'A, cela ne doit pas avoir pour nous de répercussion sur la prononciation du signe par lequel les Égyptiens de la XVIIIe ou de la XIXe dynastie l'avaient notée : c'était bien un A qu'ils entendaient dans A*rantou,* dans A*ksaph-*A*kseph-*A*ksiph,* et c'était bien le signe [hiéroglyphe] qui rendait exactement cette valeur pour eux dans leur écriture.

Cela nous empêchera-t-il d'admettre qu'à la même époque, comme aux époques postérieures, ce signe pouvait représenter aussi d'autres valeurs vocaliques ? Les listes de Thoutmôsis III et les autres documents du second empire thébain nous montrent un groupe [hiéroglyphe], [hiéroglyphes], pouvant se réduire à [hiéroglyphe] dans un mot composé quand le mot précédent a une voyelle susceptible de lui servir d'appui, et même en cet état s'écrire [hiéroglyphes] avec une combinaison [hiéroglyphe] destinée à rendre le son ל = L sémitique. Bien que le scribe égyptien l'ait parfois confondu volontairement avec le terme [hiéroglyphes], l'ensemble des mots où on le rencontre montre qu'il représente, en caractères égyptiens, le mot אֵל *deus,* [hiéroglyphes], [hiéroglyphes], [hiéroglyphes], בֵּית־שְׁאֵל, [hiéroglyphes] עֲקַבְּיָאֵל, [hiéroglyphes] [hiéroglyphes] peut-être אֵלִתִּיָאֵל « force de dieu », employé comme nom d'oiseau, etc. Que le mot EL ait eu d'abord un E bref ou long, אֶל ou אֵל, il paraît être certain qu'à l'époque de la XVIIIe dynastie égyptienne il n'avait pas une vocalisation en A à l'initiale. Il faut donc admettre que le [hiéroglyphe] égyptien pouvait rendre à l'occasion un E cananéen ; il est probable qu'il couvrait aussi d'autres sons vocaliques, et nous verrons que lorsqu'il répond à u-ou-o, il peut être doublé d'un 〰, qui semble bien servir d'indice à cette prononciation, mais, pour le moment, bornons-nous aux cas où 𓄿 figure seul ou avec 〰. Nous reporterons de même à l'article de 𓅂 ceux où il est accompagné de 𓅓. Il faut nous borner à constater actuellement que si dans le plus grand nombre des mots étrangers connus jusqu'à présent 𓄿 répond à un son A ou Â de l'assyrien ou du cananéen, dans quelques occasions assez rares il peut répondre à un Ê ou à un Î initial.

Au delà du XVI⁰ siècle, nous n'avons plus que quelques transcriptions égyptiennes insignifiantes de noms sémitiques, ainsi, dans les *Mémoires de Sinouhît*, celle du nom d'un chef syrien, et quelques termes géographiques, mais il est difficile d'en tirer parti pour le moment. Je remarquerai seulement que l'orthographe des mots dont la vocalisation est donnée pour les époques postérieures est identique à celle de ces époques, ainsi 𓄿𓈖𓇳, 𓈖𓊖, 𓄿𓃀𓈖, 𓅆𓃀𓄿, 𓃀𓈖, 𓏏𓈖, et ainsi de suite. J'ajouterai pourtant qu'à mesure qu'on remonte dans le temps certains de ces mots, et d'autres que je n'ai pas cités, revêtent des formes qui méritent de retenir l'attention plus qu'elles ne l'ont fait jusqu'à présent. Tous les égyptologues ont remarqué depuis longtemps que, plus on se rapproche de l'origine de l'écriture égyptienne, plus que la majeure partie de ce qu'Erman appelle *les écritures défectives* devient fréquent dans les textes[1]. Pour n'en citer qu'un exemple bien connu, le pronom 𓇋𓈖 de la première personne du singulier masculin y est fort peu exprimé graphiquement : comme il consistait en un son vocalique, dont je ne définirai pas la nature pour le moment, et qu'on avait l'habitude de ne pas exprimer graphiquement les sons-voyelles dans le corps ou dans la finale des mots lorsqu'elles n'indiquaient pas une modification organique de la racine, on en supprimait le signe volontiers et on s'en remettait au lecteur de discerner par le contexte le sens de la phrase, par suite la vocalisation que chaque caractère y avait. L'expression phonétique du signe 𓇋𓈖 dans cet emploi était 𓄿, et l'on a des exemples qui prouvent que ce même 𓄿 couvrait la prononciation de la première personne du singulier féminin. Quoi qu'il en soit, le fait même de la suppression constante de ce signe dans la vieille écriture aux endroits où nos habitudes modernes exigeraient au contraire sa constante présence nous permet déjà de constater que les Égyptiens ne tenaient pas plus de compte de lui qu'ils ne faisaient des sons-voyelles internes ou finals que l'émission des mots composait, la phrase nécessitait : s'ils écrivaient 𓇋𓂋𓅓〰 à côté de 𓇋𓂋𓅓〰 la première personne du singulier masculin du verbe 𓇋𓂋𓅓, c'est qu'ils considéraient le son qui, suivant 〰, indiquait cette personne comme étant de même nature que les sons, quels qu'ils fussent, qu'ils intercalaient en parlant entre 𓇋 et 𓂋 ou entre 𓂋 et 𓅓, 𓅓 et 〰, s'il y en avait à toutes ces places. Comme ces sons, non exprimés graphiquement, sont ce que nous appelons des sons-voyelles, il y a grand chance pour que le son écrit 𓇋𓈖, 𓄿, et qui se compose comme tous les sons de n'importe quelle langue d'un souffle passant par le gosier et prenant son timbre

---

1. *Zeitschrift*, 1891, t. XXIX, p. 33-45.

particulier aux cavités buccales ou nasales, soit, lui aussi, la figuration de ce que nous appelons un son-voyelle. Comme le pronom étudié était stable dans sa prononciation, au moins pour chaque époque l'une après l'autre, si nous constatons que, pendant le cours des siècles, le son-voyelle s'est modifié, nous ne sommes pas autorisés à en conclure qu'il y avait là une *voyelle vague*; à l'époque où le signe 𓏺 et ses variantes ont été employés pour la première fois à rendre le pronom de la première personne du singulier masculin, il avait une valeur *fixe* correspondant à celle du son de ce pronom, et si, dans cet emploi, le son a changé de valeur, il y a là un fait purement historique. Ce phénomène historique n'a pas plus modifié la valeur première du signe 𓏺 que, par exemple, le changement de la prononciation du ʌll vieil-anglais en ôl de l'anglais moderne n'a modifié la valeur primitive du signe ʌ dans l'écriture d'origine latine et n'a fait de la voyelle *fixe* ʌ une voyelle *vague* du type arabe ou hébreu.

Dans l'orthographe régulière, le signe 𓏺 se rencontre au milieu des mots, là seulement où la voyelle qu'il recouvre faisant hiatus avec la voyelle inhérente ou exprimée de la syllabe précédente, il forme ou formait à l'origine une syllabe indépendante de celle-là comme de la syllabe suivante : il se trouve alors dans la situation de l'ʌ de *créʌture, miniʌture*, ou de l'o de *créosote*. Cela était fréquent surtout quand cette syllabe portait l'accent tonique du mot : [hiéroglyphes], par exemple, se décomposait mécaniquement en [hiéroglyphe] + voyelle 𓏺 marquant une voyelle formant syllabe indépendante, ~~~ + voyelle finale qui dut disparaître après l'époque de la ϰοινή. Peut-être, comme on le verra, la lettre inhérente à [hiéroglyphe] étant ʌɪ, déjà tombé au XVIe siècle, la vocalisation contemporaine était ʙâɴᴇ, la forme copte du mot ⲃⲱⲛ *M.* et en thébain avec redoublement de la voyelle, ⲃⲱⲱⲛ, nous ramène à une vocalisation antérieure en *ā* pour ω, ωω copte, suivant la règle que j'ai indiquée plusieurs fois. [hiéroglyphes] était trisyllabique à l'origine, mais la voyelle inhérente au caractère [hiéroglyphe] étant atone tomba en premier lieu et réduisit le mot à la forme ʙâ-ɴᴇ. De même que tous les substantifs et les adjectifs masculins, il avait une terminaison en [hiéroglyphe], ainsi que nous le verrons plus tard, terminaison qui, au second empire thébain, sonnait *ĭ* ou plutôt *ĕ*, comme le prouve la transcription *Amânhaᵗpᴇ̆[ĭ]* de [hiéroglyphes], puis, cette finale tombant à son tour, il se réduisit après avoir été un dissyllabe *bâ + ne*, et enfin qu'un monosyllabe ⲃⲱⲛ *M.* ou en thébain, la réduplication étant orthographique en pareil cas, ⲃⲱⲱⲛ. De même, le verbe [hiéroglyphes], d'où dérive le nom du dieu [hiéroglyphes], est écrit aux anciennes époques [hiéroglyphes] dans les deux cas, et la variante [hiéroglyphes] nous montre que [hiéroglyphe] a ici la valeur sʌ; cet ʌ inhérent à la consonne entrait en hiatus avec le phonème couvert par 𓏺, et la combinaison [hiéroglyphes], qui forme la syllabe du mot, nous prouve que cet 𓏺 couvrait ici une voyelle ᴇ-ʌ. Il fallait donc prononcer sᴀ̆ᴇᴀ̄-sᴀ̆ɪᴀ̄ très probablement; par malheur, nous ne possédons pas le dérivé copte, si bien que nous ne pouvons savoir si, dans la langue dérivée, le 𓏺 n'a pas plus laissé de trace que celui de [hiéroglyphes] ⲃⲱⲱⲛ *T.* ⲃⲱⲛ *M.* Si nous prenons un mot féminin, nous y constaterons le même phénomène. [hiéroglyphes] était lui aussi de trois syllabes [hiéroglyphe] et voyelle inhérente + 𓏺 + ~~~ et terminaison féminine ⲟ, mais la voyelle inhérente au [hiéroglyphe] tomba dans la prononciation, l'o-ω qu'on trouve dans le dérivé copte ⲃⲟⲓⲛⲏ *T.* ⲟⲩⲱⲓⲛⲓ *M.* montre qu'il y avait couvert par ⟨hiéroglyphe⟩ un Á accentué, et la finale ᴀᴛ-ᴇᴛ du féminin complétait le mot derrière ⟨hiéroglyphe⟩, le tout se lisant quelque chose comme ʙᴬɴᴀᴛ-ʙᴬɴᴇᴛ et, par chute du ⟨hiéroglyphe⟩ féminin, ʙᴬɴᴀ-ʙᴬɴÉ. Au passage de l'Á tonique à o-ô, cet o-ô se diphtongua en ᴏɪ-ôɪ sous l'influence de la finale féminine ɪ-ᴇ, aboutissant au copte ⲃⲟⲓⲛⲏ *T.* ⲟⲩⲱⲓⲛⲓ *M.* Ajoutons que sauf erreur du scribe le ⟨hiéroglyphe⟩ de ⟨hiéroglyphes⟩ s'écrit toujours, tandis que celui de ⟨hiéroglyphes⟩ disparaît souvent dans l'écriture, laissant subsister des orthographes telles que ⟨hiéroglyphes⟩, et non seulement il en est de même dans la plupart des mots qui renferment un ⟨hiéroglyphe⟩ médial ; mais beaucoup d'entre eux n'ont jamais marqué dans l'écriture par ⟨hiéroglyphe⟩ ou par un autre signe la voyelle formant hiatus dans le corps du mot avec la voyelle finale du signe précédent, d'où l'on peut conclure que l'introduction de ⟨hiéroglyphe⟩ dans l'orthographe au milieu des mots est un fait secondaire et qui ne se généralisa jamais. Ainsi le mot copte ⲣⲟⲉⲓⲥ *T.* ⲣⲱⲓⲥ *M.* a toujours conservé l'orthographe ⟨hiéroglyphes⟩, de la racine ʀÂꜱ-ⲣⲏⲥ, ou l'ᴀ simple, adhérent au ⟨hiéroglyphe⟩, est conservé dans le mot ⲣ̄ⲁⲕⲟⲩ *T.* : l'orthographe archaïque, celle qui n'écrivait que les signes représentatifs des consonnes, s'est immobilisée et maintenue jusqu'au dernier jour. D'autre part, le verbe ⟨hiéroglyphes⟩ a pris depuis l'époque bubastite une orthographe secondaire ⟨hiéroglyphes⟩, qui entre en variante perpétuelle avec ⟨hiéroglyphes⟩ dans les divers manuscrits du *Livre des Morts*, et qu'il ne faut pas confondre avec le verbe voisin ⟨hiéroglyphes⟩, employé assez fréquemment au *Papyrus Prisse*[1]. La présence en copte du mot ϫⲁⲉⲓⲥ *Akhm.* ϫⲟⲉⲓⲥ *T.* ϭⲟⲉⲓⲥ, ϭⲟⲓ̈ⲥ *M. B.*, qui se rattache à l'une des formes de la racine ⟨hiéroglyphes⟩, nous achève de prouver, ce que nous indiquait déjà l'orthographe, que le mot égyptien ⟨hiéroglyphes⟩, à partir d'une certaine époque, renfermait un hiatus entre la voyelle finale de la première syllabe et la voyelle qui précédait le ⟨hiéroglyphe⟩. Cette époque dut être assez tardive, à en juger par la comparaison des orthographes grecques Φοῖνιξ, Κοῖβις, Πχοῖρις, etc., pour des mots comme ⟨hiéroglyphes⟩, etc. : j'ai indiqué ailleurs[2] que cette introduction de l'ɪ dans le mot devait être attribuée aux temps de la ϰοινή ramesside, et en effet un texte de la XIXᵉ dynastie cité par Sethe[3] donne pour le nom ⟨hiéroglyphes⟩ l'orthographe ⟨hiéroglyphes⟩, ⟨hiéroglyphes⟩, avec ⟨hiéroglyphes⟩ intercalé correspondant à ι du grec dans ϕοι- et la substitution de ⟨hiéroglyphe⟩ ᴇ̆ à ⟨hiéroglyphe⟩ qui explique la terminaison en ι de -ιξ, comme Ousire-ⲟⲩⲥⲓⲣⲉ Osiris, Êse-Isé-ⲏⲥⲉ Isis, Memphe-ⲙ̄ⲫⲉ Memphis, etc. Cette forme nouvelle a passé en démotique, où Spiegelberg en a signalé plusieurs variantes[4]. Toutefois l'orthographe spéciale pour exprimer l'ɪ que ces documents emploient suffit à prouver que cette forme *boïné-baïné* du mot était postérieure à la forme *bonou-bânou* : si, en effet, elle avait été en usage aux temps antérieurs, on rencontrerait l'orthographe ⟨hiéroglyphes⟩, ⟨hiéroglyphes⟩ par un ⟨hiéroglyphe⟩ au lieu de ⟨hiéroglyphes⟩, et cette

---

1. Éd. ɴᴀᴠɪʟʟᴇ, *Glanures*, § 1, dans *Sphinx*, 1912, t. XV, p. 193-200, et ᴅÉᴠᴀᴜᴅ, *Sur le mot saïto-ptolémaique*, ⟨hiéroglyphes⟩, dans la *Zeitschrift*, 1912, t. L, p. 127-128.

2. Voir plus haut, p. 69 du présent volume.

3. ꜱᴇᴛʜᴇ, *Der Name des Phönix*, dans la *Zeitschrift*, 1908, t. XLV, p. 84-85.

4. ꜱᴘɪᴇɢᴇʟʙᴇʀɢ, *Zu dem Namen des Phönix*, dans la *Zeitschrift*, 1909, t. XLVI, p. 142.

orthographe aurait subsisté en démotique, comme celle de ⳕ, ⳝ, même après que le ⳝ de ce mot eut disparu et qu'on eut eu la prononciation ⲁⲱⲛ-ⲏ̅ⲱⲱⲛ. Nous verrons, par la suite, quel parti on peut tirer pour la grammaire de ce fait et des faits analogues : notons seulement en attendant que le signe ⳝ médial, qui marquait parfois en copte la présence de ⲱ et de ⲟⲓ-ⲱⲓ, indique ailleurs celle de ⲉⲓ-ⲓ.

Nous trouvons donc pour ⳝ médial la même variété de correspondances vocaliques que nous avons notée pour ⳝ initial, et j'ajoute qu'il en est de même pour ⳝ post-médial, mais comme la démonstration se compliquerait ici de questions grammaticales pour déterminer si ⳝ est ici radical ou s'il indique une flexion, je la remettrai au moment où je traiterai des flexions. L'examen de ⳝ dans toutes les positions nous amène donc à constater que ce caractère couvre la plupart des différents phonèmes vocaliques, A, E, I (ɪ-ɛɪ), O et OU, ce qui nous laisse aussi incertain de sa valeur réelle qu'au début de l'enquête. Toutefois, nous avons noté déjà qu'en remontant les siècles nous voyons l'o et l'ou aboutir à l'A dans bien des cas; tenant compte de ce fait, ne pouvons-nous pas pousser plus loin la recherche et parvenir à ramener successivement A-E-I à un prototype commun qui représenterait la valeur réelle que les Égyptiens attribuaient au signe ⳝ quand ils l'introduisirent dans leur écriture? Avant de répondre à cette question, il est nécessaire d'examiner quels sons les signes 𓄿 et ꜥ ont pu couvrir en remontant de l'apparition du copte à la XVIII⁰ dynastie.

𓄿 depuis la XVIIIe dynastie jusqu'à l'époque copte.

Certaines considérations que l'on verra plus loin me décident à procéder avec ce signe à l'inverse de ce que je fais pour le signe ⳝ : je commencerai donc l'étude de 𓄿 par la XVIII⁰ dynastie, et je la poursuivrai en descendant vers le copte.

𓄿 initial dans la ϰοινή ramesside échange perpétuellement avec ⳝ ou double ce signe sans que nous puissions voir au moyen des seules variantes graphiques contemporaines lequel des deux termes de l'alternative est l'expression de la réalité. Ainsi l'on trouvera selon les textes [hiéroglyphes] et [hiéroglyphes], [hiéroglyphes] et [hiéroglyphes], [hiéroglyphes] et [hiéroglyphes], [hiéroglyphes] et [hiéroglyphes], [hiéroglyphes] et [hiéroglyphes], [hiéroglyphes] et [hiéroglyphes], et ainsi de suite. En rassemblant les exemples, on remarque que presque partout les orthographes en 𓄿 initial paraissent être des formes archaïques conservées par habitude, mais que les formes en ⳝ semblent être des formes plus modernes. Poussant plus loin l'examen, on s'aperçoit que, si dans quelques cas il y a vraiment substitution de ⳝ à 𓄿, prouvée comme on le verra par des dérivés coptes, dans beaucoup d'autres il y a eu accroissement antérieur d'un ⳝ nouveau à un 𓄿 ancien et par conséquent substitution du complexe ⳝ𓄿 au simple 𓄿 : peut-être sera-t-il possible d'en déterminer le mécanisme. La langue la plus archaïque que nous connaissions par des textes étendus, celle des Pyramides, renferme en effet un assez grand nombre de mots commençant par le groupe ⳝ𓄿, et dont les uns gardent l'équivalent phonétique de ce groupe sous forme de diphtongues jusqu'à l'époque copte, tandis que d'autres se résolvent plus ou moins vite sur un son unique : ainsi ⸢ℎ⸣, ⸢ℎ⸣, ⸢ℎ⸣, ⸢ℎ⸣, ⸢ℎ⸣, ⸢ℎ⸣, etc. La présence de deux signes semble indiquer à l'origine deux sons qui s'assimilent dans certains cas et qui sont alors exprimés tantôt par ⸢ℎ⸣, tantôt par ⸢ℎ⸣ : on a ainsi par la suite ⸢ℎ⸣ et ⸢ℎ⸣, ⸢ℎ⸣ et ⸢ℎ⸣, ⸢ℎ⸣ et ⸢ℎ⸣, etc., ou bien avec ⸢ℎ⸣ seul, ⸢ℎ⸣, ⸢ℎ⸣, etc. Sans insister actuellement plus qu'il ne faut sur ces faits, nous pouvons remarquer que, partout où un ⸢ℎ⸣ simple et parfois un ⸢ℎ⸣ sont demeurés aux basses époques à l'initiale, nous trouvons dans le copte à cette place une voyelle simple, ⸢ℎ⸣ ⲱ-ⲱⲱ, ⸢ℎ⸣ ⲁⲃⲱⲧ-ⲉⲃⲱⲧ, ⸢ℎ⸣ ⲁⲕⲟ T. ⲁⲕⲱ, ⲁⲧⲱ M., ⸢ℎ⸣ ⲉⲗⲟⲟⲗⲉ T. ⲁⲗⲟⲗⲓ M., ⸢ℎ⸣, ⸢ℎ⸣ ⲱⲕⲙ, ⲟⲕⲙ T. ⲟⲕⲉⲙ M., etc., tandis que là où le ⸢ℎ⸣ seul est demeuré on rencontre une diphtongue, ⸢ℎ⸣ ⲉⲓⲱⲧⲉ T. ⲓⲱⲧⲉ T. M. ⲓⲱⳉ M., ⸢ℎ⸣ ⲉⲓⲉⲃⲧ, ⲓⲉⲃⲧ T. M., etc. Cette règle, sans être plus absolue que la plupart des règles orthographiques de l'égyptien, est pourtant assez bien observée par les scribes pour que nous puissions nous en servir dès à présent comme d'une indication. Pour le moment, retenons ce fait que le ⸢ℎ⸣ et le ⸢ℎ⸣ tantôt se combinent l'un avec l'autre dans l'orthographe et représentent chacun un phonème séparé, tantôt se substituent l'un à l'autre et ne représentent plus qu'un phonème unique.

Le ⸢ℎ⸣ ne se rencontre pas à l'initiale dans les mots égyptiens que les textes cunéiformes d'El-Amarna ou d'Assourbanipal nous ont conservés, mais à l'époque gréco-romaine on doit constater que ce signe rend l'A grec et romain de préférence à ⸢ℎ⸣. Dès le début, les noms Ἀλέξανδρος et Ἀρσινόη s'écrivent de préférence dans les textes hiéroglyphiques et presque exclusivement dans les démotiques ⸢ℎ⸣ ou ⸢ℎ⸣ ⸢ℎ⸣ et moins fréquemment ⸢ℎ⸣ ou ⸢ℎ⸣, et, par la suite, dans les contrats, l'orthographe par ⸢ℎ⸣ initial est constante pour les noms de particuliers ou les inscriptions ⸢ℎ⸣ Ἀπολλώνιος, ⸢ℎ⸣ Ἀπολλωνίδης, ⸢ℎ⸣ Ἀρχέλαος, ⸢ℎ⸣ Αἰνέας, ⸢ℎ⸣ Ἀρεία, ⸢ℎ⸣ Ἀπολλόδοτος, etc. Il en est de même à l'époque romaine. En hiéroglyphes le titre Αὐτοκράτωρ s'écrit ⸢ℎ⸣ aussi souvent pour le moins que ⸢ℎ⸣, et les variantes monumentales des noms de César commençant par A ou par o considéré comme résolution de la diphtongue ⲁⲩ, ⸢ℎ⸣ Ὄθωνος, ⸢ℎ⸣ Ἀδριανός, ⸢ℎ⸣ Αὐρήλιος, viennent en bon rang parmi les nombreuses variantes graphiques que les sculpteurs emploient à la décoration des temples, mais les scribes qui écrivent en démotique s'en tiennent presque exclusivement à l'orthographe en ⸢ℎ⸣, ⸢ℎ⸣, ⸢ℎ⸣, etc. Il a même pu arriver, sous les Ptolémées comme sous les Césars, qu'un scribe, rencontrant un nom égyptien sous son vêtement grec, l'ait transcrit par un ⸢ℎ⸣ au lieu de ⸢ℎ⸣ initial, ainsi au *Papyrus Casati* (col. II, l. 5) Ἀμμώνιος rendu 𓅓 quand il avait 𓅓, constatant ainsi, sans y penser, l'équivalence phonétique de 𓅓 et de 𓇋 à son époque. Si on passe au copte, on est forcé d'avouer que, cette équivalence ayant été universelle aux derniers temps de l'écriture égyptienne pour les deux signes à l'initiale, il est impossible d'établir le départ entre les mots qui, commençant alors indifféremment par 𓇋 ou par 𓅓, représenteraient un son propre à ce dernier signe. Tout ce qu'on peut dire, c'est que 𓅓 répond généralement à un ʌ du grec ou du latin.

Employé à l'intérieur des mots, 𓅓 possède presque toujours cette valeur à la même époque, et je ne vois pas qu'il échange avec 𓇋 dans cette position : mais où il ne demeure pas toujours α et ʌ à la tonique dans les transcriptions grecques ou dans le copte, il tourne à l'oʏ-o-ω de même que 𓇋, et, comme celui-ci, il peut répondre à ε-н-ι.

1° 𓅓 tonique médian est ʌ : 𓅓 ⲃⲁⲕ- en composition dans ⲃⲁⲕ-ϣⲁⲁⲣ par exemple, 𓅓, 𓅓, 𓅓, ⲛⲁⲓ, ⲧⲁⲓ, ⲛⲁⲓ, 𓅓 ⲫⲁⲧ *T*. ϥⲁⲧ *M*., 𓅓 ϭⲁⲓ *T. M*., 𓅓 ϩⲁⲓ *T. M*., 𓅓 ⲙⲁϩ dans ⲙⲙⲁϩ *T*., 𓅓 ⲕⲁϩ *T*. ⲕⲁϩⲓ *M*. ⲕⲉϩⲓ *B*., 𓅓 ⲕⲁϣ *T. M*. à côté de ⲕⲉϣ *Akhm*., 𓅓 ⲕⲁ- dans ⲕⲁ-ⲗⲟⲧⲕⲓ *M*. de 𓅓 ⲗⲟⲧⲕⲓ, *taureau coupé bœuf*, et dans Καιεχώς 𓅓, Καμῆφις ou Καμῆτις 𓅓, etc. Je n'ai voulu prendre que des exemples certains, mais il y en a d'autres, et l'ensemble prouve que le cas a été fréquent au passage de l'égyptien vers le copte. De même que le phonème ʌ marqué dans l'écriture par le signe 𓇋, le phonème ʌ répondant en hiéroglyphes au signe 𓅓 tourne à la tonique, d'un côté à ε, н, ι, de l'autre à oʏ, o, ω, et à la syllabe atone à ε, ι.

2° 𓅓 tonique médian répond à ε, н, ι : 𓅓 ⲕⲉϣ *Akhm*. à côté de ⲕⲁϣ *T. M*., 𓅓 ϩⲉⲃⲓ *M*. ϩⲏ̄ⲃⲉ *T*., 𓅓 ϭⲉⲥ *T*. ϭⲓ, ϭⲓ *T. M. B*., par résolution sur ι de la diphtongue ascendante ει, 𓅓 ⲃⲏⲃ *T. M*., 𓅓 ϩⲏⲧ dans ⲕⲁ-ϩⲏⲧ *T*., 𓅓 ϩⲏⲧ *T. B*. ϩⲏⲟⲧ *M*., 𓅓 ϣⲏⲧⲉ, ϣⲏⲟⲧⲉ *T*. ϣⲏⲟⲧⲓ, ϣⲏⲃⲓ *M*., 𓅓 ⲉⲕⲓⲃⲉ, ⲕⲓⲃⲉ *T*. ⲕⲓϭⲓ *M*., etc. Le nombre des cas de ce genre est moins grand que celui des correspondances du signe 𓅓 avec les sons oʏ, o, ω ; naturellement je n'ai pas noté les formes en ε, н, qui sont des qualitatifs des formes en oʏ, o, ω, ⲙⲉϩ *M*. ⲙⲏϩ *T*., oⲧⲉϩ *M*. oⲧⲏϩ *T*., ⲕⲏⲃ, ϩⲏⲛ, etc. : elles ne peuvent servir qu'indirectement, comme nous le verrons, à déterminer la valeur de 𓅓, et par conséquent elles ne doivent pas entrer ici en ligne de compte.

3° 𓅓 tonique médian répond à oʏ, o, ω : 𓅓 ⲙⲟⲧⲓ *T. M*., 𓅓 ⲙⲟⲧϩ *T. B*. ⲙⲟϩ *M*., 𓅓 ⲁⲛⲑⲟⲧⲉ *M*., 𓅓 ϩⲟⲧⲟ *T. M*. ϩⲟⲧⲉ *T. B*. ϩⲟⲧⲁ *B*., 𓅓 ⲧⲟϣ, ⲧⲱϣ *T*. ⲧⲁϣ *B*., ⲑⲟϣ, ⲑⲱϣ *M*., 𓅓 ⲥⲓⲟⲟⲧⲧ, ⲥⲓⲱⲟⲧⲧ *T. M*., 𓅓 ϭⲱⲃⲉ, ϭⲱⲱⲃⲉ *T*., 𓅓 oⲧⲱϩ, oⲧⲁϩ *T. M*., 𓅓 ⲭⲱⲧ

T. M., [hiéroglyphes] ⲕⲱⲃ *T. M.*, [hiéroglyphes] ϭⲱⲙ *T. M.*, [hiéroglyphes] ϫⲱⲙ *T. B.*, [hiéroglyphes] ⲃⲱⲕ *M.*, [hiéroglyphes] ϩⲱⲡ *T. M.*, [hiéroglyphes] ⲥⲧⲱⲧ *T.*, [hiéroglyphes] ⲉϭⲱϣ, ⲉϭⲟⲟϣ *T.* ⲉϭⲱϣ *M.*, en transcription grecque -χοῦσι-, -χοσι-, -χοοσε-, [hiéroglyphe] *dire*, forme ptolémaïque de [hiéroglyphe] ϫⲱ *T. M. B.*, ϫⲟⲩ *Akhm.*, ϫⲟⲟⲩ *T.*, à côté de ϫⲁ-, ϫⲁⲁ- *B.*, ϫⲉ *T. M. B.*, etc. Cette transcription en ⲟⲩ, ⲟ, ⲱ, de [hiéroglyphe] portant l'accent tonique est la plus fréquente. Lorsque le [hiéroglyphe] médian est atone, il peut disparaître au passage de l'égyptien au copte, [hiéroglyphes] ϭⲃⲟⲓ, ϭⲃⲟⲉ *T.* ϫϥⲟⲓ *M.*, [hiéroglyphes] ϩⲣⲏⲣⲉ *T.* ϩⲣⲏⲣⲓ *M.* ϩⲗⲏⲗⲓ *B.*, mais cela n'est pas fréquent jusqu'à présent.

4° [hiéroglyphe] tonique médian formant diphtongue avec [hiéroglyphes], correspond à des diphtongués ⲁⲓ̈ ou ⲟⲓ̈, ⲟⲓ, qui proviennent de AÏ, ÀI, et qui peut se résoudre sur ⲏ, ⲉ, ⲓ, ⲟ, ⲱ : [hiéroglyphes] ÂSHAIT, ⲁϣⲏ *T.*, [hiéroglyphes] ⲉϩⲉ *T. M.*, où la présence de [hiéroglyphe] est prouvée par les pluriels ⲉϩⲛⲟⲩ *M.* et ⲁϩⲁⲩ *B.*, [hiéroglyphes] ⲟⲩϣⲏ, ⲟⲩϣⲉ *T.*, de OUKHAIT, [hiéroglyphes] ⲙⲁⲧⲟⲉⲓ *T.* ⲙⲁⲧⲟⲓ *T. M.* tandis que le bachmourique a la forme originale ⲙⲁⲧⲁⲓ, confirmée par la transcription grecque dans le nom propre Ματάεις et ramenée en memphitique à ⲙⲁⲧⲓ, [hiéroglyphes] ϩⲟⲓ *T.* ⲡ, [hiéroglyphes] ϫⲟⲓ *T. M.* et au pluriel ϫⲏⲧ, ⲉϫⲏⲧ *T.* ⲉϫⲛⲟⲩ *M.*, qui ramène ϫⲟⲓ à un original *ϫⲁⲓ, [hiéroglyphes] qui garde un ⲁ en thébain ⲕⲁⲓ̈ⲉ, mais qui devient ⲕⲟⲓ en memphitique, [hiéroglyphes] forme simple de [hiéroglyphes] ϫⲱ *M.*, qui se résout sur ϫⲱ *T.*, et ainsi de suite. Cette résolution de la diphtongue AI sur ⲟⲓ, ⲱⲓ, puis ⲱ, nous explique le phénomène d'un [hiéroglyphe] égyptien, qui, médian dans la vieille langue, a été remplacé par un ⲱ final en copte, [hiéroglyphes] ϭⲃⲱ *T. M.* pour *ϭⲃⲱⲓ, *ϭⲃⲟⲓ, [hiéroglyphes] ϩⲉϥⲱ, ϩⲃⲱ pour *ϩϥⲟⲓ, *ϩϥⲱⲓ, qui, eux-mêmes, proviendraient de *SBÁI, *SABÁIT, *HAFÁI, *HAFÁIT; je reviendrai ailleurs sur ce phénomène.

Le [hiéroglyphe] médian est employé par les Égyptiens d'époque grecque et romaine pour rendre les ⲁ, ⲉ, ⲏ, ⲟ des étrangers accentués ou non, [hiéroglyphes] Ἀρσινόη, [hiéroglyphes] Φιλωτερα, [hiéroglyphes] Κλεοπάτρα, [hiéroglyphes] Γάϊος, [hiéroglyphes] Καῖσαρος, [hiéroglyphes] Νέρων, etc., avec variantes de [hiéroglyphe] et même de [hiéroglyphe], qui montrent l'équivalence des trois signes sous les Césars, au moins dans les hiéroglyphes, car, en démotique, le [hiéroglyphe] n'échange pas, à ma connaissance, avec [hiéroglyphe] à l'intérieur des mots [hiéroglyphes] Ἀιετός, [hiéroglyphes] Ἀινέας, [hiéroglyphes] Εἰρήνη, [hiéroglyphes] Αὐτοκράτωρ, etc. Aux temps antérieurs, les quelques transcriptions que nous possédons de l'assyrien ou du cananéen donnent pour les syllabes qui renfermaient un [hiéroglyphe] dans l'orthographe égyptienne cet obscurcissement progressif de ⲁ en ⲟⲩ que j'ai signalé ailleurs. Ainsi la transcription cananéenne de [hiéroglyphes] est KAsha dans El-Amarna au XV° ou XIV° siècle, tandis qu'au VII° les transcriptions assyriennes d'Assourbanipal fournissent *Kousi, Koutsou, Koushou*, qui correspondent aux transcriptions grecques Πε-χῦσις, Τε-χῦσις; de la même manière, le [hiéroglyphes] de [hiéroglyphes]

13

où la présence de est rendue certaine par les variantes de est chez Assourbanipal *Boukkourninip*, accentué ou non a déjà ou dans *Kouihkou*, dans *zabnakou*, dans *Hikouphtah*, dans *Akou-nou*, à la XVIIIe dynastie, et un mot comme renferme à la fois pour la valeur A et la valeur E résultant de la diphtongaison de A avec \\ I-E, sans compter à la finale la valeur OU, I, que nous examinerons plus loin. Il résulte de plusieurs de ces exemples que, sous le second empire thébain, le mouvement qui transforma A en ou était déjà commencé dans certains mots : ainsi du nom propre est rendu *Pakhoura* ou, par assimilation vocalique des deux voyelles atones à l'accentuée, *Poukhourou*, avec la variante *Pikhoura*. D'autre part, nous voyons encore sous Assourbanipal des formes comme *Siγaoutou*, *SAiya*, *HAttikhourou*, *PAkrourou*, *PAtouréshi*, pour , , , , à côté de , , qui sont transcrits *Pishankhourou*, *Poutoubeshti* : *Pishankhourou* s'explique par une variante , prononcée successivement **PAishanhourou*, **PEishanhourou*, *Pishanhourou* et *Poutoubeshti*, au lieu de *PEtoubeshti* par assimilation de A-E dans avec ou de oubeshtit. Quelle que soit la raison de la modification, les exemples cités prouvent que le mouvement s'est opéré d'après des lois faciles à reconnaître, mais pendant une longue période de temps et d'une façon assez sporadique, au moins en apparence. La variante vocalique Νεχάω, Νεγάω, à côté de *Nikou*-Νεκώς pour , nous montre peut-être comment on est arrivé de la prononciation KA à KOU : KA modifié par glissement d'un ou sous l'influence de l'ou final s'est diphtongué d'abord avec lui, KAOU, et la diphtongue s'est résolue sur ou-ô, *Nikou*-Νεκώς. Les transcriptions assyriennes semblent indiquer que c'est l'influence de la gutturale *ꜣ* qui a amené ce résultat en premier lieu, mais le phénomène s'est généralisé par la suite. La transcription grecque Αμ̱ῦνε, pour le nom de la déesse , montre, pour le masculin , une transition *Amânou*-**Amaounou*-Ⲁⲙⲟⲩⲛ-Ἄμμων, analogue à *Nekhao*-*Nekhô*.

Le s'amuit généralement à la finale et ne subsiste que dans les monosyllabes où il porte l'accent. Le procédé d'amuissement est le suivant pour les atones : un E-ε se substitue à , puis cet ε disparaît et la consonne qui le supportait reste nue. Ainsi on a pour le pronom-article et ses formes le schème de dégradation suivant : devient ⲛⲉ et le ε s'amuissant ⲛ comme article simple, mais il garde la valeur pleine de dans ⲫⲁⲓ *M.* ⲡⲁⲓ *T.*, puis le thébain et les dialectes de la Moyenne Égypte affaiblissent ⲁ en ⲉ, ⲡⲉⲓ *T. B.*, et le thébain résout la diphtongue ⲉⲓ sur ⲓ, ⲡⲓ *T.* pour le pronom démonstratif masculin du singulier qui signifie *celui-ci*, mais dans le sens de *celui-là*, le copte dit ⲫⲏ *M.* ⲡⲏ *T. B.*, qui est produit par diphtongaison des deux voyelles A+I de et résolution de la diphtongue sur ⲏ. Comme pronom possessif absolu, suivi des suffixes des personnes a transformé son A en ô ⲫⲱ- *M.* ⲡⲱ- *T. B.*, mais comme préfixe possessif il garde le phonème ⲁ primitif de [hiéroglyphes], comme dans ⲡⲁ-ⲡⲛⲟⲩⲧⲉ *T.* ⲫⲁ-ⲡⲛⲟⲩⲧⲉ *M.* Enfin, en tant qu'article possessif joint aux suffixes des personnes [hiéroglyphes] développé en [hiéroglyphes], ainsi que nous le verrons ailleurs, se vocalise de trois façons différentes : à la première personne répondant à un antique [hiéroglyphes] ⲡⲁⲓ-ⲓ, ⲡⲁⲩ-ⲓ, ⲡⲁⲓ, il se résout sur ⲡⲁ- selon la règle que j'ai formulée ailleurs, et la chute finale de -ⲓ-ⲓ, -ⲓ met à nu l'antique vocalisation en ⲁ qui est ainsi conservée, tandis qu'à la seconde personne du singulier féminin [hiéroglyphes] il devient ⲡⲟⲩ par amuissement de la dentale finale, ⲡⲁⲓ-ⲉ par obscurcissement de ⲁ en ⲟⲩ et résorption successive des deux voyelles *ⲡⲟⲩⲓ-ⲉ, *ⲡⲟⲩⲓ-ⲡⲟⲩ[1]; enfin, à toutes les autres personnes du singulier et du pluriel, les sons ⲁ+ⲓ de [hiéroglyphes]- se diphtonguent en ⲁⲓ, et la diphtongue se résout sur ⲉ-ⲉ, ⲡⲉⲕ, ⲡⲉⲥ, etc. La même série de phénomènes se représente pour les formes du féminin et pour celles du pluriel, ⲧⲉ-, ⲧ- *T.* ϯ-, ⲧ-, ⲑ- *M.* et ⲛⲉ-, ⲛ- *T.*, ⲧⲓ *M. B.*, ⲧⲁⲓ, ⲧⲉⲓ, ϯ *T. B.*, ⲑⲁⲓ, ⲧⲁⲓ *M.* et ⲛⲁⲓ, ⲛⲉⲓ *T. M. B.*, ⲧⲏ *T. B.* ⲑⲏ *M.* et ⲛⲏ *T. M. B.*, ⲧⲱ- *T. B.* ⲑⲱ- *M.* et ⲡⲟⲩ *T. M. B.*, enfin ⲧⲁ- *T. M. B.* et ⲛⲁ- *T. M. B.* Le [hiéroglyphe] final s'est donc amui pour l'article de tous les dialectes dans de certaines positions, et la consonne-support est demeurée seule ⲡ-ⲫ-, ⲧ-ⲑ-, ⲛ-. Le même amuissement s'est produit pour [hiéroglyphes], devenu atone dans le complexe [hiéroglyphes], ⲉⲓⲟⲣⲙ, ⲉⲓⲱⲣⲙ *T.* ⲓⲟⲣⲉⲙ *M.* ⲓⲁⲣⲉⲙ *B.*, et dans beaucoup de mots où [hiéroglyphe] se trouvait comme signe à la syllabe atone, [hiéroglyphes] ⲁⲏⲃ, [hiéroglyphes] ⲭⲱⲝ, [hiéroglyphes] ⲟⲩⲱϣ *T. M.* ⲟⲩⲁϣ *T. M. B.*, [hiéroglyphes] ⲟⲩⲟⲝ *T. M.*, etc., mais, lorsque le [hiéroglyphe] final portait un accent, il suit en transcription copte les mêmes modifications phonétiques que nous avons observées pour les autres positions dans le mot, [hiéroglyphes] ⲣⲟⲩϩⲉ *T.*, ⲣⲟⲩϩⲓ *M.*, [hiéroglyphes] ⲥϩⲉ *T. M.* ⲥϩⲏ *B.*, [hiéroglyphes] ϭⲁ *T.*, sauf la modification régulière en ⲟ, ⲱ.

Remontant au delà du copte, on remarque au *Papyrus gnostique* les transcriptions ⲃⲟ pour [hiéroglyphes] et [hiéroglyphes], qui nous offrent le [hiéroglyphe] final répondant à ⲟ, mais, passant rapidement sur des cas de ce genre qui sont conformes de tous points à ce que j'ai montré jusqu'à présent de la phonétique égyptienne, j'arrive à une question de grande importance. Les noms sémitiques transportés en égyptien depuis la XVIIIᵉ dynastie offrent en grand nombre cette particularité d'avoir à la finale dans leur transcription hiéroglyphique un signe qui renferme une voyelle inhérente ou qui est l'indice ordinaire d'un son-voyelle, là où l'original hébreu ne présente point de voyelle finale, [hiéroglyphes], etc., ou, comme chez Shashanq [hiéroglyphes], etc., pour עֵמֶק, רַבַּת, נֶגֶב, מְעַיִם, הַפָרִים, שָׁרוֹן, עַיִן, ce dernier précédé de l'article égyptien. On pourrait appliquer à ces cas la théorie de Le Page-Renouf[2] d'après laquelle l'égyptien avait un syllabaire à voyelles inhérentes; ⲱⲱⲱ, ⲟ, [hiéroglyphe] ou [hiéroglyphe] ayant une voyelle ⲁ, ⲟⲩ, ⲓ, at-

---

tachée à leur prononciation sans qu'il fût besoin de la marquer par un signe spécial, les scribes, écrivant l'un des mots cités ci-dessus, ne pouvaient faire autrement que d'en écrire la finale au moyen d'un caractère impliquant une voyelle prononcée à l'ordinaire, et c'est cette voyelle qu'ils auraient par la suite notée par un des signes dont ils se servaient couramment dans leur propre langue pour indiquer des sons-voyelles. Cette explication trop ingénieuse a l'inconvénient de ne pas expliquer pourquoi, dans certains cas, ils ont mis, à ⌇ par exemple, une terminaison en 𓅪, ○𓅪, et, dans d'autres cas, une terminaison en 𓅀, 𓅀. Il vaut mieux se rappeler que le babylonien, dont la langue et l'écriture étaient une sorte de bien commun aux nations situées d'une manière générale entre le plateau de l'Iran ou de la Méditerranée avaient pour la plupart des noms propres ou communs une déclinaison à trois cas : -ou pour le nominatif, -i pour le génitif, -a pour l'accusatif, avec ou sans mimmation : les scribes babyloniens et leurs élèves les scribes cananéens écrivaient donc, selon les espèces, les noms égyptiens *A-ma*-NOU-OUM, *A-ma-a*-NOU, *A-ma*-NA, *Aman-ap*-PA, *Aman-ap*-PI, *Ka*-ŠI, *Ka*-ŠA, *Pou-khou*-ROU, *Pi-khou*-RA, etc. Les scribes égyptiens, de leur côté, entendant les noms étrangers prononcés diversement à la finale et ne possédant pas de déclinaison analogue à celle des dialectes sémitiques, transcrivaient ces noms en leur écriture avec l'indication de la voyelle du cas auquel ils les avaient entendu prononcer, et, l'habitude une fois prise de les noter avec cette voyelle, ils la perpétuèrent par routine jusqu'au temps des Ptolémées. Le signe-voyelle 𓅀 placé à la fin d'un nom sémitique transcrit marque donc la place d'une voyelle prononcée et qui correspondait à l'une des voyelles servant à rendre les cas en babylonien ou en cananéen, et on peut arriver à en fixer la valeur par approximation : 𓅪 ayant, comme nous le verrons, la fonction de noter les phonèmes sémitiques tournant autour de ou et \\, 𓏺𓏺 final ceux qui dépendent de I, 𓅀 sera l'équivalent de A et de ses nuances ordinaires, ou et E, et nous avons déjà vu des exemples de ces valeurs en ou dans 𓊪𓏤𓅪 *Akoun*ou et 𓈎𓏤𓈗 *Kouihk*ou.

Les transcriptions des noms géographiques de la Palestine, et celles des noms communs venus de ce pays, qui renferment un 𓅀, montrent en effet à toutes les places un A ou un E et ou-o dérivés d'un A. On aura donc : 𓈙𓅀 *Sa*rouna, שָׂרוֹן, 𓈎𓅀 קָנֶה, 𓎡𓈖𓂋𓏏 כִּנֶּרֶת, 𓏏𓅀𓂝𓈖𓂓 תַּעֲנָךְ, 𓈖𓎼𓃀 נֶגֶב, 𓈙𓈙𓄿𓂧𓂋𓅓 שֶׁמֶשׁ־אֲדֹם, 𓇋𓏏𓊪𓅱 יָפוֹ ז᾽ππα, 𓎼𓂋 גְּרָר, *Gar*ga*mish*, כַּרְכְּמִישׁ, 𓈙𓂧𓈎𓈎 כְּפַר, 𓅓𓂝𓎛𓂋 מַהֵר, 𓈎𓂋𓎡𓃀𓏏 מֶרְכָּבָה, מֶרְכֶּבֶת, צֹר, etc.; les exemples abondent. On remarquera toutefois que là où l'hébreu ou une autre langue donnent des É ou des O pour équivalents à des A, l'assyrien ou une autre langue fournissent un A, ce qui permet de rétablir l'A dans la vocalisation cananéenne antérieure, et par conséquent de conclure que le signe 𓅀 répondait à un A dans les transcriptions de la XVIIIe dynastie. Si en effet l'hébreu met שֶׁמֶשׁ en présence de 𓈙𓈙, le cananéen d'El-Amarna et l'assyrien donnent *Šamaš*; on a de même *Gargamish* en assyrien à côté

de *Karkémish* en hébreu, celui-ci juxtaposant les deux valeurs ε et ᴀ ; le latin a connu
la prononciation archaïque *Sarra* par un ᴀ à côté de la prononciation plus récente par
un ᴏᴜ qu'ont notée l'assyrien, l'hébreu et le grec, *Sour-rou*, צוֹר, צֹר, Τύρος ; l'hébreu a
conservé pour ⸗, ⸗ le son ᴀ, *Iâpho*, quand le grec a obscurci l'ᴀ en ᴏ,
Ἰόππη, et ainsi de suite. On en arrive donc à conclure pour ⸗ comme pour ⸗ que les
valeurs vocaliques diverses, ᴀ, ε, ʜ, ɪ, ᴏ, ω, ᴏᴦ, qu'on trouve dans les transcriptions là
où il se trouvait dans les hiéroglyphes, ont été produites pour l'évolution naturelle du
langage et peuvent fort bien varier selon les époques, sans que le signe ait besoin de
changer : l'orthographe conservait celui-ci par routine à travers toutes les modifications du phonème. De plus ces équivalents diminuent en nombre à mesure qu'on remonte dans le temps, et la plupart d'entre eux se ramènent au son ᴀ vers la XVIIIᵉ dynastie. S'y ramèneraient-ils tous si nous pouvions remonter au delà ? Avant d'aborder
cette question, il sera utile de faire pour ⸗ ce que nous avons fait pour ⸗, c'est-à-
dire d'attendre que nous ayons examiné ce que c'est que ⸗ et que nous ayons conduit l'examen jusqu'au XVIᵉ siècle avant notre ère.

⸗ depuis l'époque copte jusqu'à la XVIIIe dynastie.

Les premiers égyptologues n'ont guère distingué le son attaché au ⸗, ▽, de
ceux qu'ils attribuaient à ⸗ et ⸗, et c'est seulement peu à peu qu'ils ont dégagé des
comparaisons des transcriptions hiéroglyphiques avec leurs originaux sémitiques une
valeur de ⸗ pouvant rendre approximativement celle de ע ou de ع en hébreu ou en
arabe. E. de Rougé avait bien résumé, dans son *Mémoire sur l'origine égyptienne de
l'alphabet phénicien*[1], les résultats auxquels l'avaient conduit ces travaux : « Il n'y a
» absolument rien dans la langue égyptienne qui puisse nous engager à supposer l'exis-
» tence d'une aspiration gutturale analogue au ע des Sémites. Les Coptes, qui ont con-
» servé si scrupuleusement toutes les lettres égyptiennes propres à écrire les nuances
» de prononciation que l'alphabet grec ne leur fournissait pas, ne possèdent, outre les
» voyelles fixes, aucune autre aspiration que le ϩ = ח, ה et le ϣ = ח. Il est cependant
» remarquable que la Bible ait employé fréquemment le ע dans la transcription des
» mots égyptiens; c'est toujours au bras ⸗ que correspond alors cet ע de la Bible....
» Il est extrêmement probable que les syllabes écrites en égyptien avec le bras ⸗
» avaient une prononciation emphatique que les Hébreux ont indiquée en se servant
» du ע. » Rougé cite ensuite divers exemples de transcriptions égyptiennes des mots
hébreux, puis il ajoute : « Si nous groupons les renseignements groupés par tous ces
» mots, nous trouvons que les Égyptiens ont traité le ע de plusieurs façons; quelque-
» fois ils l'ont supprimé et n'ont écrit que la voyelle; quelquefois ils l'ont changé en
» aspiration; souvent ils l'ont écrit par leur voyelle emphatique ⸗; enfin, quand on
» a recherché une approximation plus exacte, on l'a transcrit par le sigle du mot ⸗.
» Tout ceci nous amène aux mêmes conclusions que l'étude de la langue copte, à savoir,

---

1. P. 93 sqq.

» que les Égyptiens n'avaient rien qui correspondît exactement à cette articulation,
» qui paraît d'ailleurs tout à fait spéciale aux familles sémitiques. » Ce fut l'opinion à
peu près unanime de l'école égyptologique entière pendant une trentaine d'années,
puis l'école de Berlin, poursuivant son entreprise de sémitisation complète de l'égyptien, poussa plus loin l'identification de ⸗ avec *v*. Son opinion moyenne, autant
qu'on en peut juger par la troisième édition de la grammaire d'Erman, est que « ⸗
» ʿ répond étymologiquement au *v* sémitique, [hiéroglyphes] *ḏbʿ* « doigt », אֶצְבַּע, [hiéroglyphe] *ʿjn*
» « œil », עַיִן. Accessoirement il n'est que le résidu d'un ר, comme c'est certainement le
» cas pour [hiéroglyphes] *jʿḥ* « lune », יָרֵחַ. — Les Égyptiens l'employèrent aussi sous le
» Nouvel Empire pour rendre *v* dans les mots étrangers, et les Hébreux ou les
» Araméens de l'époque persane rendent toujours le ⸗ égyptien par *v*; au con-
» traire, l'écriture cunéiforme, qui ne possède point de *v*, ou ne rend point le
» ⸗, ou le marque exceptionnellement par *ḫ*. — En copte, il n'est plus visible
» dans l'écriture, mais il est encore compté comme une consonne pleine dans la for-
» mation de mots nombreux (ⲱⲛϩ *ʿnḫ*, ϣⲱⲱⲧ *šʿd*, ⲛⲱⲱⲛⲉ *pnʿ* sont des verbes de trois
» consonnes), ou bien il exerce encore une influence sur la forme du mot[1]. » L'opinion
que ⸗ pouvait être un *v* véritable n'a pas été admise universellement, tant s'en faut,
et dernièrement encore M. Montet la combattait vigoureusement dans le *Sphinx*[2].
Pour moi, ⸗ est un caractère d'une nature spéciale répondant à un son qui sembla
difficile à rendre dès le début, si bien qu'on essaya d'en préciser la valeur par un ensemble de sons. En effet, nous verrons plus loin qu'aux époques anciennes, il échange
souvent dans des mots très usités avec le groupe [hiéroglyphes] : des formes comme [hiéroglyphes]
[hiéroglyphe], rapprochées de formes comme [hiéroglyphes], nous suggèrent l'idée que dans l'orthographe habituelle [hiéroglyphes], le ⸗ est une sorte de syllabique dont l'équivalent serait
[hiéroglyphes], et les variantes telles que [hiéroglyphes], [hiéroglyphes] de [hiéroglyphes], ainsi que d'autres que
j'aurai l'occasion de relever plus loin pour l'âge memphite comme pour les transcrip-
tions sémitiques du temps de Shashanq, prouvent assez nettement cette nature de ⸗.
Toutefois, il est non moins bien prouvé, par d'autres variantes, que cette orthographe
[hiéroglyphes] ne répondait pas entièrement à la prononciation de ⸗, et que l'orthographe [hiéroglyphes]
[hiéroglyphes] pour [hiéroglyphes], comme au XVIIe siècle de notre ère la transcription française
Aali pour *Ali*, n'est qu'un pis-aller pour marquer une prononciation particulière qui,
dans les noms sémitiques, exprime ce phonème *v*-ʿ sans pourtant le couvrir tout à fait :
⸗ n'est donc pas, à proprement parler, un signe syllabique, mais c'est une orthographe
approchée pour rendre un son égyptien un peu étrange, et un son étranger analogue
que l'égyptien n'avait pas[3]. Reprenons donc les faits à notre tour et voyons les conclusions qu'on peut tirer d'eux.

 I. *A quoi répondent* ⸗ *ou ses homophones dans le copte?* — On y trouve,

---

1. Erman, *Ægyptische Grammatik*, 3e édit., § 101, p. 60-61.

2. Montet, *Questions de Grammaire*, dans *Sphinx*, 1915, t. XIX, p. 3-8.

3. Une conversation que j'ai eue avec M. Loret, pendant les congés de Pâques 1916, m'a fait croire qu'il a
sur la valeur de ⸗ des idées analogues aux miennes, mais plus absolues : pour lui, ⸗ m'a paru être
un syllabique véritable (*26 avril 1916*).

comme pour le ⳁ et pour le 𓄿, tous les sons de l'alphabet grec en face du ▭ hiéroglyphique.

1° ▭ répond à ⲁ au commencement des mots suivants : 𓄿, ⲁϥ,
ⲁⲁϥ, ⲁⲃ *T. M.*, ⳁ ⲡⲓⲣⲉ, ⲁⲛϩ, ⲁⲛⲁϩ *T. B.*, et *jurer*, ⲁⲛⲁϣ *T. M.* ⲁⲛⲏϣ *B.*, ⲁⲗⲉ *T.* ⲁⲗⲏⲓ *M.* au factitif ⲧ-ⲁⲗⲉ, ⲧ-ⲁⲗⲟ *T. M.* ⲧ-ⲁⲗⲁ *B.*, ⲁⲗⲕⲉ *T.*,
ⲁϩⲉ *T.* et au factitif ⲧ-ⲁϩⲉ, ⲧ-ⲁϩⲟ *T. M.* ⲧ-ⲁϩⲁ *T. B.*, à côté de ⲱϩⲉ *T. Akhm.* ⲱϩⲓ *M. B.*,
ⲁϩⲉ *T.* ⲁϩⲓ *M.*, ⲁϣ *T.*, ⲁϣⲉ *T. M.* ⲁϣⲓ *M.*, ⲁϣⲁⲓ *T. M.*
ⲁϣⲁⲓ *Akhm. B.*, ⲁϣⲏ *T.*, ⲁⲓⲁⲓ *T. M.* ⲁⲓⲉⲉⲓ *B.* ⲁⲓⲉⲧ *Akhm.* et dans
le dérivé ⲁⲉⲓⲏ *T.* ⲁⲉⲓⲥ *Akhm.*, ⲁⲛⲍⲏⲃ *M.*, ⲁⲛⲍⲏⲃⲉ, ⲁⲛⲍⲏⲃⲉ *T.*,
ⲁⲣϣⲁⲛ *T.* ⲁⲣϣⲓⲛ *T. M.*, ⲁⲛ *Akhm. B.*,
ⲁⲛⲟⲛⲓ *M.*, ⲁⲥⲟⲗⲧⲉ *T.*, ⲁⲕⲉⲥ, ⲁⲕⲏⲥ *T. M.*,
ⲁⲙⲉ *M.*, ⲁⲗ *T. M.*, ⲁⲗⲱⲟⲩⲓ *M.*, ⲁϣⲉⲙ *M.*,
ⲁϣⲱⲙ, ⲁϣⲉⲙ *M.* ⲁϩⲱⲙ *T.*, etc. Il correspond également à ⲁ au milieu et à la fin des
mots dans ⲟⲩⲁ, ⲟⲩⲁⲁ- *T.*, ⲟⲩⲁ *T.*, ⲟⲩⲁⲁⲃ *T.* ⲟⲩⲁⲃ *M.* ⲟⲩⲁⲃⲉ *Akhm.*,
ⲙⲁϩⲉ, ⲙⲁⲁϩⲉ *Akhm.* ⲙⲁⲁϣⲓ *B.*, à côté de ⲙⲟⲟϣⲉ *T.* ⲙⲟϣⲓ *M.*,
ⲙⲁⲁⲃ *T.* ⲙⲁⲃ *Akhm.* ⲙⲁⲛ *M.*, [ⲕⲁⲗⲁⲛ]-ⲕⲁϩ *M.*, ⲙϩⲁⲁⲧ *T.* ⲙϩⲁⲧ *M.*,
ⲙⲁⲧⲟⲓ *T. M.*, ⲭⲁⲁⲛⲉ *T.*, ⲭⲁⲛⲓ, ⲭⲁⲛⲏ *M.*, ⲁⲙⲉ *Akhm.*,
à côté de ⲟⲙⲉ, ⲟⲟⲙⲉ *T.* ⲟⲙⲓ *M.*, ⲉϩⲛⲁ- *T.*, ϣⲁ *T.* ϣⲁⲓ *M.*, etc. Enfin le verbe
ⳁ présente les formes ⲉⲓⲁ, ⲓⲁ *T.* ⲓⲁ *M. Akhm.*, à côté des formes ⲉⲓⲱ, ⲓⲱ, tant à
l'état absolu qu'en composition, ⲉⲓⲁ-ⲣⲁⲧ, ⲉⲓⲁ-ⲧⲟⲟⲧ *T.* ⲓⲁⲣⲁⲧ, ⲓⲁⲧⲟⲧ *M.* ⲓⲁⲧⲱⲧ *Akhm.* Le
signe hiéroglyphique ▭, qui se rencontre dans le mot égyptien, y est à la place
même où se trouve le phonème copte ⲁ.

2° ▭, répondant à ⲉ, ⲏ, à l'initiale, à la médiale ou à la finale des mots, est assez
peu fréquent en copte : ⲏⲓ *T. Akhm. M. B.*, ⲏⲓ *M.*, *une paire*, ϩⲏⲏⲛⲉ *T.*
et les formes voisines ϩⲏⲛⲡⲉ *M.*, ϩⲏⲏⲛⲉ *T.* et ϩⲏⲛⲧⲉ *T.*, ⲟⲩⲉⲣⲏⲧⲉ *T.* ⲟⲩⲉⲣⲏϯ *B.*,
ⲙⲉ *T.* ⲙⲏⲓ *M.* ⲙⲉⲉⲓ *B.*, ⲙⲏ *T. M.*, ⲣⲏ *T. M.* ⲣⲉ *B.*, à côté de
ⲣⲓ *Akhm.*, ⲧⲏⲧ *T. Akhm.* ⲑⲏⲟⲧ *M.*, [ⲕⲉⲗⲉ-ⲡ]-ⲕⲉϩ *T.*,
ⲭⲱⲙⲉ, ⲭⲱⲱⲙⲉ *T.*, ⲟⲟⲙⲉ, ⲟⲙⲉ *T.* ⲁⲙⲉ *Akhm.* à côté de ⲟⲙⲓ *M.*,
ⲧⲏⲏⲃⲉ, ⲧⲏⲃⲉ *T.* ⲑⲏⲃ, ⲧⲏⲃ, ⲧⲉⲃ *M.* Je n'ai pas tenu compte ici des qualitatifs en
ⲏ ou en ⲉ, qui se rattachent à des états absolus en ⲱ, ⲟⲩ, etc., provenant de ⲁ selon la
loi que j'ai déjà indiquée plus d'une fois, ϩⲏⲕ *T.* ⳃⲏⲕ *M.*, qualitatif de ϩⲱⲕ, ϩⲱⲱⲕ *T.*
ⳃⲱⲕ *M.* de ▭ ; il y a là l'application d'ailleurs assez rare d'une règle de grammaire,
et ces exemples ne peuvent pas nous servir directement pour déterminer la valeur
originale du signe ▭.

3º Le copte présente rarement une valeur ι, ει, à l'endroit où le mot hiéroglyphique original montre un ⸏. Voici pourtant quelques exemples : [hiéroglyphes] ειϣε *T.* ειϣι, ιϣι *M.* ειϧε *Akhm.*, à côté de [hiéroglyphes] αϣ *T. M.* εϣ *B.* et [hiéroglyphes] αϣε *T.* αϣι *M.*, [hiéroglyphes] ειμε, ιμε *T.* ειμι *M.* ιμι *B.*, à côté de εμι *B.* et du factitif ⲧ-αμο *T. M.* ⲧ-αμα *B.*, ⲧ-αμοⲩ *M.*, ⲧ-αμε *T. M. B.*, de [hiéroglyphes] [hiéroglyphes] ειμε, ιμε *T.* ιμι *M.*, ⲣι *Akhm.*, de [hiéroglyphe], à côté de ⲣⲏ *M. T.* ⲣε *B.*, ⲟⲩειⲛⲉ *Akhm.*, de [hiéroglyphes], à côté de ⲟⲩⲁⲁϧ *T.*, et ainsi de suite.

4º Les phonèmes coptes qui correspondent le plus fréquemment à un ⸏ hiéroglyphique sont ⲟⲩ, ⲟ, ⲱ : [hiéroglyphes] -ⲟ au féminin -ⲱ dans ϧⲗⲗⲟ ⲛ *T.* ϧⲗⲗⲟ *Akhm.*, ϧⲉⲗⲗⲁ *B.*, ϣⲉⲗⲗⲟ ⲛⲓ *M.* ϧⲉⲗⲗⲱ ⲧⲉ *T.* ϣⲉⲗⲗⲱ ✝ *M.* de [hiéroglyphes] ⲣⲣⲟ, ⲉⲣⲣⲟ *T.* ⲣⲣⲟ *Akhm.* ⲟⲩⲣⲟ *M.*, à côté de ⲣ̄ⲣⲁ, ⲉⲣⲣⲁ *B.*, au féminin ⲣ̄ⲣⲱ ⲧ *T.* ⲟⲩⲣⲱ ✝ *M.* de [hiéroglyphes] [hiéroglyphes] ⲣ̄ⲙⲙⲁⲟ *T.* ⲣⲁⲙⲁⲟ *M.* à côté de ⲗⲉⲙⲉⲁ *B.* de [hiéroglyphes] ειⲉⲣⲟ *T.* ιⲉⲣⲟ *T.* *Akhm.*, ιⲁⲣⲟ, ιⲁⲣⲱ *M.* ιⲉⲣⲣⲟ *B.* de [hiéroglyphes] ϧⲣⲟⲧⲟ, ϧⲣⲟⲧⲱ *T.* ϣⲉⲣⲟⲧⲱ *M.* de [hiéroglyphes], tandis que, dans la forme en ⲛⲁ préfixe, il reste ⲁⲁ, ⲛⲁⲁ- *T. M.*, ainsi que dans la forme redoublée, ⲁⲓⲁⲓ *T. M.* ⲁⲓⲉⲉⲓ *B.*; [hiéroglyphes] ⲟⲛ *T. M.* à côté de ⲁⲛ *B.* [hiéroglyphes] ⲱⲛϧ, ⲟⲛϧ, ⲱⲛⲁϧ, ⲟⲛⲁϧ *T. B.*, ⲱⲛϧ *Akhm.*, ⲱⲛϣ, ⲟⲛϣ *M.*, ⲱⲱⲛϧ, ⲁⲁⲛϧ et ⲱⲛϣ *T. M.* ⲱⲱⲛϣ *Acta Pauli*, à côté de ⲁⲛϧ, ⲁⲛⲁϧ *T. B.*, ⲁⲁⲛϧ, ⲁⲁⲛϣ *Acta Pauli*, [hiéroglyphes] ⲱⲧ *T. M. B.*, [hiéroglyphes] ⲱⲣϥ, ⲟⲣϥ *M.* ⲱⲣⲉϧ, ⲟⲣϧ *T.*, [hiéroglyphes] ⲱϧⲉ *T. Akhm.* ⲱϧⲓ *B.* ⲟϧⲓ *M.*, à côté de ⲁϧⲉ *T.*, [hiéroglyphes] ⲟⲩϣⲁ *T.* ⲱϣⲉⲙ *M.* ⲟⲩϣⲁ *T. M.*, [hiéroglyphes] ⲱϣ *T. M. Akhm.* ⲉϣ *T.*, [hiéroglyphes] ⲟⲉⲓⲕ *T.* ⲱⲓⲕ *M.* à côté de ⲁⲓⲕ, ⲁⲓⲉⲕ *B.*, [hiéroglyphes] ⲱⲕ *M.* dans ⲱⲕ-ⲛ-ϧⲏⲧ, à côté de ⲁⲓⲉⲕ *T.* ⲁⲓⲕ *M.*; *dedicatio templi*, c'est-à-dire la cérémonie d'*entrer* dans un temple pour la première fois, [hiéroglyphes] ⲟⲩϥ *T.* ⲱϧ *M.*, [hiéroglyphes] ⲟⲙⲉ, ⲟⲟⲙⲉ *T.* ⲟⲙⲓ *M.*, à côté de ⲁⲙⲉ *Akhm.*, [hiéroglyphes] ⲟⲝ, ⲱⲝ *T.*, etc. J'ai déjà dit que, à côté de ειⲁ, ιⲁ *T.* ιⲁ *M. Akhm.*, d'antique [hiéroglyphes] a produit ειⲱ, ιⲱ *T.* ιⲱ *M.*, avec ⸏ équivalant à ⲱ. De même, [hiéroglyphes] a produit ιⲟϧ *M.* ⲟⲟϧ *T.*, où le ⸏ répond à ⲟ et ⲟⲟ; j'aurai l'occasion de revenir sur ces formes. Notons toutefois qu'on a la variante [hiéroglyphes] pour le nom du dieu Lune à une époque où [hiéroglyphe] et ⸏ sont devenus presque homophones, ce qui expliquerait la forme thébaine ⲟⲟϧ à côté du memphitique ιⲟϧ qui correspond exactement à [hiéroglyphes]. On remarquera que, dans la plupart des cas, les phonèmes ⲟ, ⲱ, ⲟⲩ du thébain ou du memphitique se trouvent en présence d'un ⲁ dans les dialectes qui ont conservé plus de traces d'archaïsme, tels que l'akhmimique ou cet ensemble de parlers que je désigne, faute de mieux, sous le nom traditionnel de bachmourique. Il y a donc chance pour que les ⲟ, ⲱ, ⲟⲩ, répondant à un ⸏ de l'écriture hiéroglyphique, se laissent ramener à un ⲁ du vieil égyptien, comme il arrive pour les ⲟ, ⲱ, ⲟⲩ, répondant à un [hiéroglyphe] ou à un [hiéroglyphe], et l'examen des transcriptions assyriennes ou cananéennes nous amènera aux mêmes conclusions.

En résumé, le copte a toujours employé pour rendre ⸏ les mêmes sons-voyelles qui lui servirent à exprimer le [hiéroglyphe] et le [hiéroglyphe] des mots hiéroglyphiques. Il n'avait pas le son du ⲃ-ⲅ, car s'il l'avait eu, il n'aurait pas plus hésité à créer pour lui un signe particulier qu'il n'a fait pour [hiéroglyphe], pour [hiéroglyphe] ou pour [hiéroglyphe]. Quand il a eu à écrire des noms arabes renfermant un ⲅ, il a pris d'instinct le moyen employé par les cunéiformes : ou il n'a pris de lui que la voyelle inhérente, supprimant ainsi ⲉ, ⲁⲃⲝⲉⲗⲧⲁⲃⲃⲁⲣ, ⲁⲃⲝⲉⲣⲁⲙⲁⲛ ⲟ̓ ⲁⲃⲝⲉⲗⲗⲁ, ⲁⲃⲝⲉⲗⲁⲍⲓⲍ, ⲁⲙⲉⲣ pour عامر, عبد العزيز, عبد الرحمن بن عبد الله, عبد الجبّار, ou bien il l'a rendu par la voyelle précédée ou suivie de l'aspirée ϩ. Pour plus de clarté, le texte arabe transcrit en lettres coptes de Le Page-Renouf inscrit un petit ˙ au-dessus de l'aspirée ϩ̇, ⲡⲉⲗϩ̇ⲁϣⲉ, ⲕⲉϩ̇ⲁⲗⲗⲉⲙⲟϩ, ⲕⲉⲛϥⲁϩ̇, ⲡⲁϩ̇ⲁ, ⲉⲗⲝⲉⲙⲉϩ̇ⲁ, الجامعه, بعد, ينفع, يعلمه, بالعشا.

II. *A quoi répondent* ⌐ *et ses homophones dans les transcriptions grecques ou du grec.* — Lorsque les scribes égyptiens eurent à transcrire les noms des Césars romains *en hiéroglyphes*, ils usèrent de la même liberté avec ⌐ qu'ils avaient employée pour ▯ et pour 𓅨, avec une légère tendance à mettre un ⌐ où l'original avait une voyelle longue Ā ou Ē : [hiéroglyphes] Οὐεσπασιανός, [hiéroglyphes] Δομιτιανός, [hiéroglyphes], [hiéroglyphes], etc., Τραϊανός, [hiéroglyphes], [hiéroglyphes], etc., Ἀδριανός, [hiéroglyphes] Σαβῖνα σεβαστή, [hiéroglyphes], etc., Ἀντωνῖνος, [hiéroglyphes] Αὐρήλιος, [hiéroglyphes] Κόμμοδος, [hiéroglyphes] Σέουηρος, [hiéroglyphes] Γέτας, etc., et l'on trouve les variantes [hiéroglyphes] et [hiéroglyphes] pour Αὐτοκράτωρ et Καίσαρος, mais dans les textes démotiques contemporains les mêmes noms sont écrits régulièrement pour un 𓅨, ce qui achève bien de prouver que les orthographes ci-dessus sont pour la plupart des jeux de scribe. A l'époque grecque, la même confusion n'existe pas dans les transcriptions en hiéroglyphes ou en démotique des noms grecs. A l'inverse lorsque l'on transcrivit en lettres grecques des noms égyptiens, on remarque qu'au ⌐ correspondent les valeurs suivantes :

1° A, dans [hiéroglyphes] Οὐάρε, [hiéroglyphes] Ἀνοῦχις, [hiéroglyphes] Αὐάρις, [hiéroglyphes] Ἀροὺ à côté de Ἐρώ, [hiéroglyphes], [hiéroglyphes] Παχόμ, Παχώμιος, [hiéroglyphes] Ταούς, etc., [hiéroglyphes] Ἀσῦχις et en composition [hiéroglyphes] Ψενασυχις, [hiéroglyphes] Ἀπαίς, Ἀπαθής, Ἀπάρτε, dans le Papyrus Anastasi DLXXIV de la Bibliothèque nationale, et dans ce même papyrus comme dans le *Papyrus gnostique de Leyde* des formes telles que ⲡ-ⲁⲛⲁ-ⲑⲟⲟⲩⲧ où ⲁⲛⲁ est la transcription de l'hiéroglyphique [hiéroglyphes], Ἀλχαα et Ἀλχαί pour [hiéroglyphes] où [hiéroglyphes] a la valeur Ἀλχ en copte ⲁⲣⲏⲭ, ⲁⲣⲏⲏⲭ *T.* ⲁⲧⲣⲏⲭ *M.* à côté de la valeur ὀλχ dans [hiéroglyphes] Θοσόλχ, ⲁⲗⲟ pour [hiéroglyphes], ⲟⲩⲁⲉ pour [hiéroglyphes], et pour ne pas insérer ici trop d'orthographes barbares αριστατου où ⌐ est rendu une première fois α, puis une seconde fois ο, Λαϊ, Ἀβιτ, Μαριβαλ où α répond à ⌐. Bref, dans ces papyrus précoptes, ⌐ correspond souvent à un α, plus rarement à un ε ou à un ο. A l'époque de Manéthon, ⌐ de [hiéroglyphe], lorsqu'il ne porte pas l'accent tonique, est rendu par un A, [hiéroglyphes] Ῥαμέσσης comme dans Ἀμονρασονθήρ [hiéroglyphes], [hiéroglyphes] Ἀπώφις, Ἀφώβις, [hiéroglyphes] Ἀπάχναν, [hiéroglyphes] Ἀμῶσις; dans Hérodote, je ne vois guère que le nom du pharaon Ἄμασις où le ⌐ de [hiéroglyphes] soit rendu par un A, mais il y a là un cas particulier sur lequel il y aura lieu de revenir par la suite. Enfin, [hiéroglyphes] est rendu par -μα- dans Λαμαρής [hiéroglyphes], Οὐσιμαρή [hiéroglyphes].

2° ε, η, ι, ει, dans les noms comme Πετεαρπρής □ [hiéroglyphes], Νεφερπρής, Πετεφρής, Μευχέρης, Ταγχέρης, et tous les noms en [hiéroglyphe] final qui sont transcrits -ρης à l'époque saïte et qui deviennent -ρις à mesure que l'itacisme fait des progrès; quelques-uns d'entre eux présentent une double forme de la finale, Οὐαφρής [hiéroglyphes] et Ἀπρίης [hiéroglyphes], Χεφρήν et Χαβρίης [hiéroglyphes], et nous expliquerons un peu plus loin l'origine de ces variantes. Les papyrus précoptes nous donnent de même des transcriptions Βαμπρε, Κομρε-χομρη, Μιριπορε, où l'élément -ρε, -ρη est l'équivalent de [hiéroglyphe], [hiéroglyphe], Ταπ·[hiéroglyphes]πενηι, Ταπα[hiéroglyphes]τεϝαμηι, où l'élément ηι répond à [hiéroglyphe] et cet élément se réduit à ι dans le nom propre Πινποωρ [hiéroglyphes], le thème ⲕⲟⲩ, pluriel d'un *ⲕⲓ, qui doit répondre à [hiéroglyphe]; enfin les noms de décans qui renferment le mot [hiéroglyphes], Τπηχοντι [hiéroglyphes] ★, Τπήχυ [hiéroglyphes] ★, Τπη-6ιου [hiéroglyphes] ★, ou les noms d'homme tels que Βιῆγχις, [hiéroglyphes] où ἥγχις est le qualitatif *ⲁⲛⲅ, *ⲁⲛⲕ de ⲱⲛⲅ, ⲱⲛⲕ, ⲁⲛⲅ.

3° ο, ω, or dans ο, ω, *grand* [hiéroglyphe], dans Χνουβωνεбⲏ6 [hiéroglyphes], ⲑⲟⲟⲩⲧ ⲡⲓⲟⲡⲓⲟ [hiéroglyphes], Ἀνεбώ, Ἀνεбώς [hiéroglyphes], et d'une manière générale les transcriptions grecques du *Papyrus gnostique* donnent ο, ω et une fois υ prononcé alors ου partout où il y a [hiéroglyphe] et le groupe [hiéroglyphes]; dans les noms comme Ἐφώνυχος, Ἐπώνυχος [hiéroglyphes], Ἀρῦγχις [hiéroglyphes], Ἀπῦγχις [hiéroglyphes], et dans d'autres noms formés sur l'épithète [hiéroglyphe].

III. [hiéroglyphe] *dans les transcriptions de l'hébreu ou transcrit en hébreu, en assyrien et en cananéen.* — Les transcriptions assyriennes du temps d'Assourbanipal donnent déjà *ou précédé du signe qui marque le ϝ en cunéiforme pour le groupe [hiéroglyphe] dans *Piroû* (*Pi-ir-ʾu-u*, *Pi-ir-ʾu*) pour [hiéroglyphe] et dans *Iaroû* (*Ia-ru-ʾu-u*) pour [hiéroglyphes], et [hiéroglyphe] dans l'intérieur du mot par ᴀ ou ᴇ accompagnés du même signe, *Ṣânou* (*Ṣa-ʾᴀ-nu*, *Ṣe-ʾᴇ-nu*) [hiéroglyphes] Tanis; dans le même temps, les Hébreux rendaient ces mêmes caractères de la même manière, [hiéroglyphe] פַּרְעֹה, [hiéroglyphes] חׇפְרַע, où la forme grecque Ἀπρίης montre que la ponctuation massorétique est erronée, [hiéroglyphes] avec les ponctuations רַעְמְסֵם et רַעְמְסֵם, [hiéroglyphes] פּוֹתִיפֶרַע. Si nous remontons jusqu'à la XIXᵉ ou à la XVIIIᵉ dynastie, nous devons remarquer tout d'abord que les Cananéens possédaient un ϝ dans leur langue, mais que, se servant d'un syllabaire qui n'avait point le signe correspondant à ce son, ils ont employé divers procédés pour rendre le ϝ et le [hiéroglyphe] égyptien lorsqu'ils le rencontraient. 1° Ils en marquent la place quelquefois par le signe d'aspiration de l'assyrien, quelquefois simple hiatus entre la voyelle précédente et le phonème exprimé en égyptien par [hiéroglyphe], ainsi pour le mot [hiéroglyphe] au commencement ou à la fin des mots [hiéroglyphes] *Ri-ᴀ-na-pa* en égyptien *Riᴀnafa*, *Riᴀnafe*, [hiéroglyphes] *Ri-ᴀ-ma-še-ša* en égyptien *Riᴀmasése*, [hiéroglyphes] *Pa-ri-ᴀ-ma-ḫu-u*

---

1. Ce n'est qu'une hypothèse pour rendre en égyptien la dernière partie du nom *a-ḫu-u* cunéiforme : le nom *Pariâmakhou*, ainsi rétabli, exprimerait une idée analogue à celle qu'on trouve dans le prénom contem-

en égyptien *Pari*ᴀ*makhou*, ⊙ ▭ 🪲 *Ma-na-ah-pi-ir-y*ᴀ en égyptien *Manakhpiri*ᴀ,
⊙ ▱ *Ni-ib-mu-*ᴀ*-ri-*ᴀ, *Ni-im-mu-u-ri-y*ᴀ, etc., en égyptien *Nibmou*ᴀ*ri*Â, *Nim-mou*ᴀ*riy*Â, ⊙ *Na-ap-ḫu-u*ꜣ*-ru-ri-y*ᴀ, *Na-ap-ḫu-ru-ri-y*ᴀ, etc., en égyptien
*Nafkhourouri*Â, *Nafkhourri*Â, ⊙ *Mi-in-pa-ḫi-ri*(sic)*-ta-ri-*ᴀ en égyptien
*Menpahitari*Â, ⊙ *Mi-in-mu-a-ri-*ᴀ en égyptien *Menmou*ᴀ*ri*Â, ⊙ *Ua-aš-mu-a-ri-*ᴀ *ša-te-ep-na-ri-*Â en égyptien *Ouasmou*ᴀ*ri*Â *satepnari*Â, puis pour les noms
*Ta-ah-ma-y*ᴀ en égyptien *Ptahm*Â*ia*, *M*ᴀ*-a-ya* en égyptien
*M*Â*ya*, *Ḫ*ᴀ*-a-i*, *Ḫ*ᴀ*-a-a*, *Ḫ*ᴀ*-a-ya*, *Ḫ*ᴀ*-ya* en égyptien *Kh*Â*ia*. 2° Le *v* est
rendu par une aspirée ʜ, *weḫu*, *we-ḫi* à côté de *we-*ᴀ, *u-*ᴇ*-u*, etc., en
égyptien *ou*Â*ou*, *ou-*Ê*-ou*. 3° Derrière un 𓅃 dans la combinaison, le cananéen
ne l'indique par rien, *m*ᴀ*-ḫa-an* en égyptien *M*ᴀ*hana*,
*m*ᴀ*-zi-iḳ-da* en égyptien *m*Â*ziqte*, *maziqte*. Les transcriptions assyriennes présentent
certaines particularités qui demandent quelques explications. Le mot est transcrit
ʀɪÂ, ʀɪʏÂ au commencement, au milieu et à la fin des mots; ʀɪ est la vocalisation de
▱ et Â celle de, et le ʏ de ʀɪʏÂ se développe automatiquement comme c'est
souvent le cas dans toutes les langues quand un ɪ se rencontre en hiatus avec un ᴀ.
Toutefois, dans la combinaison, ʀɪÂ, ʀɪʏÂ, l'accent est non pas sur la syllabe ʀɪ,
comme le veut Ranke, mais sur Â : ɪÁ de ʀɪÁ forme une diphtongue ascendante et par
là s'expliquent la résolution de ɪÁ sur Â en atone ʀÂ*messès* à l'époque grecque pour
ʀɪᴀ*masésa* à la XIXᵉ dynastie, puis le passage de Â en Ê dans Ἀπρίης et la résolution
de la diphtongue ɪᴇ sur Ê dans ʀÊ à la finale accentuée, Μεγχερής, Ταγχερής, Ἀχερρής, etc.
La transcription ᴍᴏᴜÂ de paraît difficile à expliquer de prime abord. Après
avoir écarté le ᴛ féminin et son expression vocalique qui disparaît en composition à
l'atone, il faut se rappeler que, dès la XVIIIᵉ dynastie, le 𓅃 compris dans 𓏲 s'est
changé en ᴏᴜ comme il arrive derrière 𓅃 et ～; ᴍᴀ (𓅃) *â* (▭) est devenu régulièrement *mou* (𓅃) *â* (▭), et la diphtongue ascendante formée par ᴏᴜÁ s'est
résolue sur Á dans Οὐσιμαρής de ⊙, Λαμαρής de ⊙. Les transcriptions ᴍÁɪᴀ,
ᴋʜÁɪᴀ ne correspondent pas exactement, comme je l'ai dit et comme Ranke l'a répété,
aux orthographes ordinaires, mais, sous le second empire thé-
bain, les noms de ce type ajoutaient en finale un 𓅃, auquel l'orthographe assyrienne assure, comme on voit la prononciation ᴀ,
, etc. Quant à la combinaison, elle a double emploi,
ainsi qu'on va le voir.

La contre-partie des transcriptions cunéiformes des noms égyptiens à El-Amarna
nous est fournie par les transcriptions hiéroglyphiques des mots sémitiques dans les
textes du second empire thébain. Le *v* cananéen et hébreu y est rendu ordinairement

porain 𓅃 ～ devenu dans la tradition classique Ἀχερρής 𓅃, prénom que portèrent plus
tard les pharaons Siphtah et Ramsès VII. Ranke (*Keilschriftliches Material*, p. 16, n. 1) propose
et aussi, les deux avec doute.

par ⟨hiéroglyphe⟩ ou par ⟨hiéroglyphe⟩, ⟨hiéroglyphes⟩ עָמַד, ⟨hiéroglyphes⟩ טִין, ⟨hiéroglyphes⟩ נָבַע et ⟨hiéroglyphes⟩ גִּבְעוֹן, ⟨hiéroglyphes⟩ נַעֲמָן, ⟨hiéroglyphes⟩ תַּעֲנֶךְ, ⟨hiéroglyphes⟩ בַּעַל, ⟨hiéroglyphes⟩ עֵבוּ, etc.; les faits sont trop connus pour que j'insiste longtemps sur ce point. Je dois observer pourtant que trois ou quatre siècles plus tard le signe ⟨hiéroglyphe⟩ exprimant le ע est accompagné parfois des signes ⟨hiéroglyphes⟩ comme pour approcher davantage au son hébreu; ainsi, tandis qu'on rencontre chez Shashanq ⟨hiéroglyphes⟩ עָרָד avec ⟨hiéroglyphe⟩ seul pour ע, on trouve à côté ⟨hiéroglyphes⟩ עַצְמָה, et il faut nous demander ce que cette orthographe peut signifier : il nous suffira pour le moment de dire que ⟨hiéroglyphes⟩ est la notation approximative affaiblie de la prononciation du ע-ع sémitique et double par conséquent l'orthographe ⟨hiéroglyphe⟩. Quelquefois, probablement dans le cas d'un ע prononcé plus fortement ou tournant au ع arabe, ce ע est exprimé par ⟨hiéroglyphe⟩ ou ⟨hiéroglyphe⟩, ⟨hiéroglyphes⟩ שִׁנְעָר, ⟨hiéroglyphes⟩ עֻזָּה, ⟨hiéroglyphes⟩ צָלְעָם, en analogie avec ce qui se passe en assyrien où עֻזָּה est rendu par Khazatou. Enfin le ע qui se durcissait dans les exemples précédents s'affaiblit tellement dans d'autres cas qu'il n'est plus représenté par un signe particulier dans l'orthographe égyptienne ⟨hiéroglyphes⟩ עֵזֶב, ou qu'il est représenté par un ⟨hiéroglyphe⟩, ⟨hiéroglyphe⟩, ⟨hiéroglyphe⟩ à côté de ⟨hiéroglyphes⟩ עֲנָת, ⟨signes⟩, et l'on remarquera que dans les inscriptions phéniciennes ce dernier nom peut subir le même affaiblissement et s'écrire parfois ⟨signes⟩; réciproquement l'égyptien a quelquefois un ⟨hiéroglyphe⟩ à l'initiale où l'hébreu montre un simple ע : ainsi אַכְשָׁף est écrit ⟨hiéroglyphes⟩ à côté de ⟨hiéroglyphes⟩. D'autre part, si l'on compare beaucoup de transcriptions égyptiennes à leur prototype sémitique, on est frappé de ce fait que Rougé avait déjà noté que le ⟨hiéroglyphe⟩ de la combinaison ⟨hiéroglyphe⟩, ⟨hiéroglyphe⟩, ne répond pas le plus souvent à un ע, mais qu'il marque simplement la place d'une voyelle emphatique, « qui sert de complément ordinaire à la » consonne[1] », au commencement ou au milieu des mots, tandis qu'il serait le plus souvent muet à la finale, si l'on prend les noms hébraïques avec leur prononciation massorétique, mais les formes de l'hébreu classique peuvent ne pas répondre aux formes anciennes de la langue. A comparer les transcriptions égyptiennes de la XVIIIe et de la XXIIe dynastie avec les formes hébraïques telles que les Massorètes les vocalisent, on trouve que ⟨hiéroglyphe⟩ ainsi employé à l'initiale ou à la médiale peut répondre à un A, à un E, à un I, ⟨hiéroglyphes⟩ מָהָר, ⟨hiéroglyphes⟩ Μαχέδ, *Mageth*, ⟨hiéroglyphes⟩, ⟨hiéroglyphes⟩ מִנְדוֹ, ⟨hiéroglyphes⟩ מֶלֶךְ, ⟨hiéroglyphes⟩ מִגְדָּל, etc.; on remarquera que dans ces endroits, ainsi qu'à la finale, il a le plus souvent pour variante ⟨hiéroglyphes⟩ ou ⟨hiéroglyphes⟩, ⟨hiéroglyphe⟩, ⟨signe⟩, comme si l'on voulait écrire le verbe ⟨hiéroglyphes⟩ *donner*. Toutefois, si au lieu d'user de la forme massorétique on a recours à la forme grecque ou à l'assyrienne, cette différence de vocalisation interne tend à s'effacer presque entièrement et à se résoudre sur A : *Magadou, Magidou,* Μαγεδδώ au lieu de מִנְדוֹ pour ⟨hiéroglyphes⟩, ⟨hiéroglyphes⟩, Μάγδωλος, Μάγδαλα, Μάγδαλ au lieu de מִגְדָּל pour l'égyptien ⟨hiéroglyphes⟩, Μασάν au lieu de מִשְׁאָל pour

---

1. E. DE ROUGÉ, *Mémoire sur l'origine égyptienne de l'alphabet phénicien*, p. 93-94.

[hiéroglyphes], *Sh*aMAS*h* au lieu de שֶׁמֶשׁ pour [hiéroglyphes]. On peut y ajouter beaucoup de mots sémitiques transcrits par un [hiéroglyphe], [hiéroglyphe] initial qui ont gardé de tout temps ou qui avaient à l'origine une vocalisation en A, ainsi [hiéroglyphes] répond à une ancienne vocalisation en A que l'assyrien a conservée dans *n*Ar*kabtou*, tandis que l'hébreu biblique affaiblissait l'A primitif en E, מֶרְכָּבָה, et ne maintenant cet A qu'au pluriel, מֶרְכָּבוֹת, etc.

En finale, [hiéroglyphes], nous offre le même problème qui s'est présenté à nous à propos de la terminaison [hiéroglyphe] des transcriptions égyptiennes[1] : on la rencontre dans des transcriptions de noms cananéens là où l'hébreu ne présente aucun équivalent pour elle. On a donc dans les listes de Thoutmôsis III [hiéroglyphes] correspondant à l'hébreu מָרוֹם, [hiéroglyphes] correspondant à l'hébreu שׁוּנֵם, [hiéroglyphes] dans [hiéroglyphes] [hiéroglyphes] correspondant à un hébreu אֱדוֹם ou אָדָם, [hiéroglyphes] correspondant à un hébreu יַחַם, et l'on ne peut dire que ces formes sont des pluriels ; les quelques pluriels masculins en ־ים qui figuraient là sont transcrits en hiéroglyphes par une finale en [hiéroglyphe] simple, [hiéroglyphes] pluriel de הַגְּרִי ou [hiéroglyphes] pluriel de מָרוֹם. La liste de Shashanq complique le procédé : non seulement elle met un [hiéroglyphe] à la finale des noms propres qui se terminent en hébreu par un ם nu, mais elle ajoute souvent à cet [hiéroglyphe] une terminaison [hiéroglyphes], [hiéroglyphes] pour שׁוּנֵם, ou bien elle donne la terminaison [hiéroglyphes] en équivalence de la terminaison [hiéroglyphe], [hiéroglyphes] חֲפָרַיִם à côté de [hiéroglyphes] [hiéroglyphes] מַחֲנַיִם. Nous avons vu et nous verrons par ailleurs que, dès les époques anciennes, on rencontrait [hiéroglyphes] en variante de [hiéroglyphe], ainsi [hiéroglyphes] ou [hiéroglyphes] pour [hiéroglyphes], [hiéroglyphes], et pour [hiéroglyphes] : le même fait paraît s'être produit dans la liste de Shashanq, et [hiéroglyphes] y est la variante de [hiéroglyphe], avec cette complication que les deux formes peuvent se doubler, [hiéroglyphes] pour [hiéroglyphe] ou [hiéroglyphes], nous essaierons bientôt d'expliquer pourquoi. Actuellement il nous faut rechercher ce qu'est ce phonème vocalique plus ou moins fort perçu par l'égyptien, après la finale en ם nu que nous montre l'hébreu classique. Si nous recourons aux lettres d'El-Amarna, nous y rencontrerons des formes analogues à celles des transcriptions égyptiennes. Le pluriel équivalant à ־ים hébraïque y est pour le mot *eau*, par exemple au génitif *mi-e-m*A ou à l'accusatif *mi-m*A au lieu de מַיִם, pour le mot *cieux* suivant le cas *ša-me-m*A ou *ša-mou-m*A au lieu de שָׁמַיִם, pour le mot *prisonniers*, *a-ši-rou-m*A au lieu de אֲסִירִים, et ainsi de suite. Nous n'avons pas à nous inquiéter ici de la vocalisation interne qui marque les cas : il nous suffit de noter ici que, pour former les pluriels cananéens des noms, on ajoute généralement à leur état absolu l'enclitique MA qui remplit auprès d'eux le même rôle que la mimmation au singulier. La finale A de MA tombe pour aboutir à la mimmation, et il nous reste alors un thème en -ÊM ou en -IM et un thème en -OUM : on obtient

---

1. Voir plus haut, p. 99 du présent volume.

ainsi une explication des pluriels sémitiques. Pour ce qui est du duel cananéen, il en est de même que pour les pluriels : la terminaison duelle םִיַ de l'hébreu classique se rattache à une terminaison plus ancienne םַיֵ, qui elle-même est en cananéen -AMA, comme le montre l'équivalence *Shou-n*A-MA = םִיַנֽשׁ (*duo habitacula*)[1]. La transcription égyptienne ⸢hiéroglyphes⸣, ⸢hiéroglyphes⸣, correspond exactement à l'orthographe cananéenne *Shou-na*-MA, et cet exemple, ainsi que les exemples cités plus haut nous donnant pour le cananéen des finales en -MA, nous prouve que dans les finales ⸢hiéroglyphes⸣, des transcriptions égyptiennes le signe ⸢hiéroglyphes⸣, couvrait un phonème, toujours le même que l'orthographe cunéiforme montre avoir été un A.

Résultats auxquels nous conduit l'examen des signes ⸢hiér.⸣, ⸢hiér.⸣, ⸢hiér.⸣, *de l'époque copte au XVIe siècle avant notre ère.* — Si maintenant nous cherchons à résumer les faits que nous a révélés l'étude des transcriptions alphabétiques ou syllabiques pour les trois signes ⸢hiér.⸣, ⸢hiér.⸣, ⸢hiér.⸣, nous obtenons les résultats suivants :

1° A mesure qu'on remonte dans les siècles, ⸢hiér.⸣, qui correspondait à toutes les voyelles de l'égyptien, semble se ramener à deux valeurs principales, A et, surtout devant ⸢hiér.⸣, I : toutes les autres valeurs paraissent se déduire de celle-là par le jeu de la langue qui se modifiait.

2° Il en est de même pour ⸢hiér.⸣ à cette nuance près que la tendance à représenter un son A paraît être encore plus forte pour ⸢hiér.⸣ que pour ⸢hiér.⸣.

3° Enfin ⸢hiér.⸣ marque la même propension vers A que les deux signes précédents, mais en y ajoutant, au moins à l'époque ramesside, un élément guttural qui le rend propre à rendre le son de *v-ε* ou à être rendu par celui-ci aux yeux des Égyptiens ou des Sémites. Ce n'est pourtant pas un *v-ε* véritable, car on le rencontre en égyptien dans des endroits où jamais celui-ci ne s'est rencontré dans les langues sémitiques, et alors il correspond aux sons purement vocaliques que la notation massorétique marque par des points ⸢signes⸣, etc.

4° A l'époque ptolémaïque, ils semblent ne pas avoir répondu à des différences phonétiques sensibles, mais le ⸢hiér.⸣ et le ⸢hiér.⸣ paraissent s'employer presque indifféremment pour les mêmes voyelles grecques, et plus tard, à l'époque romaine, le ⸢hiér.⸣ échange avec les deux autres pour transcrire les noms propres étrangers, et les orthographes des mots communs de la langue en ⸢hiér.⸣, en ⸢hiér.⸣, en ⸢hiér.⸣, ne sont plus qu'affaire de tradition : le copte traduit celles-ci par les mêmes voyelles grecques articulées de la même façon pour les trois signes.

Toutefois, pour compléter cette étude, il nous reste à examiner ce qu'il en advient d'eux lorsqu'ils se combinent les uns avec les autres, ⸢hiér.⸣, ⸢hiér.⸣, ⸢hiér.⸣, ⸢hiér.⸣, ⸢hiér.⸣, ⸢hiér.⸣, ⸢hiér.⸣, etc.

1° Le groupe ⸢hiér.⸣ est le plus fréquent, surtout dans les temps anciens de la langue, où il figure comme variante tantôt de ⸢hiér.⸣, tantôt de ⸢hiér.⸣ ; ainsi l'on a, dans l'égyptien du temps des Pyramides et du premier empire thébain, ⸢hiér.⸣ à côté de

---

1. DHORMES, *La Langue de Canaan*, dans la *Revue biblique*, 1914, p. 353-356.

[hiéroglyphes] et à la forme redoublée [hiéroglyphes], [hiéroglyphes] à côté de [hiéroglyphes], [hiéroglyphes] à côté de [hiéroglyphes], [hiéroglyphes] à côté de [hiéroglyphes], [hiéroglyphes] à côté de [hiéroglyphes], [hiéroglyphes], [hiéroglyphes], [hiéroglyphes] et [hiéroglyphes] ou [hiéroglyphes], [hiéroglyphes] et [hiéroglyphes], [hiéroglyphes] et [hiéroglyphes], [hiéroglyphes] ou [hiéroglyphes] [hiéroglyphes], etc. Si l'on recherche ce que les mots ainsi écrits sont devenus en copte, on voit que les uns n'y ont plus à l'initiale qu'une voyelle simple, [hiéroglyphes] ⲓⲃ *M*., [hiéroglyphes] ⲉⲗⲟⲟⲗⲉ *T.* ⲁⲗⲟⲗⲓ *M.* ⲁⲗⲁⲁⲗⲓ *B.*, tandis qu'un certain nombre d'autres ont conservé sous forme de diphtongue en ⲉⲓ *T.* ⲓ *M.* initial les deux phonèmes couverts dans l'orthographe antique par [hiéroglyphe] et par [hiéroglyphes], [hiéroglyphes], [hiéroglyphes] ⲉⲓⲱⲧⲉ *T.* ⲓⲱⲧⲉ *T. M.* ⲓⲱⲧ *M.*, [hiéroglyphes], [hiéroglyphes] ⲉⲓⲉⲃⲧ, ⲓⲉⲃⲧ *T. M.*, [hiéroglyphes], [hiéroglyphes], [hiéroglyphes] ⲓⲱⲥ, ⲓⲏⲥ *M.* Il faut tirer de cette constatation cette double conclusion : dans le premier cas, l'un des phonèmes couverts par [hiéroglyphe] et par [hiéroglyphes] s'est assimilé à l'autre, et [hiéroglyphes] par exemple est devenu ⲁⲭⲟⲃⲱⲥ, ⲓⲃ ; dans le second cas, les deux phonèmes se sont maintenus et sont représentés en copte, [hiéroglyphe] par ⲉⲓ, ⲓ, [hiéroglyphes] par ⲱ, ⲟ et ⲁ, [hiéroglyphes] ⲉⲓⲱⲧⲉ.

On remarquera dans cette deuxième éventualité que les variantes en [hiéroglyphe] avec suppression graphique de [hiéroglyphes] deviennent presque générales à mesure qu'on descend vers la basse époque, si bien qu'il est impossible de distinguer d'après la seule orthographe hiéroglyphique les mots qui ont conservé la diphtongaison antique. Le copte nous fournit à ce sujet les renseignements indispensables, même pour des mots dont nous ne connaissons pas encore l'original hiéroglyphique, ou dont cet original ne nous est pas connu jusqu'à présent avec l'initiale [hiéroglyphes], ainsi ⲉⲓⲁⲗ *T.* ⲓⲁⲗ *M.*, *speculum*, ⲉⲓⲟⲩⲗ *T. M.* ⲉⲟⲩⲗ *M.*, *cervus*, ⲓⲱⲃ *M.*, *lactuca*, supposent un prototype ayant commencé par la combinaison [hiéroglyphes] ⲉⲓ-ⲓ + ⲁ pouvant devenir ⲟⲩ, puis ⲱ, selon la règle. D'autre part, les rendus coptes ⲉⲓⲱⲧ *T. Akhm.* ⲓⲱⲧ *T. M. Akhm.* pour [hiéroglyphes] *pater*, et ⲉⲓⲱⲧ *T.* ⲓⲱⲧ *T. M. B.* pour [hiéroglyphes] *hordeum*, nous prouvent l'existence à une époque antérieure de formes qui se seraient chiffrées, *[hiéroglyphes] et *[hiéroglyphes], si ces mots n'avaient pas été, pour ainsi dire, stéréotypés par la tradition dans les orthographes [hiéroglyphes], [hiéroglyphe], [hiéroglyphe] ou [hiéroglyphes], [hiéroglyphes]. Les formes précoptes ⲓ̈ⲟⲩⲧ, précédant les formes coptes en ⲱ, ⲉⲓⲱⲧ-ⲓⲱⲧ, nous permettent de remonter à un *ⲓⲁⲧ, dont la vocalisation en ⲁ se retrouve au pluriel de presque tous les dialectes, ⲉⲓⲁⲧⲉ *T. Akhm.* ⲉⲓⲁϯ *Akhm. B.* ⲓⲁϯ *B.* à côté de ⲉⲓⲟⲧⲉ *T.* ⲓⲟϯ, ⲓⲟⲩϯ *M.* D'autre part, la variante [hiéroglyphe], de [hiéroglyphes], nous indique pour ce mot une voyelle finale, ce qui est conforme à ce que nous donnent les autres langues pour cette expression enfantine de l'idée *père*, ἄττα, *atta*, en grec et en latin par exemple ; — remarquons, chemin faisant, que l'orthographe [hiéroglyphe]. [hiéroglyphe], pourrait également marquer une prononciation ⲧⲁ rappelant l'autre expression ⲧⲓⲧⲁ, en latin TATA du langage enfantin pour la même idée. La forme plurielle dissyllabique met partout une brève ⲉⲓⲟⲧⲉ, ⲉⲓⲁⲧⲉ, ⲉⲓⲁϯ, ⲓⲁϯ, ⲓⲟϯ, ⲓⲟⲩϯ à la tonique, et il est probable qu'au singulier antique de la ϰοινή ramesside, [hiéroglyphes], prononcé *ⲒⲀⲦⲀ, ⲒⲀⲦⲈ, devait avoir une brève à la même place : la chute de la voyelle finale aurait entraîné par compensation l'allongement de la tonique *ⲒⲀ́ⲧⲁ,

*Iŏūti, Iŏūt, ⲉⲓⲱⲧ-ⲓⲱⲧ au singulier. Si, en dehors de la question de vocalisation, nous résumons les faits qui ressortent de cette étude, nous verrons que la combinaison graphique [hiéroglyphes] aux bas temps partie s'est résolue sur [hiéroglyphe], partie s'est maintenue en la forme diphtonguée ia, iou, iô. C'est là un reste d'un phénomène commun aux temps antérieurs, et si nous remontons jusqu'à l'âge des Pyramides, nous y trouvons la combinaison [hiéroglyphes] à l'initiale très fréquente comme variante de [hiéroglyphe] ou même de [hiéroglyphe] simples. Conservant provisoirement la vocalisation copte, le fait matériel nous permet de dire qu'à l'âge memphite un grand nombre des mots qui eurent plus tard à l'attaque un phonème simple couvert de préférence par [hiéroglyphe] commençaient par un double phonème vocalique ⲉⲓⲱ, ⲉⲓⲟ, ⲓⲟⲩ, ⲓⲁ, auquel répondaient les signes [hiéroglyphe] et [hiéroglyphe].

Il y a de même alors, et quelquefois dans la suite, un emploi de [hiéroglyphes] qui donne à cette combinaison la valeur de [hiéroglyphe] ou une valeur très proche de celle qu'il convient d'attribuer à cette lettre. Les mots très usités [hiéroglyphes], [hiéroglyphes], [hiéroglyphes], sont écrits çà et là dans les Pyramides et ailleurs [hiéroglyphes], [hiéroglyphes], [hiéroglyphes], [hiéroglyphes], et ce ne sont pas là des exemples isolés. L'équivalence [hiéroglyphe] = [hiéroglyphes] est confirmée par les alternances citées plus haut des finales [hiéroglyphe] et [hiéroglyphes] dans les transcriptions des noms géographiques hébreux[1]. La preuve de la présence possible d'un double phonème enregistré sous [hiéroglyphe] ou sous sa variante [hiéroglyphe] nous est fournie, comme je l'ai dit[2], par des écritures telles que [hiéroglyphes] ou [hiéroglyphes] double évidemment [hiéroglyphe], ou [hiéroglyphes] [hiéroglyphes] à côté de [hiéroglyphes], [hiéroglyphes], [hiéroglyphes] à côté de [hiéroglyphes]. On sait que la variante ancienne de [hiéroglyphe] est parfois [hiéroglyphes], et l'on rencontre [hiéroglyphes], par exemple, à côté de [hiéroglyphes], [hiéroglyphes] à côté de [hiéroglyphes], [hiéroglyphes] à côté de [hiéroglyphes], et dans les transcriptions de noms propres sémitiques [hiéroglyphes] ⲓⲃⲩ à côté de [hiéroglyphes]. Cette double batterie de variantes pour [hiéroglyphe] et son équivalent [hiéroglyphe] semble bien nous montrer, en premier lieu, que le phonème couvert par [hiéroglyphe] était de nature telle qu'il semblait aux Égyptiens pouvoir se décomposer en deux phonèmes exprimés le plus souvent par [hiéroglyphe] + [hiéroglyphe], mais quelquefois par [hiéroglyphe] + [hiéroglyphe]; en second lieu, qu'il cachait deux nuances du son, l'une plus forte et qui était la fondamentale, rendue par [hiéroglyphes], l'autre plus faible et qui était probablement secondaire, rendue par [hiéroglyphes]. Si l'on cherche à définir la nature de [hiéroglyphe] par ces observations, on remarquera tout d'abord que ce dédoublement d'un phonème unique en deux phonèmes conjoints nous rappelle ce qui s'est passé en France par exemple lorsqu'il s'est agi de transcrire le ع des noms arabes : nous trouvons dans des livres du XVIIe siècle علي orthographié Aali avec deux a, et il faut croire que cette façon d'exprimer le son du ع est naturelle, car, ayant prié récemment deux officiers du Service des Antiquités en Égypte de me figurer en caractères latins les prononciations dialectales de certains

---

1. Voir p. 110 du présent volume.
2. Voir p. 108 du présent volume.

chants populaires de la Haute-Égypte, ils ont traduit, assez irrégulièrement d'ailleurs, les ع par des voyelles doubles AA, ÉÉ, II, etc., selon la vocalisation. Et en effet, expérience faite sur le nom ⟨hiér.⟩, si on ouvre la bouche toute grande sur un A et qu'immédiatement on pousse un second A sur le premier, on obtient une prononciation gutturale de A suffisamment ressemblante à la prononciation indigène du ع. Le dédoublement ⟨hiér.⟩, ⟨hiér.⟩ de ⟨hiér.⟩ sonné plus fort ou plus faible provient probablement d'un fait de ce genre et résulte de la difficulté plus ou moins grande que pouvaient éprouver certains Égyptiens à reproduire la prononciation originale de ⟨hiér.⟩. Si maintenant on se rappelle que ⟨hiér.⟩, ⟨hiér.⟩, est employé par les Égyptiens de la seconde époque thébaine pour rendre le ʋ-ع cananéen, on conclura de ces différentes observations qu'il correspondait comme signe à un phonème guttural plus doux que le ʋ-ع et susceptible de s'adoucir encore; nous essaierons plus loin d'en déterminer la valeur.

2° Le groupe ⟨hiér.⟩ a la même histoire que le groupe ⟨hiér.⟩ : assez peu usité par la ⲕⲟⲓⲛⲏ ramesside, il est relativement fréquent à l'âge memphite et au premier âge thébain. On a donc ⟨hiér.⟩ mais aussi ⟨hiér.⟩, ⟨hiér.⟩ et ⟨hiér.⟩ mais ⟨hiér.⟩ et ⟨hiér.⟩, ⟨hiér.⟩ mais ⟨hiér.⟩, ⟨hiér.⟩ ou ⟨hiér.⟩ mais ⟨hiér.⟩, ⟨hiér.⟩ mais ⟨hiér.⟩, et ainsi de suite. Quelques-uns des mots ainsi écrits se sont perpétués jusqu'au copte, et alors ⟨hiér.⟩ devant ⟨hiér.⟩ correspond à ⲉⲓ-ⲓ de même que ⟨hiér.⟩ devant ⟨hiér.⟩, ⟨hiér.⟩ ⲉⲓⲱ, ⲉⲓⲁ T. ⲓⲱ T. M. ⲓⲁ M., ⟨hiér.⟩ ⲓⲟⲅ M. (mais le thébain n'a que la forme sans ⟨hiér.⟩ initial ⲟⲟⲅ où la combinaison ⲟⲟ équivaut à ⟨hiér.⟩ ancien); le copte ⲉⲓⲱ T. ⲉⲱ T. M. ⲓⲱ M. B. montre que l'orthographe constante ⟨hiér.⟩ nous cache une combinaison * ⟨hiér.⟩. La plupart d'entre eux se sont résolus dans la ⲕⲟⲓⲛⲏ et sur le copte sur un phonème simple, ⟨hiér.⟩ sur ⟨hiér.⟩ et sur ⲱⲗ T. M. ⲁⲗⲉ T. ⲁⲗⲏⲓ M. (de ⟨hiér.⟩), ⟨hiér.⟩ sur ⟨hiér.⟩ et sur ⲟϥ- M. ⲱⲃⲉ T. (de ⟨hiér.⟩).

3° Les groupes ⟨hiér.⟩, ⟨hiér.⟩, ⟨hiér.⟩, ont été déjà expliqués, et les groupes ⟨hiér.⟩, ⟨hiér.⟩, ⟨hiér.⟩, se rencontrent rarement, mais le groupe ⟨hiér.⟩ et sa variante ⟨hiér.⟩ ne sont pas rares, au moins à l'époque de la ⲕⲟⲓⲛⲏ, ⟨hiér.⟩ et ⟨hiér.⟩ ⟨hiér.⟩ à côté de ⟨hiér.⟩, ⟨hiér.⟩ et ⟨hiér.⟩ contre ⟨hiér.⟩, ⟨hiér.⟩, et ⟨hiér.⟩ contre ⟨hiér.⟩, et ⟨hiér.⟩ au pluriel, ⟨hiér.⟩ à côté de ⟨hiér.⟩, ⟨hiér.⟩, ⟨hiér.⟩ et ⟨hiér.⟩ à côté de ⟨hiér.⟩ et ⟨hiér.⟩ à côté de ⟨hiér.⟩ ou de ⟨hiér.⟩, ⟨hiér.⟩ à côté de ⟨hiér.⟩ et ⟨hiér.⟩ à côté de ⟨hiér.⟩ et de ⟨hiér.⟩, ⟨hiér.⟩ à côté de ⟨hiér.⟩, ⟨hiér.⟩ à côté de ⟨hiér.⟩, ⟨hiér.⟩ à côté de ⟨hiér.⟩, ⟨hiér.⟩ à côté de ⟨hiér.⟩, ⟨hiér.⟩ à côté de ⟨hiér.⟩, ⟨hiér.⟩ et ⟨hiér.⟩, ⟨hiér.⟩ et ⟨hiér.⟩, etc. Erman, qui a étudié une partie de ces formes, les attribue à ce qu'il appelle l'assimilation de l'*aïn* aux autres consonnes faibles[1]. L'explication peut valoir pour le redoublement de ⸗ initial : elle ne rend pas compte des formes où le ⸗ est médial comme dans ⸗ ou final comme dans ⸗. J'omets d'examiner ici le cas des formes verbales comme ⸗ et ⸗ où le second ⸗ peut être la seconde radicale redoublée ⸗ *se réjouir d'habitude*, ⸗ *se lever d'habitude*, à côté de ⸗ *se réjouir*, ⸗ *se lever* : le copte me suggère une hypothèse différente. On se rappelle que le thébain et d'autres dialectes emploient des voyelles redoublées, ⲁⲁ, ⲏⲏ, ⲟⲟ, ⲱⲱ, etc., où le memphitique et d'autres dialectes se contentent des voyelles simples ⲁ, ⲏ, ⲟ, ⲱ, etc.[2], et M. Lacau a montré que cela arrive, entre autres circonstances, dans le cas où la langue antique présente un ⸗[3]. Les variantes ⸗, ⸗, ⸗, se retrouvent dans les documents précoptes et coptes sous les formes ⲉⲉⲛ, ⲁⲁϥ *T.*, formes à voyelle redoublée de ⲉⲛ ⸗, et ⲁϥ, ⲁⲃ *T. M.* ⸗; ⸗ redoublé ⸗ équivaut à ⲁ, ⲉ redoublé, ⲁⲁ, ⲉⲉ. Je pense donc que dans les cas analogues la réduplication de ⸗ équivaut en égyptien à la réduplication des voyelles en copte, c'est-à-dire à l'allongement particulier de la voyelle que marque cette réduplication. Donnant provisoirement à ⸗ une vocalisation *ⲀⲀ, on lira donc ⸗ *ⲀⲀⲂ, non pas Ⲁ+ⲀⲂ, ⸗ *ⲀⲀ, non Ⲁ+Ⲁ, ⸗ *ⲀⲀⲢⲀⲒⲦ et non Ⲁ+ⲀⲢⲀⲒⲦ, ⸗ *ⲌⲀⲀⲞⲨ et non ⲌⲀ+ⲀⲞⲨ, ⸗ ⲤⲀⲀϨⲞⲨ et non ⲤⲀ+ⲀϨⲞⲨ. On aurait de même dans la variante tardive ⸗ l'équivalent du thébain ⲉⲓⲟⲟⲡ où l'allongement ⲉ ⲉ = ⲟⲟ serait en compensation de la chute du ⸗ médian. Le thébain, redoublant ses voyelles, n'aurait fait que continuer au début une habitude de la ϰοινή, qu'il aurait ensuite rendue plus générale par analogie.

Cette discussion nous a menés jusqu'à l'époque memphite, c'est-à-dire jusqu'à un temps où nous sommes privés non seulement des transcriptions en caractères cunéiformes, mais des transcriptions égyptiennes contemporaines de noms sémitiques. Il y en a pourtant quelques-unes dans les *Mémoires de Sinouhît*, pour lesquelles le manuscrit n° 1 de Berlin, qui fut rédigé vers la fin de la XIIᵉ ou vers le commencement de la XIIIᵉ dynastie, nous fournit quelques bonnes orthographes. Pour ⸗ simple, Beni-Hassan nous fournit le nom propre ⸗ d'un cheikh cananéen, que j'ai rapproché il y a longtemps du nom hébreu אֲבִישַׁי : ⸗, étant affecté d'un trait, est un idéogramme, certainement celui de ⸗, ⲀⲂⲒⲤⲎⲀⲒ ou ⲀⲂⲤⲎⲀⲒ, ce qui forme un calembour graphique sans analogie avec le sens réel du nom asiatique. La combinaison ⸗ se retrouve dans le nom de pays ⸗ du Papyrus de Berlin, que Max Müller a découvert à Karnak, sous la XVIIIᵉ dynastie, mais ici encore le scribe a cru reconnaître un nom de plante égyptien, probablement l'original de ce qui est en copte ⲉⲓⲁⲁⲧ *T.* ⲓⲁⲧ *M. linum*. Il a probablement altéré pour cela la forme du nom, ce qui

---

1. Erman, *Assimilation des 'Ajin an andre schwache Konsonanten*, dans la *Zeitschrift*, 1908, t. XLVI, p. 96-104.

2. Voir p. 71 du présent volume.

3. Lacau, *A propos des voyelles redoublées en copte*, dans la *Zeitschrift*, 1910, t. XLVIII, p. 77-80.

nous empêche de le reconnaître : si pourtant la combinaison ⟨glyphes⟩ répondait ici à un ‏ע‏ sémitique[1], on pourrait songer à un nom comme ‏עָיָא‏, ‏עָיָה‏, variantes de ‏עַי‏ et lire AIA. Si au contraire ⟨glyphes⟩ ne répond pas à un ‏ע‏, on aurait peut-être l'équivalent de l'hébreu ‏אִיָּה‏. Le ⟨glyphe⟩ est employé de la même manière qu'aux temps postérieurs. A l'initiale, il correspond au ‏ע‏-ع sémitique dans le nom du prince ⟨glyphes⟩, ⟨glyphes⟩[2]. Il semble bien que ce nom doit se décomposer en deux parties, ⟨glyphes⟩ et ⟨glyphes⟩ qui, transcrits dans la langue sémitique connue pour l'époque, donnent AMOU-INASHI. Le premier élément est, je crois, le terme ‏עַם‏ *populus*, qui se lit dans les noms des rois arabes de Babylone, Hammourabi, Ammiditana, Ammizadougga, etc.; la variante Ammourabi de Hammourabi correspond bien à la difficulté pour les Babyloniens de transcrire ‏ע‏, car ils le rendaient tantôt par KH ‏ח‏, tantôt par ‏א‏ A. Le second élément me paraît être le même verbe qu'on trouve en assyrien sous la forme ‏נשׁא‏ NAŠU, *afferre tributum*, et la combinaison ⟨glyphes⟩ semble indiquer qu'il est au présent[3]. Le tout AMOU-INASHI signifierait Celui à qui le peuple *apporte tribut*. En finale, derrière ⟨glyphe⟩, ⟨glyphe⟩ semble avoir le même emploi qu'à la seconde époque thébaine[4] : le nom ⟨glyphes⟩ offre au Papyrus de Berlin la variante ⟨glyphes⟩, puis dans un manuscrit du temps de la χοινή la variante ⟨glyphes⟩, le tout représentant une forme de la racine ‏קָדַם‏ peut être quelque chose comme ‏קַדְמָה‏ ou ‏קְדֵמָה‏.

Peut-on obtenir par ailleurs d'autres renseignements sur le rôle que jouent ces signes à l'époque memphite? J'ai indiqué déjà, comme on l'a vu, la fréquence de la combinaison ⟨glyphes⟩ dans les textes de ce temps, ainsi que l'usage fait de cette combinaison pour remplacer par approximation le ⟨glyphe⟩ au moins dans quelques mots d'emploi fréquent : il me reste à attirer l'attention sur le rôle que joue ⟨glyphe⟩ à la finale au même moment. Je crois bien avoir été le premier à montrer, il y a une quarantaine d'années de cela[5], qu'à cette place ⟨glyphe⟩ échangeait régulièrement avec ⟨glyphes⟩ et par conséquent se prononçait comme ⟨glyphes⟩ : les variantes des noms propres ⟨glyphes⟩, ⟨glyphes⟩, ⟨glyphes⟩, ⟨glyphes⟩, etc., m'en fournissaient la preuve, et

---

1. Voir plus haut, p. 113 du présent volume.

2. Gardiner admet comme très vraisemblable une suggestion de Dévaud, d'après laquelle il faudrait dire ⟨glyphes⟩ (*Notes on the Story of Sinuhe*, dans le *Recueil de Travaux*, 1914, t. XXXVI, p. 196) « Neshi, fils d'Amou ». C'est ne pas tenir un compte suffisant des faits paléographiques qui nous montrent la présence voulue de \\ dans les deux passages du *Papyrus de Berlin* (l. 30, 142), et l'absence de tout signe correspondant dans les autres documents. Or, si un signe comme \\ peut disparaître sans inconvénient pour le sens dans l'orthographe, il n'en est pas de même d'un signe comme ⟨glyphe⟩ dont la disparition fausse le sens du passage.

3. Pour les verbes à troisième radicale faible, le temps correspondant se marque en cananéen, à la troisième personne du singulier par la vocalisation ı—ı (DHORMES, *La Langue de Canaan*, dans la *Revue biblique*, 1914, p. 56-58).

4. Voir plus haut, p. 109 du présent volume.

5. MASPERO, *Le Papyrus de Berlin n° 1*, dans les *Mélanges d'Archéologie*, 1877, t. III, p. 139, note 5; cf. MASPERO, *Notes sur quelques points de grammaire et d'histoire*, dans la *Zeitschrift*, 1884, t. XXI, p. 80 sqq. De là, la valeur ı de ⟨glyphe⟩ a passé à l'école allemande, ainsi que celle de ı diphtongué ou de *jod* que j'avais signalée pour ⟨glyphes⟩, variante de ⟨glyphe⟩ (MASPERO, *Une Enquête judiciaire à Thèbes*, 1869-1871, p. 33, note 1).

j'en vins plus tard à signaler des formes telles que 〔 = 〔〔 pour la préposition ⌇ que personne, sauf moi, ne s'était avisé de vocaliser ainsi jusqu'alors. On remarquera de plus que, dans les textes des Pyramides et des tombeaux memphites, il y a une tendance de plus en plus forte à faire alterner dans l'écriture la finale 〔 = 〔〔 avec la finale 〔. Sans rechercher ici s'il y a addition des deux finales ou substitution de l'une à l'autre, contentons-nous actuellement de constater qu'alors on voit apparaître en finale de certaines catégories de mots un 〔 auquel on finit assez rapidement par donner partout une variante 〔〔. Faut-il en conclure que cet 〔 couvre la valeur I qui est celle que couvre 〔〔 pendant les siècles pour lesquels nous possédons des transcriptions vocalisées de l'égyptien? Ici, il n'y a point de réponse certaine à cette question, mais on peut émettre une hypothèse. Les langues, en vieillissant, alternativement restreignent et augmentent leur domaine vocalique. Prenons l'ensemble formé par le latin et par le français, qui s'est développé graduellement du latin, et rappelons-nous la remarque très ingénieuse de V. Henry : « Le latin nous paraît mort, tout uniment parce que » nous ne serions plus compris de Cicéron si nous lui parlions français; mais il eût » compris Quintilien, et Quintilien Lactance, et Lactance Grégoire de Tours, et Gré- » goire le scribe inconnu qui transcrivit à notre usage le texte du Serment de Stras- » bourg. Où donc finit le latin? où commence le français? » Pendant les vingt siècles et plus qu'a duré cette évolution, l'accroissement et le retrécissement du domaine vo- calique se sont produits en gros au moins trois fois. Les dix voyelles brèves ou longues Ă, Ā, Ĕ, Ē, Ĭ, Ī, ŏ, ō, ŭ, ū, et les trois diphtongues AE, OE, AU, du latin classique se réduisent dans le latin vulgaire à sept voyelles ouvertes ou fermées I, É, È, A, Ò, Ó, U, et les trois diphtongues se sont résolues AE sur Ĕ, OE sur ō, AU sur ò OUVERT. Le nombre des sons s'accroît pendant le moyen âge de sons inconnus au latin : alors le français possède non seulement les sept voyelles du latin vulgaire, mais une voyelle orale mixte ü intermédiaire entre I et U [ou], et des voyelles nasales I, ẽ, õ, ũ, des diphtongues orales ÁU, ÉU, ÓU, ÒU, UO, UE, des diphtongues nasales AIN, EIN, OIN, enfin des triphtongues orales EAU, IEU, UEU. Le français moderne est en recul sur le français médiéval, tout en étant en avance sur le latin vulgaire et même sur le latin classique : on y rencontre en effet, outre les sept voyelles du latin vulgaire, un Â (*pÂte*), trois voyelles palatales arrondies U, EU (*ceux*), ŒU (*sŒur*), quatre voyelles nasales Ã, Ẽ (*bAin*), ũ, õ, et une voyelle neutre, un E comme celui de *brEbis*, en tout neuf voyelles étran- gères au latin[1]. On pourrait faire des constatations analogues sur les autres langues romanes, mais l'exemple du français suffit. Je crois que l'égyptien a subi la même évolution. Il est certain qu'un moine copte du VIe siècle après J.-C. n'aurait pas compris Chéops, mais Chéops se serait fait entendre de Papi, qui aurait pu converser avec un Amenemhaît, et ceux-ci se seraient entretenus sans trop de peine avec Amanhatpe Ier, bien qu'il fût survenu entre les deux un changement analogue à celui qui se produisit entre Lactance et le scribe du Serment de Strasbourg. Or, tandis que le copte mo- derne tend à réduire au minimum les phonèmes vocaliques[2], le copte du VIe siècle se

---

1. NYROP, *Grammaire historique de la langue française*, 3ᵉ édit., 1914, p. 161-163.
2. Voir plus haut, p. 73 du présent volume.

révèle à nous comme possédant, outre les six voyelles A, E, H, I, O, OY, du grec en longues et en brèves, un nombre assez considérable de diphtongues. Nous savons dès maintenant qu'une quantité des sons notés en copte par A, E, Ê, O, Ô, se ramènent à des A dans la κοινή ramesside, ce qui nous engage à soupçonner pour cette κοινή une simplicité plus grande de sons que celle qu'on est forcé d'admettre pour la langue postérieure, mais en revanche l'usage qu'elle fait du ‿ɑ par exemple pour rendre le ʋ-ε sémitique prouve qu'elle possédait encore, au moins en certains cas, des sons inconnus entièrement au copte. Si l'on essaie de remonter plus haut, l'emploi des groupes ⟨ de l'âge memphite comparé à celui des mêmes groupes dans les transcriptions sémitiques au second âge thébain est de nature à montrer que des groupes qui étaient devenus monophtongues dans la κοινή, étaient des diphtongues, parfois même des triphtongues antérieurement, comme j'aurai occasion de le dire.

On conçoit qu'essayer dans ces conditions de rétablir même très sommairement le système vocalique de l'égyptien memphite soit une entreprise des plus hasardeuses : ce système devait différer de celui du copte, autant pour le moins que le système vocalique du latin classique diffère de celui du français moderne. Un examen poussé plus avant nous permettra pourtant de juger qu'elle n'est pas aussi hasardeuse qu'on serait tenté de le croire de prime abord. Si une partie de la vocalisation française diffère grandement de celle du latin vulgaire ou du classique, une autre partie est demeurée la même à travers les siècles. Notre *nid* a la voyelle *i* du latin vulgaire *nidus* qui ne présente qu'une variation de durée avec celle du latin classique *nīdus*. L'*o ouvert* *tonique* entravé du latin vulgaire, qui dérive lui-même d'un o fermé du latin classique, se retrouve inchangé dans le français de nos jours, *cŏrnu–cŏrnu–cor*, *mŏrtem-mŏrtem-mort*, *cŏllum-cŏllum-col*, et l'A dans la même position ne se comporte pas différemment, *pArtem-pArt*, *brAcchium-brAs*, *cabAllum-chevAl*. Je n'insiste pas ; le sort des voyelles en français dépend de celui des consonnes qui les accompagnent, et très probablement il en allait de même en égyptien, mais nous commençons bien juste à dégager leurs relations. Nous voyons, par exemple, que l'ou de l'égyptien saïte demeure généralement oy en copte sous l'influence des nasales ⲙ et ⲛ, quand, partout ailleurs, sauf parfois dans des noms propres, il devient o-ω *nÁta-nōŭti-*ⲛⲟⲩⲧⲉ, ⲛⲟⲩⳁ, *AmÁna-Amōŭnou-*Ⲁⲙⲟⲩⲛ, mais *HÁra-Hōŭrou-*Ὧρος, Ⳃⲱⲣ, *KÁshi-Kōŭshou* (Κῦσις)-ⲉϣⲱϣ, *Abōŭdou* (Ἄβυδος)-Ⲉⳃⲱⲧ, *Oŭshirou* (Ὑσιρις)-Ὄσιρις qui, en copte, redevient Ⲟⲩⳓⲣⲉ par exception, et ainsi de suite[1]. Toutefois, comme tous ces oŭ remontent à des Á ramessides, il est probable que cette règle est récente en égyptien et ne vaut pas pour les temps antérieurs à la κοινή. Il convient donc de n'admettre la plupart des observations qui vont suivre que comme des hypothèses, vraisemblables à coup sûr, mais susceptibles d'être réformées d'un instant à l'autre.

J'ai dit plus haut[2] que, des faits observés, il résulte que ces valeurs vocaliques recouvertes à la fin du système hiéroglyphique par les trois signes ⟨, 𓄿, ‿ɑ, allaient

---

1. La thèse Á = ŌŬ = o-ω n'est pas admise par Ranke (*Keilschriftliches Material*, p. 74-76).
2. Voir les conclusions, p. 110 du présent volume.

se réduisant à mesure qu'on remontait les siècles et qu'elles aboutissaient presque toutes à une valeur commune A, vers la XVIIIᵉ dynastie : il faut essayer maintenant de reconnaître quel était à cette époque l'emploi plus spécial de chacun d'eux. Parlant d'une manière générale, on peut dire : 1° que, exception faite pour des orthographes traditionnelles, ⎀ se place régulièrement à l'initiale des mots, et qu'alors il recouvre une voyelle A qui, non tonique, reste immuable dans la langue postérieure, sauf le cas de diphtongaison avec le phonème recouvert par 𓅃, ⎀ ⎯⎯ Amánou-Amōūnou-ⲀⲘⲟⲩ̄ⲛ, ⎀□ 𓃀 *Anápou-Anōūpou-Ⲁⲛⲟⲩ̄ⲡ, mais ⎀ ⎯ 𓈙, ⎀ 𓅃 ⎯ 𓈙 ⲉⲓⲱⲧⲉ, et qui, tonique, devient ou-o-o, ⎀□ 𓇌 *Appa-῎Ωφις, ⎀ ○ *Ánou-Oúnou-῎Ων, 𓏲 ⎯⎯ 𓃹 *Án-harou-Ánhouri-῎Ονουρις; 2° que 𓅃, rare à l'initiale des mots, se met très fréquemment derrière le signe initial ou à la finale pour rendre un phonème A qui, tonique, reste rarement A en copte, mais devient o-ⲱ-ⲉ, etc., et non tonique à l'intérieur ou à la fin des mots, s'amuit et n'est plus représenté dans l'orthographe copte, 𓂋 𓅃 𓂝 𓈙 ⲥⲁⲟⲓ-ⲥⲁ̄ⲟⲉ T. ⲝⲫⲟⲓ M., 𓇋 𓇋 𓅬 𓅭 ⲥⲧⲱⲧ T., ⎯⎯ ⎀ 𓄀 𓅃 𓃛 ⲩⲟⲩϣ T. M. ϣⲁⲩϣ T. ϣⲱⲩϣ M.; 3° que ⎯○ tonique, à l'initiale ou ailleurs dans le mot, est employé pour transcrire un ע-ח sémitique doux, vocalisé A, mais que, lorsque ⎯○ est atone, il correspond à un A simple et échange avec ⎀ 𓅃, 𓅃. Nous sommes donc amenés à conclure que les deux premiers signes, ⎀ et 𓅃, diffèrent à cette époque surtout par la place qu'ils occupent dans l'écriture du mot, mais qu'ils recouvrent un même phonème, qui, étant placé dans les mêmes conditions, subit plus tard les mêmes altérations vocaliques, et qu'en général ce phonème était A. ⎯○, d'autre part, recouvre un A différent du précédent : il est encore assez guttural pour servir aux scribes à rendre le ע-ח plus ou moins bien, dans les transcriptions sémitiques, mais dans les mots égyptiens, ce n'est plus qu'un A un peu plus long peut-être dans la durée que l'A exprimé par ⎀, 𓅃. Je tire cette conclusion de la tendance qu'il a, dès lors, à se redoubler, 𓃭 ⎯○ ⎀⎀ ○ 𓀀, près de 𓃭 ⎀⎀ ○ 𓀀, devenant ainsi le type graphique des voyelles redoublées ⲁⲁ, ⲉⲉ, ⲟⲟ, ⲱⲱ, du copte thébain. Bien entendu, je ne puis dire graphiquement jusqu'à quel point les altérations vocaliques qui affectèrent les sons couverts par ces trois lettres étaient déjà poussées : la recherche des faits relatifs à ces phénomènes est réservée pour un autre chapitre.

La tendance à restreindre les valeurs vocaliques cachées sous les trois signes ⎀, 𓅃, ⎯○, étant telle à la XVIIIᵉ dynastie, il y a chance que, si nous remontions plus haut, elle s'accroîtrait encore et qu'elle aboutirait pour chacun d'eux à une valeur unique qui serait bien certainement la valeur primitive, celle qu'ils eurent au moment où le système d'écriture hiéroglyphique fut créé. En français moderne, A tonique entravé et l'A protonique entravé ou libre, párt, árbre, argént, charbón, amōúr, marí, la diphtongue nasale IEN-YEN et la voyelle nasale AIN-AIM dans chIEN, mOYEN, pAYEN, pAIN, fAIM, l'AI de fAIre, essAI, l'OI de armOIre, grimOIre, etc., proviennent tous d'Ā-Ă latin dans différentes positions, pArtem, Arborem, Argentum, cArbonem, Amorem, mArі-

tum, c**a**nem, *medi*a*num*, *paga*n*um*, p**a**nem, f**a**mem, f**a**cere, *exa*gium, *gramm*a*-
tica*, etc., mais, comme en français l'orthographe a suivi la prononciation plus ou
moins, le signe primitif a s'est transformé parallèlement à celle-ci. L'anglais offre un
cas analogue à celui de l'égyptien : le son de la voyelle a beau être différent dans
f**a**ther, m**a**n, wh**a**t, **a**ll, *leop*a*rd*, n**a**me, et ainsi de suite, l'écriture conserve toujours
le signe-voyelle a que la vieille langue avait pris à l'alphabet avec le son qu'elle avait
au latin tel qu'il était parlé dans l'île de Bretagne romaine. Ce que j'ai dit jusqu'à
présent de l'histoire des trois signes ⧝, 🦅, ⎯⎯, nous permet de voir que dans l'égyptien archaïque comme dans le vieil anglais, les phonèmes variés de la langue postérieure ne s'étaient pas produits encore, et qu'il n'y avait sous chacun d'eux, ainsi que
sous chacun des signes reconnus pour consonnes par tous les savants ⫼, ▢, ⚘, ⌒,
⊠, etc., qu'un phonème unique, ou, si l'on veut, les groupes de nuances vocaliques
que nous avons l'habitude de désigner par un signe unique; si donc nous disons que
le signe a anglais figure une voyelle, il n'y a pas de raison pour que les signes ⧝, 🦅,
⎯⎯, ne figurent pas des voyelles. Bien entendu, je n'ai pas la prétention d'affirmer·
que, si 🦅 par exemple sonnait a, il n'y avait sous ce signe qu'un seul des a possibles.
Comme chaque modification de forme dans la bouche humaine produit une voyelle ou
une nuance de voyelle différente, le nombre des voyelles et de leurs nuances est très
considérable; aussi les signes que nous appelons *signes-voyelles* communément a,
e, i, etc., représentent en réalité des groupes de nuances vocaliques différant très
légèrement l'une de l'autre, et l'on considérera les signes qui représentent chacun
d'eux, ⧝, 🦅, ⎯⎯, en égyptien comme couvrant chacun de ces groupes. Il nous faut
donc essayer de déterminer quel fut, au moment de la construction du système hiéroglyphique que nous connaissons par les Pyramides, le son moyen de chacun de ces
groupes : ce sera la valeur vocalique primitive du signe, d'où l'histoire de la langue a
déduit depuis toutes les valeurs secondaires.

Si je ne me trompe, ⧝ est un a moyen correspondant à l'a français dans p**a***tte*,
c**a***ge*, c'est-à-dire un ă ou un á ouvert qui confine aux é comme dans la prononciation
populaire *M*o*np*é*rnasse* pour *Montp*á*rnasse*, 🦅 a est un à grave qui confine aux ô,
comme dans les prononciations populaires parisiennes *g*ò*r* pour *g*a*re*, ou dans les an-
glaises a*ll*, w*os* pour w*as*; enfin 3° ⎯⎯ est un a guttural qui rappelle le son du ʋ-ε,
mais ne lui répond pas exactement et tourne parfois à l'á aigu, parfois à l'à grave.

1° ⧝ = ă bref, aigu. — Cette donnée nous est fournie par le copte et les transcriptions grecques. Il serait assez difficile de décider la quantité d'un a égyptien par le
copte si cet a était toujours rendu par un ⲁ, mais beaucoup des a égyptiens sont passés
vers l'époque gréco-romaine à l'e transcrit ε-ε, c'est-à-dire à deux sons fermés par
nature. ⧝ est ⲉⲗⲟⲟⲗⲉ en dialecte thébain, et cette transition implique que l'ⲁ de
ⲁⲗⲟⲗⲓ *M*. ⲁⲗⲁⲁⲗⲓ *B*. est fermé, ălóly, ălăăly. ⧊ dans le sens d'*Occident* est en
copte ⲉⲙⲛ̄ⲧ *T*. ⲉⲙⲉⲛⲧ *M*. et dans le sens d'*enfer* ⲁⲙⲛ̄ⲧⲉ *T*. ⲁⲙⲉⲛϯ *M*., dont la transcription grecque est Ἀμένθης : l'ε de la forme plus récente montre que l'ⲁ de la forme
ancienne est un ă aigu. De même dans ⧝: la quantité de l'A initial dans Ἄνουϐις,
Ằnŭbĭs, en copte ⲁⲛⲟⲩⲡ, nous assure la valeur du ⧝ ă d'Ằnoupou ⧝. Les formes

coptes ⲉⲣⲱⲧⲉ *T.* ⲉⲣⲱⲧⲓ *M. B.*, ⲉ�ñⲟⲧ *T.*, ⲉⲣⲏⲧ *T.*, etc., nous donnent pour 𓏤 de 𓏤 ⬭ ♄, ⬦, 𓏤 \\, la même valeur Ă qui est conservée dans ⲁñⲟⲧ *M.* ⲁⲣⲏⲟⲧ *M.* ⲁⲗⲏⲟⲧ *B.* Pour un mot comme 𓏤 ▭ 𓂋, la transcription grecque Ἄμμων, latin *Ammon*, semblerait indiquer un ᴀ grave, long quantitativement, mais elle est artificielle, tenant à l'étymologie fausse qui dérivait Ἄμμων de ἄμμος; au contraire, les transcriptions cunéiformes et coptes *Amânou-Amôunou* Ⲁⲙⲟⲩⲛ et la transcription grecque rare Ἀμοῦν nous donnent pour l'ᴀ de 𓏤 une valeur analogue à celle de Ἀνουβις, Ἄβυδος, et par conséquent un Ă aigu dans tous les mots où l'Ă = 𓏤 initial ne porte pas la tonique; lorsqu'il en est frappé, il subit une transformation phonétique, et il peut parfois rester bref, et aussi s'allonger. 𓏤 ▭ donne ⲉⲛ *T. M.*, mais ⲱⲛ *T. M. B.* par suite de l'unification du son des trois signes 𓅃, 𓏤 et ▭ aux temps postérieurs, toutefois, le qualitatif ⲏⲛ *T. M.* assure, pour le groupe 𓏤 ▭, la valeur première ᴀρ avec un Á aigu. De même 𓂝 ⲉⲛ *T. M. B.* � *T.*, mais à la forme féminine 𓂝 ⲉⲓⲛⲉ, ⲓⲛⲉ *T.* ⲉⲓⲛⲓ, ⲓⲛⲓ *M. B.*, nous ramène à une valeur primitive *Án* pour 𓏤 𓂝 avec Á aigu, pouvant passer à ⲉ puis à ⲓ, ⬭ ⲉⲣ *T. M.* ⲣ̄ *T.* ⲉⲗ *B.* nous ramène à un son original ᴀⲣ par là. En revanche, la forme féminine ⬭ donne ⲉⲓⲣⲉ, ⲓⲣⲉ *T. B.*, ⲓⲣⲓ *M.* ⲉⲓⲗⲓ, ⲓⲗⲓ *B.*, 𓏤 sonne ⲟⲥⲓ *M.* et 𓏤 ⬭ ⲱⲛⲉ, ⲱⲱⲛⲉ *T.* ⲱⲛⲓ *M.*, avec 𓏤 Á devenu ⲟ, ⲱ probablement pour la même raison que ⲱⲛ. Dans tous les mots de ce genre, l'allongement de la voyelle est produit par l'accent, accent du mot ou accent de la phrase, et la transformation vocalique par l'histoire de la langue. De toute manière, il semble bien que 𓏤 devant consonne, libre ou entravé, couvrait primitivement un Á aigu.

Il n'en est pas nécessairement de même de 𓏤 devant voyelle. Nous rappellerons que, dans les mots où la combinaison 𓏤 𓅃, 𓏤, s'est maintenue jusqu'à la fin, le 𓏤 est représenté généralement en copte par ⲉⲓ *T.* ⲓ *M.*, 𓅃 ⬭ 𓈖 ⲉⲓⲱⲧⲉ *T.* ⲓⲱⲧ *M.*, 𓏤 ⲉⲓⲱ, ⲉⲓⲁ *T.* ⲓⲱ *T. M.* ⲓⲁ *M.* Cette vocalisation ⲓ de 𓏤 remonte au moins à la XXᵉ dynastie, c'est-à-dire à la ϰοινή du second empire thébain, puisque le scribe du *Papyrus Abbott* écrit déjà 𓏤𓏤 pour 𓏤, mais pouvons-nous imaginer ce qu'était la prononciation du groupe 𓏤 𓅃, 𓏤 aux temps antérieurs? La variante 𓏤 𓅃 𓅃, 𓏤 𓅃 ▭, 𓏤 𓅃 des mots très usités, c'est-à-dire prononcés plus mollement, 𓅃, ▭, nous indique peut-être la voie à suivre. Nous avons dit que ▭ était une voyelle gutturale, ce qui implique qu'il demandait son effort d'énonciation; par corollaire, en diminuant cet effort, on arrivait à 𓏤 + 𓅃. 𓏤 𓅃 ▭ est donc à ▭ ce qu'est, pour ⲁⲓ, la prononciation marquée par l'orthographe ᴀλ*li* que j'ai citée plus haut[1], et Áâ*shou* pour une vocalisation approchant *vshou*. Le 𓅃 est rendu en copte par ⲱ, donc le 𓏤 correspond à ⲉⲓ, ⲓ, et nous avons en copte un certain nombre d'exemples de cette mutation, Ἀ/-, ⲓⲥ *M.* 𓏤 𓅃, ⲉⲧⲉ *T.* 𓏤𓏤, sans compter les infinitifs à forme féminine tels que ⲉⲓⲣⲉ, ⲓⲣⲓ *M.* ⬭, ⲉⲓⲛⲉ *T.* ⲓⲛⲓ *M.* 𓂝 : il ne semble pas que cette altération se soit produite directement, mais la forme

---

[1] Voir p. 112 du présent volume.

bachmourique et akhmimique ⲉⲕ 𓍯𓏲 et les formes semblables nous mettent sur la voie par laquelle elle s'est opérée : il y a eu une altération de A en E et de E en I, soit *åkhou-ekhou-ⲓⲥ*, *ås-ec-ⲉⲓⲥ*, et ainsi de suite. Dans ⲉⲓⲱⲧ elle est d'autant plus naturelle que ⲉ devant voyelle devient aisément ⲓ dans beaucoup de langues : on a donc eu pour 𓇋𓂝 une variante *𓇋𓅂𓂝 *ÅAT* devenant *ĔĀT-ÎĀT-ⲓⲱⲧ-ⲉⲓⲱⲧ*. L'explication est la même pour le rendu par ⲉⲓ, ⲓ de 𓇋 devant ⸗𓂝. 𓇋𓅂𓂝𓏏 et 𓇋𓂝𓈖 ont pu se prononcer au début *åådet* et *av*, puis devenir *êådet* et *éå* ou avec mutation de Å tonique en ò, *iöde[t]* ⲉⲓⲱⲧⲉ, *ià-iô* ⲉⲓⲁ, ⲉⲓⲱ. Si la variante ⲉⲱ *T. M.* de ⲉⲓⲱ *asinus* pouvait être invoquée légitimement, la prononciation *eô* donnerait la transition entre *åå-* et ⲉⲓⲱ de 𓂝𓃾. L'orthographe 𓇋𓅂 qui se réduit à 𓇋 dans les mots en 𓇋 initial, rapprochée de la variante 𓇋𓅂 pour ⸗𓂝, peut donc servir à expliquer les variantes en 𓇋 des mots commençant primitivement par ⸗𓂝 : l'affaiblissement progressif du son vocalique guttural correspondant à ce signe et son expression par 𓇋𓅂 ont amené l'emploi pour lui de 𓇋 seul, et réciproquement l'emploi de ⸗𓂝 affaibli pour 𓇋. C'est ainsi que ⸗𓂝𓊌, 𓊌𓈖, et ⸗𓂝𓅂 deviennent 𓇋𓊌 et 𓇋�, ou que 𓈖𓂝𓃀 devient 𓇋𓅂𓈖𓃀, puis 𓇋𓃀, tandis que 𓇋𓏤 devient 𓂝𓅂 ou 𓇋𓅆 devient ⸗𓅆; le Papyrus de Berlin donne les formes 𓇋𓅆𓏤 où la version de mon texte porte 𓇋𓅆𓏤 et 𓅆𓏤. Rien ne prouve mieux que ces variantes l'identité phonétique qui tendait à s'établir entre les deux signes 𓇋, ⸗𓂝, et qui fut complète dans la masse populaire, vers les basses époques ainsi qu'au temps de formation de l'alphabet copte.

Il semble résulter de ces considérations et des variantes 𓇋𓅂, 𓇋𓅂𓂝, 𓅂⸗𓂝, qui les ont suggérées, que, la combinaison 𓇋+𓅂 représentant dans ces cas par une sorte de diérèse un son unique exprimé par ⸗𓂝, 𓇋 et 𓅂 ne pouvaient pas représenter à l'origine des sons éloignés l'un de l'autre; puisque le signe 𓅂 couvre très anciennement un Ȧ, 𓇋 ne peut cacher qu'un Å un peu différent, d'après sa position dans l'orthographe, un A. De même, en effet, que, dans 𓂝 transcrit approximativement A*li*, le son ÂA analysé donne l'équivalence ÅÅ*li*, de même la variante 𓇋𓅂𓎛𓄿 pour 𓎛 nous indique à l'analyse une énonciation Å*shou*, Á+Å, et non une prononciation originelle Ȧ*shou*, comme l'analogue ⲉⲓⲱⲧⲉ *T.* ⲓⲱ† *M.* pour 𓇋𓅂𓈖𓈖 pourrait sembler l'exiger si l'on prenait l'orthographe 𓇋𓅂𓎛𓄿 comme exprimant la valeur totale de ⸗𓂝 à l'origine. Il est probable que la prononciation ÅA*shou*, affaiblissement de la prononciation A*shou* 𓎛𓄿, évolua d'abord vers ĔA*shou*, et que, suivant des phénomènes bien connus ⲉ devant voyelle, surtout devant o, cet Ĕ se diphtongua avec o, ĔÔ et disparut en lui (cf. en français les prononciations *seau*, *beau*, *eau*, *veau*) tandis qu'ailleurs ⲉⲁ, ⲉⲟ devinrent ⲓⲁ, ⲓⲟ (cf. les prononciations dialectales *siau*, *biau*, *iau*, *viau*), si bien que si les orthographes 𓇋𓅂𓎛𓄿, 𓇋𓅂𓏤 avaient exprimé le son réel du mot, celui-ci aurait sonné successivement ÅÅ*shou*, *ĔA*shou-*ĔÔshou*, *ĔÔsh-*ⲓⲟ*sh*, et *ÅÅqou*, *ĔÀqou*, *ĔÔq-*ⲓⲟ*q*, de même que 𓇋𓅂𓂝,

sonnent successivement Ắⲁⲇⲉⲧ, Ⲉ̆Ⲁⲇⲉ, Ⲉⲟ̂ⲇⲉ-ⲉⲓⲱⲧⲉ, Ắⲁⲟⲩ, Ⲉ̆Ⲁⲟⲩ, Ⲓ̆Ⲁ-ⲓⲁ, ⲓⲟ̂-ⲉⲓⲱ. Du moment que dans le copte les mots ⬛, ⬛ aboutissent à ⲱⲙ, ⲱⲕ, avec un ⲱ simple sans ⲉⲓ-ⲓ préliminaire, c'est que l'orthographe ⬛, ⬛ ne correspondait pas à la prononciation exacte, et par conséquent que ⬛ n'était pas un équivalent complet de ⬛ : un mot renfermant ⬛ ne pouvait aboutir à une forme possédant l'ⲉⲓ-ⲓ initial en copte que lorsqu'il préfixait régulièrement un ⬛ devant ⬛, comme ⬛ ⲉⲓⲁ-ⲓⲁ, ⲉⲓⲱ-ⲓⲱ.

⬛ médian suit les destinées de ⬛ initial tonique. Lorsqu'il est ancien, le plus souvent il s'altère, et alors il absorbe la voyelle exprimée ou non exprimée de la consonne précédente ⬛ ⲃ̀ⲱⲱⲕ *T.* ⲃ̀ⲱⲛ *M.*, ⬛ ⲃ̀ⲏ̃ⳓ *T.* ⲃ̀ⲏ̃ⲝ *M.*, ⬛ ⲟⲧⲱ (dans 'Pηⲟⲩⲱ́, le ⬛ s'est fondu dans ⬛ ⲟⲩ-ⲟⲧ et ⬛ est devenu ⲱ). Lorsque le son équivalant à ⬛ antique est entré dans l'intérieur du mot vers l'époque de la ⲭⲟⲓⲛⲏ́, il a généralement le son ⲓ, et alors il peut ne pas être noté dans l'orthographe traditionnelle ou bien être marqué par la notation plus récente, ⬛ comme par le ⬛ antique, ⬛ ⲃ̀ⲟⲓⲛⲉ *T.* ⲟⲧⲱⲓⲛⲓ *M.*, ⬛ Φⲟⲓ̈ⲛⲓⲝ.

Ces formes en ⲓ médian ont dû se multiplier dans la ⲭⲟⲓⲛⲏ́, mais nous n'en soupçonnerions pas l'existence, si le copte ne nous en avait pas conservé les dérivés ⲟⲉⲓⲕ *T.* ⲱⲓⲕ *M.* ⲁⲓⲕ *B.* de ⬛, ce qui suppose une variante *⬛, analogue à ⬛, ⲛⲟⲉⲓⲕ *T.* ⲛⲱⲓⲕ *M.* de ⬛, ⲛⲟⲉⲓⲧ *T.* ⲛⲱⲓⲧ *M.* de ⬛, ⲟⲧⲉⲓⲛⲉ *T.* de ⬛, ⲙⲁⲉⲓⲛ *T.* ⲙⲏⲓⲛⲓ *B.* ⲙⲏⲓⲛⲓ *M.* de ⬛, ⲥⲁⲉⲓⲛ *T.* ⲥⲏⲓⲛⲓ *M.* de ⬛, etc. Ce n'est pas le lieu d'en rechercher ici l'origine : il suffit pour le moment d'en constater l'existence.

Le ⬛ final fut remplacé presque partout par le ⬛ dans l'orthographe courante, à partir de la seconde époque thébaine, mais cette substitution avait commencé à l'époque memphite et réalisé de très grands progrès à partir de cette époque : il convient donc de rechercher quelle pouvait être sa valeur au moment où le remplacement de ⬛ final par ⬛ s'est opéré dans l'orthographe. Il va de soi qu'il ne sera question ici que de la valeur de ⬛ final, et que je rejetterai au chapitre des sonnantes toutes les discussions relatives à ⬛ en général. Graphiquement ⬛ étant ⬛ redoublé, sa valeur doit être celle de deux ⬛, et, de fait, l'école berlinoise considère des formes ⬛, ⬛, ⬛ à la première personne du singulier comme répondant à ⬛ + ⬛, ⬛ + ⬛, ⬛ + ⬛, et elle les transcrit *msꝫ* + ꝫ, *irⲓ* + ⲓ, *rdꝫ* + ꝫ, tout en admettant que c'est là un reste d'orthographe ancienne et qu'ailleurs dans le même temps ⬛ représente un son simple, ⬛, ⬛ : *mꝫꝫt-k* pour *mꝫt-k*, *ḫftꝫꝫ-k* pour *ḫftꝫ-k*, selon sa manière de transcrire. Mais est-il bien certain que ⬛ ait dès lors, et dans cette position, la valeur des ⲓ = ꝫ des Berlinois? Il est prouvé par les noms propres que sous les dynasties memphites le signe ⬛, servant de variante au pronom ⬛ de la première personne, avait la même valeur phonétique que ce dernier : c'est ainsi que ⬛ (Lepsius, *Denkmäler*, II, pl. 10) se rencontre sous les formes ⬛ et ⬛ (ⲓⅮ., *ibid.*, pl. 110). D'autre part, la préposition ⬛ revêt dans les textes des Pyramides les formes ⌇ et ⌇⌇ [1] et correspond dans plusieurs transcriptions grecques ou coptes à NA, NE, NI. Il semble bien, par les variantes, qu'on trouve dans le sens de ces exemples à l'époque memphite que ⌇ final et ⌇⌇ avaient dès lors la valeur I, et qu'on prononçait ◁▷ *maraï ou *meraï, ◁▷, ◁▷, ◁▷ *Ouararinaï ou *Oerarineï. La marche suivie par le son ă pour aboutir à I est probablement la même qu'on observe dans beaucoup de langues, mais, sans insister sur ce point, il suffit de constater qu'elle est très ancienne et qu'on trouve ◁▷, à la III° dynastie, à côté de ◁▷ ou de ◁▷. Une fois établie pour la finale, elle fut appliquée à l'initiale, surtout lorsque ⌇ se trouva en contact avec un ◁▷ ou un ◁▷ suivant dans l'orthographe. Il semble en effet que l'égyptien très ancien fut sujet à une sorte de prosthèse de cet ⌇ devant les voyelles, qui, d'abord non écrite, fut plus tard représentée graphiquement dans les mots, et qui entraîna des modifications phonétiques dans ceux d'entre eux qui étaient formés de plusieurs occlusives. Les textes des Pyramides en sont remplis, aussi n'en citerais-je que quelques exemples, tels que ◁▷, ◁▷, ◁▷, ◁▷, ◁▷, et ainsi de suite pour cette catégorie. Doit-on prononcer sous ⌇ une voyelle simple, ăskou, ăshmou, ăkhpou, ăzdou, ou admettre ici un Y-I préfixe vocalisé, YAskou, YAshmou, YAkhpou, YAzdou, dans les deux cas avec suppression de la voyelle placée entre les deux consonnes écrites à la forme simple, ◁▷, ◁▷, ◁▷, etc.? L'analogie des formes telles que ◁▷, ◁▷, ◁▷ *Árapou-ⲏ̄ⲣⲡ, Aⲙánou-Ⲁⲙⲟⲧⲛ, Aⲛápou-Aⲛⲟápou-Ⲁⲛⲟⲧⲛ, me fait pencher pour la première hypothèse. A, comme tout ce que nous appelons voyelle, renfermait un élément consonantique très léger, qui a permis à certains linguistes européens de le traiter comme une sonnante : l'égyptien employait ⌇ avec sa valeur purement vocalique dans le cas où il précédait directement la consonne suivante; il ne donnait la valeur de sonnante que lorsque l'orthographe présente en variante un ◁▷ ou un ◁▷ derrière ⌇. Or ◁▷, ◁▷, ◁▷, ◁▷, etc., ne présentent jamais, à ma connaissance, des écritures ◁▷, ◁▷, ◁▷, ◁▷. Dans les cas, au contraire, où les orthographes en ◁▷, ◁▷, interviennent en variante de ⌇, de ◁▷, ou de ◁▷, le signe ⌇ prend de bonne heure comme correspondant un i-y-j prononcé qui a pu rester en copte : ◁▷ devenu ◁▷, et par suppression purement orthographique du signe représentant la voyelle á ◁▷, est en copte ⲉⲓⲱⲅⲉ T. ⲓⲟⲅⲓ M., et on a de même ◁▷, ◁▷, ◁▷, ⲓⲱⲥ, ⲓⲏⲥ M., etc. Toutefois, dans la plupart des cas, la forme en ⌇ prothétique est revenue à la forme primitive vers l'époque où ⌇ avait remplacé presque partout ◁▷ dans l'usage graphique, au début des mots, et où il n'y avait plus sous les deux signes qu'un son A et ses substituts historiques E, ŏ, ou, ô, ◁▷ = ◁▷ = ◁▷ ⲉⲗⲟⲟⲗⲉ T. ⲁⲗⲟⲗⲓ M. Une forme telle que ⲉⲓⲱⲧ T. ⲓⲱⲧ M. pater suppose, comme je l'ai déjà dit, une forme égyptienne

---

1. MASPERO, *Notes sur quelques points de grammaire*, dans la *Zeitschrift*, t. XXI, 1884, p. 83-84.

seconde *⸢[signes hiéroglyphiques]⸣, qui ne s'est pas rencontrée encore à côté des orthographes traditionnelles ⸢[signes]⸣.

2° ⸢[signe]⸣ = à grave. — Cette donnée nous est fournie par le copte où le son qui
succède dans l'orthographe alphabétique au signe ⸢[signe]⸣ de l'orthographe hiéroglyphique
est toujours marqué à la tonique par une lettre longue, généralement ω. Ici l'histoire
est beaucoup moins longue à retracer que pour ⸢[signe]⸣. A partir de la XVIIIe dynastie
pour le moins, c'est-à-dire dans la ϰοινή, ⸢[signe]⸣ n'est plus employé au commencement des
mots que par tradition : on écrit bien encore ⸢[signes]⸣, ⸢[signes]⸣, ⸢[signes]⸣,
⸢[signes]⸣, ⸢[signes]⸣, ⸢[signes]⸣ et ⸢[signes]⸣, ⸢[signes]⸣, etc., comme autrefois,
mais il y a de plus en plus tendance à écrire ⸢[signes]⸣, ⸢[signes]⸣, ⸢[signes]⸣, ⸢[signes]⸣, ⸢[signes]⸣
⸢[signes]⸣, ⸢[signes]⸣ et ⸢[signes]⸣, ⸢[signes]⸣. Comme je l'ai déjà dit, à l'époque gréco-romaine,
⸢[signe]⸣ et ⸢[signe]⸣ ne sont plus à la tonique que les variantes graphiques d'un même son ω, ωⲟ̄ⲁ T.
ωⲝϥ M., ωⲧⲛ T. M., ωⲃⲧ M., ωⲣⲉ T. ωⲥⲃ M., dans la plupart des mots que le copte a
conservés. Or l'o tonique descend très souvent d'un A ouvert ramesside, ainsi que je
l'ai indiqué déjà souvent, et que les transcriptions cananéennes le prouvent. Et cela est
vrai en quelque place qu'il se trouve en copte, ainsi dans ⲥⲃ̄ω T. M. où l'équivalent
hiéroglyphique est ⸢[signes]⸣ : le ⸢[signe]⸣ féminin est tombé, dénudant la vocalisation
féminine ⸢[signe]⸣ = ⲓ-ⲉ, qui, se diphtonguant avec ώ de ⸢[signe]⸣ à tonique, s'est résolu sur ce
dernier son, comme je l'ai mentionné il y a longtemps déjà. Il est inutile de citer
d'autres exemples de ce fait bien connu : il faut observer seulement que à tonique
écrit ⸢[signe]⸣ se combine alors avec un ⲓ-ⲉ, ⸢[signe]⸣ masculin, la diphtongue ⸢[signes]⸣ àï peut se
réduire également sur ⲉ, ⸢[signes]⸣ sabáï, sbà̀ï, ⲥⲃ̄ⲉ T. M. ⲥⲃ̄ⲏ B., et cette dissimilation phonétique de ⸢[signe]⸣ masculin avec ⸢[signe]⸣ de ⸢[signe]⸣ féminin, toujours maintenue, eut pour effet de perpétuer la distinction entre les deux mots, qui, s'ils s'étaient
transformés de la même manière, auraient fini par prêter à l'amphibologie phonétique.
Dans bien des cas, la combinaison ⸢[signe]⸣ avec ⸢[signe]⸣ à la tonique correspondit en copte
à une valeur ⲁⲓ, ⲉⲓ, selon les dialectes où ⲁ, comme toujours, caractérisa plus spécialement le memphitique ⸢[signes]⸣ ϥⲁï T. M. B. ϥⲉⲓ T., ⸢[signes]⸣ ⲟⲩⲝⲁⲓ T. M. ⲟⲩⲝⲉⲓ
B., ⸢[signes]⸣ ⲅⲁⲓ T. M. ⲅⲉⲓ B. Ce n'est pas le lieu d'essayer l'explication de ces différences de traitement phonétique dans la forme dernière de la langue : il suffit de
noter ici qu'elles tendent toutes à nous ramener vers la valeur à pour ⸢[signe]⸣ tonique dans
les temps plus anciens. ⸢[signe]⸣ atone s'amuit à la médiale ou à la finale, ⸢[signes]⸣
gàbō̄uï, ⲅⲃⲟï en copte ⲥⲃⲟⲉ, ⲥⲃⲟⲓ T. ϫϥⲟⲓ M., ⸢[signes]⸣ kàmáï-ⲕⲙⲁ́ï ⲥⲙⲉ T. M.
ⲥⲙⲏ T., ⸢[signes]⸣ bàbà̀ ⲃⲏⲃ T. M., ⸢[signes]⸣ pṓukhⲁ-pó̄khⲁ ⲡⲱϧ,
ⲡⲁϧ T. ϥⲱϧ M. Il est probable que l'à primitif devint ⲉ féminin avant de s'amuir et
de disparaître entièrement.

---

1. Dans la forme régulière, l'animal tourne la tête.

J'ai déjà étudié sous ⸗ la valeur de la combinaison ⸗, il n'y a donc pas lieu de revenir ici sur elle.

3° ⸗ A guttural. — Cette donnée nous est fournie par la manière dont les scribes ont employé ce caractère pour remplacer le *v-ع* sémitique, tout en tenant compte du fait signalé plus haut qu'ils ont pu le remplacer ou parfois le doubler par la combinaison des deux signes ⸗ dont la valeur se rapproche lorsqu'ils sont ainsi assemblés de celle du signe sémitique, mais ne couvre pas celle-ci entièrement[1]. Toutefois, ce son était de nature trop instable pour garder indéfiniment sa valeur primitive : dans la κοινή ramesside, il semble ne l'avoir conservée que par tradition pour rendre tant bien que mal le *v-ع* dans les mots sémitiques que l'usage ou la conquête introduisirent dans la langue, mais, partout ailleurs, il n'est qu'un A non guttural, long de préférence, mais qui, lorsqu'il est atone, s'abrège et s'amuit. Ajoutons, comme dernier trait d'identité de nature, que les trois signes peuvent se supprimer également dans l'orthographe hiéroglyphique, ce qui semble bien prouver que, ne recouvrant pas à l'origine des sonnantes, ils doivent marquer des voyelles. Mais je ne veux pas appuyer sur cette considération dans cet article.

En résumé, la conclusion à laquelle m'a conduit une étude de près d'un demi-siècle, c'est que l'égyptien a possédé dans son système d'écriture trois signes et leurs variantes graphiques, qui correspondaient chacun à un son vocalique unique ⸗ Ă aigu, ⸗ Á grave, ⸗ A grave guttural; pour parler le langage courant qu'il avait dans son appareil graphique de vrais signes-voyelles aussi bien que de vrais signes-consonnes. Le temps produisit sur ces trois signes les effets qu'il a produits sur tous les alphabets. Les différences quantitatives et qualitatives que chacun d'eux pouvait avoir par rapport aux autres s'effacèrent, et ils ne furent plus que des signes homophones ou presque échangeant constamment l'un avec l'autre, mais qui se plaçaient de préférence à des places spéciales : ⸗ se met à l'initiale d'un mot ou d'une syllabe, ⸗ *A-mā-nou*, ⸗ *bá-Á-nou*, ⸗ *shá-rá-Aou*, ⸗ tonique préfère rester en enclitique de la voyelle ou de la consonne qui le précède immédiatement, ⸗ *iÁdet-ⲉⲓⲱⲧⲉ*, et atone il s'amuit, ⸗ *gÁboúi-ⲅⲁ̄ϧⲟⲓ*, ⸗ *poúkhÁnⲟⲩ̄ⲅ*, enfin le ⸗ persiste à toute place dans l'écriture, mais son expression peut s'amuir à la finale non accentuée ⸗ *nímÁ-ⲛⲓⲙⲁ*, avec la progression *à-á-e*. Tout cela, bien entendu, sans préjudice de la tradition qui maintient jusqu'à la fin des orthographes anciennes en concurrence avec les modernes ⸗ à côté de ⸗, ⸗ sans ⸗ médian ou ⸗ sans ⸗ ni ⸗ que supposent les formes coptes ⲉⲓⲱⲧⲉ *Ï.* ⲓⲟⲧ *M.*, etc. Dans le même temps que ces confusions graphiques s'accomplissaient, une évolution phonétique se poursuivait sans cesse sous les signes d'abord affectés chacun exclusivement à un son. Les phonèmes de l'égyptien comme ceux de toute langue parlée sont en voie de changement continu, et les modifications qu'ils subissent par degrés presque insensibles aux contemporains suivent des lois constantes : une fois

---

1. Voir p. 113 du présent volume.

donc qu'on a retrouvé des correspondances constantes entre certains phonèmes à deux ou trois dates différentes à l'époque byzantine, à l'assyrienne et à la cananéenne par exemple, il devient possible avec beaucoup de précautions de rétablir les formes transitoires qui se sont produites de siècle en siècle entre ces dates, et même de reconstruire quelques-unes des formes antérieures. Je n'ai pas étudié ici, sauf dans de rares occasions, quelle était l'action des phonèmes les uns sur les autres : il y a là une série de phénomènes que je me propose de déterminer plus loin dans ce livre, lorsque j'examinerai la syllabe et le mot. Je n'ai voulu analyser pour le moment que les phonèmes fondamentaux à l'état isolé qui se cachent sous chaque caractère, et constater ce qu'ils peuvent devenir par la suite des temps. Pour ce qui est des caractères [hiéroglyphes], j'ai réussi, je crois, à montrer d'une manière certaine, jusqu'à la XVIIIᵉ dynastie, que les valeurs phonétiques nombreuses, qui se cachent sous eux aux bas temps, se laissent ramener à deux ou trois valeurs; ce point déterminé, j'ai pu remonter par déduction plus haut, jusqu'au point où, n'exprimant chacun qu'un phonème unique, ils étaient de véritables signes-voyelles, tels que ceux de nos alphabets, et non plus des voyelles vagues, ou ce que l'école berlinoise appelle des CONSONNES FAIBLES, vocalisées variablement à toutes les époques, sans tenir dans son appréciation de leurs valeurs un compte suffisant de l'histoire de la langue.

3º SONNANTES

L'égyptien possède six caractères-types qui représentent des sonnantes, c'est-à-dire des phonèmes dont la situation est intermédiaire entre celle des voyelles et celle des consonnes, [hiéroglyphes]. Ces signes partagent avec les voyelles le privilège de s'écrire à volonté; commun dans les temps anciens, il subsiste par tradition aux époques plus récentes, et la cause n'en étant pas toujours saisie d'instinct par les scribes, ils l'appliquent par extension erronée à des explosives. C'est ainsi que l'on trouve dans ces textes [hiéroglyphes] et les autres formes qu'Erman a citées, il y a plus d'un quart de siècle, pour [hiéroglyphes]. Quand ces variantes ne sont pas de véritables abréviations, comme celles que M. Montet a citées récemment dans le *Sphinx*, il n'y a pas lieu de les considérer comme régulières : ou ce sont des fautes d'orthographe involontaires causées par l'oubli d'un signe, ou, si elles sont voulues, elles sont dues à une fausse analogie avec l'usage des mots à voyelles ou à sonnantes. On ne reconnaîtra comme légitimes que les graphies [hiéroglyphes], [hiéroglyphes], pour [hiéroglyphes].

---

1. ERMAN, *Defective Schreibungen*, dans la *Zeitschrift*, 1891, t. XXIX, p. 33-39.

[hiéroglyphes], [hiéroglyphes], [hiéroglyphes], [hiéroglyphes]. Ceci dit, examinons chacun des six caractères à loisir et déterminons-en la valeur.

[hiéroglyphes]

[hiéroglyphes], qui a pour signe auxiliaire, à partir de la IVe ou de la Ve dynastie, d'abord ӀӀ, puis \\, est tantôt voyelle simple, tantôt semi-voyelle, élément de diphtongue. Graphiquement, il se place assez rarement au début des mots : en cet endroit, c'est, ainsi que je l'ai dit plus haut, le [hiéroglyphe] qui figure avec le son que nous connaissons à [hiéroglyphe] et que ce dernier avait pris au cours des temps. A proprement parler, [hiéroglyphe] n'est que [hiéroglyphe] écrit deux fois : comme la graphie anglaise EE pour I, dans EEL, NEED, SEE, est formée de deux E accolés, la graphie égyptienne [hiéroglyphe] est constituée par deux [hiéroglyphe] qui ont pris avec le temps la valeur de la sonnante I. Il s'écrit assez rarement au milieu des mots, aux temps anciens, mais il commence à se multiplier à cette place vers la fin de l'époque thébaine, et il devient assez commun dans les graphies démotiques. On le trouve alors en variante de [hiéroglyphe] au commencement des mots, et le témoignage du copte prouve qu'il y fait souvent diphtongue avec le son écrit ou non qu'exprime anciennement [hiéroglyphe] ou [hiéroglyphe], *[hiéroglyphes] ⲉⲓⲟⲙ T. ⲓⲟⲙ T. M. ⲓⲁⲙ B., *[hiéroglyphes] ⲉⲓⲟⲟⲣ T. ⲓⲟⲣ M., *[hiéroglyphes] ⲉⲓⲱ, ⲉⲓⲁ T. ⲓⲱ T. M. ⲓⲁ B., *[hiéroglyphes] ⲉⲓⲁⲗ T. ⲓⲁⲗ M., *[hiéroglyphes] ⲉⲓⲱⲧⲉ T. ⲓⲱⲧⲉ T. M. ⲓⲱϯ M. ros, etc. Au milieu des mots, lorsqu'il est précédé immédiatement de [hiéroglyphe] ou de [hiéroglyphe], le phonème qu'il prend fait diphtongue avec le son couvert par ces signes, *[hiéroglyphes] (avec une variante *[hiéroglyphes] disque solaire), l'antique [hiéroglyphes], prononcé *āiten*, mais qui, donc, s'il avait survécu en copte, y aurait revêtu une forme, ⲉⲓⲧⲛ T. ⲓⲧⲉⲛ M.; [hiéroglyphes], qui, prononcé primitivement *Aïkh en composition 'Aχ-, s'est affaibli en *eïkh*, puis résolu en ⲓⲥ M., *[hiéroglyphes] Aïoul devenu ⲉⲓⲟⲩⲗ T. M., *[hiéroglyphes] Aïт, dont l'équivalent n'existe pas en copte, *[hiéroglyphes] ⲟⲩⲟⲉⲓⲧ, ⲟⲩⲉⲓⲧ T., avec une prononciation plus ancienne *ouАït* qui est devenu, par obscurcissement de Ꜣ [hiéroglyphe], ⲟⲩⲟⲉⲓⲧ, puis par contraction de ⲟ dans ⲟⲩ, ⲟⲩⲉⲓⲧ; des formes telles que ⲁⲉⲓⲕ T. ⲁⲓⲕ M. montrent que, dans *[hiéroglyphes] de l'ancien [hiéroglyphes], la première syllabe [hiéroglyphe] se complétait d'un I dans la prononciation, et que, dans *[hiéroglyphes], le [hiéroglyphe] inhérent du signe [hiéroglyphe] se diphtonguait avec le [hiéroglyphe] adventice pour donner le memphitique ⲭⲏⲃⲓ par substitution dialectale de ⲏ à ⲁ, *Khaïbi* comme dans ⲛⲏⲓ, ⲉⲅⲣⲏⲓ, etc., pour le thébain ⲛⲁ̈ⲓ, ⲉⲅⲣⲁ̈ⲓ. On n'aurait pas de peine à multiplier ici ces exemples du son I se diphtonguant avec la voyelle contiguë, soit qu'il soit représenté par un [hiéroglyphe], soit qu'il ne soit pas figuré graphiquement. Je préfère indiquer ici que dans le démotique le son I qui s'était introduit au cœur des mots sous le second empire thébain et qui ne s'écrit qu'exceptionnellement en hiéroglyphes est noté par [hiéroglyphe] à sa place : *[hiéroglyphes] ⲛⲓⲃ T. M. *nebula*, пⲓⲙⲉ *T.* пⲓⲁⲓ *M.* ⲗⲓⲁⲓ *B.*, ⲁⲓⲍⲓ *M.*, ϣⲱⲙ *M.* pour *ϣⲟⲓⲙ, ноⲉⲓϣ *T.* ⲛⲱⲓϣ *M.* pour *nⲁⲓsh, ⲛⲉⲓⲣⲉ, ⲛⲓⲣⲉ *T.* ϥⲓⲣⲓ *M.* pour ▭, etc., sont les orthographes démotiques de ▭, etc. A la fin des mots, le ⲓⲓ est devenu beaucoup plus fréquent en démotique qu'il n'était autrefois. En effet, le ⌒, marque du genre, étant tombé, comme nous le verrons, à la fin des mots féminins ou assimilés par erreur à un féminin, le son-voyelle, qui mouvait jadis cette consonne et que d'ordinaire on n'exprimait pas par un signe, a été marqué le plus souvent en démotique par un ⲓⲓ final, à l'endroit duquel le copte note un ⲉ ou un ⲓ selon le dialecte, ⲥⲓⲅⲉ, ⲥⲏⲃⲉ *T.* ⲥⲓⳓⲓ, ⲥⲏⲃⲓ *M. B.*, anciennement , ⲟⲧⲉ, ⲟⲟⲧⲉ *T.* ⲟⲧ, ⲟⲧⲧⲓ *M.* pour ⲟ̄Q, ⲉⲗⲟⲟⲗⲉ *T.* ⲁⲗⲟⲗⲓ *M.* ⲁⲗⲁⲁⲗⲓ *B.* pour , ⲥⲟⲟⳓⲉ, ⲥⲱⲟⳓⲉ *T.* ⲥⲱⲟⳓⲓ *M.* de ⲱⲧ écrit aussi parfois en hiéroglyphes aux basses époques, ⲛⲟⳓⲉ *T.* ⲛⲟⳓⲓ *M.*, écrit aussi dans la ⲕⲟⲓⲛή , ⲟⲩⲣⲁⲓ-ⲟⲥ de , ⲉⲣⲱⲧⲉ *T.* ⲉⲣⲱⲧⲓ *M. B.* pour , etc., ou pour les pseudo-féminins, ⲱⲛⲉ, ⲱⲱⲛⲉ *T.* ⲱⲛⲓ *M. B.* pour , , ⲙⲁⲁϫⲉ *T.* ⲙⲉⲉϫⲉ *B.* pour ⲙⲁϣϫ *M.*, ⲉⲣⲡⲉ, ⲣ̄ⲡⲉ *T.* ⲉⲣⲫⲉⲓ *M.* ⲉⲗⲡⲏⲏⲓ *B.*, ⲭⲱⲱⲙⲉ, ⲭⲱⲙⲉ *T.* ⲭⲱⲱⲙⲓ *B.* ⲭⲱⲙ *M.* pour , etc.

On remarquera que dans cette orthographe ⲓⲓ peut jouer trois rôles différents selon la place qu'il occupe : en premier signe du mot, c'est un élément de diphtongue qui peut devenir simple voyelle en copte ⲁⲓkh-ⲓ⳥, ⲉⲓⲟⲙ, ⲓⲟⲙ, ⲓⲁⲙ; à l'intérieur du mot, il est quelquefois élément de diphtongue ⳓⲏⲏⲃⲓ, mais le plus souvent simple voyelle ⲛⲉⲓⲣⲉ, ⲛⲓⲣⲉ, ϥⲓⲣⲓ; enfin, à la finale, il est toujours simple voyelle, et il correspond en copte à ⲉ ou ⲓ, suivant le dialecte, ou même il s'amuit complètement et il n'a plus d'équivalent graphique, surtout dans le dialecte du Nord, et quand il s'agit d'un mot qui était masculin dans la langue antique, ⲙⲁⲁϫⲉ *T.* ⲙⲁϣϫ *M.*, ⲛⲟⳓⲉ *T.* ⲛⲟⳓⲓ *M.* Ces faits que nous révèle l'orthographe démotique sont confirmés par les transcriptions grecques, puis par l'orthographe hiéroglyphique de la même époque. Le *Papyrus gnostique de Leyde-Londres* donne en effet les transcriptions suivantes : ⲛⲁⲉ, quand plus loin est rendu ⲛⲁⲉⲓ équivalent à ⲛⲁⲓ préfixe du memphitique, ⲛⲁⲓ ⲁⲗⲟⲧ, est ⲡⲉⲧ, soit avec l'esprit rude pour ⲏ, ϩⲉⲧ où l'ⲉ est peut-être une résolution de la diphtongue ⲁⲓ qu'on retrouve dans *ϩⲣⲁⲓ *T.* de ⲉϩⲣⲁⲓ;

[hiéroglyphes] transcrit ⲧⲁⲛϣⲧⲏⲉⲓ [1] ; [hiéroglyphes] transcrit ⲧⲁⲉⲓ ;

[hiéroglyphes] transcrit ϣⲁⲉ, ϣⲁⲏ où il semble bien que ⲏ ait sa valeur ancienne de ê, etc. On lit de même dans les transcriptions ptolémaïques et romaines des noms grecs et latins, [hiéroglyphes] ou [hiéroglyphes] Φίλιππος, [hiéroglyphes] Πτολεμαῖος, [hiéroglyphes] Βερενίκη, [hiéroglyphes] Φιλοτέρα, [hiéroglyphes] ou [hiéroglyphes] Ἀρσινόη, [hiéroglyphes] ou [hiéroglyphes] Καίσαρος, [hiéroglyphes] ou [hiéroglyphes] Τιβέριος, [hiéroglyphes] Καῖος, [hiéroglyphes] Κλαύδιος, [hiéroglyphes] Γερμάνικος, [hiéroglyphes] Οὐεσπασιανός, [hiéroglyphes] Τίτος, [hiéroglyphes] Δομιτιανός, [hiéroglyphes], [hiéroglyphes] et rarement [hiéroglyphes] avec le [hiéroglyphe] complémentaire de la diphtongue ια dans Τραιανός, [hiéroglyphes] et rarement [hiéroglyphes] Ἀδριανός, [hiéroglyphes] Σαβινά, [hiéroglyphes] Αὐρήλιος, [hiéroglyphes] Λούκιος, [hiéroglyphes] Ἀντωνῖνος, etc. Dans ces transcriptions, quand [hiéroglyphe] ne marque pas la voyelle simple ι du grec ou du latin, mais qu'il est semi-consonne ou élément de diphtongue, c'est cet ι [hiéroglyphe] qui est toujours écrit dans les hiéroglyphes, et les autres éléments sont rarement exprimés : la combinaison αιο de Πτολεμαῖος est toujours rendue par un [hiéroglyphe] seul qui, combiné avec l'ᴀ inhérent à [hiéroglyphe] ou [hiéroglyphe] précédent et n'exprimant pas o graphiquement, nous apparaît comme [hiéroglyphes] qu'on doit prononcer *mᴀᴀιοs* et non *mιs*. Si quelquefois Καίσαρος, Καῖος, Τραιανός s'écrivent [hiéroglyphes], [hiéroglyphes], [hiéroglyphes], ce n'est que par exception, quand la fantaisie du scribe s'est ingéniée à varier les formes des cartouches. Il résulte de tout cet examen que [hiéroglyphe] jusqu'à l'époque saïte rend les trois sons ι-voyelle, ι-semi-consonne, é ou ê moins fréquemment.

Il est assez difficile de pousser plus haut l'histoire du signe [hiéroglyphe] d'après les transcriptions. En premier lieu, ces transcriptions sont peu nombreuses, et puis un grand nombre des orthographes en [hiéroglyphe] qu'on trouve écrites à l'époque démotique ne se rencontrent plus avec [hiéroglyphe] que rarement aux époques antérieures. Ainsi ces féminins en [hiéroglyphe] final, qui sont si fréquents en démotique, sont remplacés en partie même alors par la terminaison non vocalisée du féminin traditionnel [hiéroglyphe], qu'on supprime souvent : [hiéroglyphes] = [hiéroglyphes]

[hiéroglyphes] = [hiéroglyphes], [hiéroglyphes] = [hiéroglyphes] = [hiéroglyphes], [hiéroglyphes] = [hiéroglyphes]

[hiéroglyphes], [hiéroglyphes] = [hiéroglyphes] = [hiéroglyphes], [hiéroglyphes] = [hiéroglyphes]

[hiéroglyphes] = [hiéroglyphes], [hiéroglyphes] = [hiéroglyphes] = [hiéroglyphes], [hiéroglyphes] = [hiéroglyphes],

[hiéroglyphes] = [hiéroglyphes] = [hiéroglyphes], [hiéroglyphes] = [hiéroglyphes] = [hiéroglyphes]

[hiéroglyphes], etc. Les exemples sont innombrables, et ils nous donnent graphiquement

---

1. Je rappelle que, dans les transcriptions grecques de ce papyrus, ⲧ ⲩ est employé pour exprimer les aspirées ⳁ et ⳧. ⲧⲏⲉⲓ est donc ici l'équivalent de ⲟ̀ⲏⲉⲓ = [hiéroglyphes].

l'histoire de la flexion féminine. C'est d'abord, dans la plupart des cas que j'ai relevés, l'adjonction non vocalisée du suffixe féminin ⌓ au thème du mot ⌗, puis, le ⊤ tendant à disparaître, l'intercalation entre le thème et lui de la voyelle 𓏭 du féminin ⌗, puis ensuite, le ⊤ s'étant amui complètement, on le retranche à volonté de l'écriture, et il ne reste plus que la voyelle 𓏭 suffixée au thème ⌗ ou ce thème nu ⌗ derrière lequel on rétablit la voyelle dans la prononciation ноүрі-ноүре. Ceci est la généalogie des formes, mais il va de soi que leur succession n'est pas strictement chronologique dans la représentation matérielle. Au fur et à mesure que la graphie première ⌗ s'use et que le ⌓ s'amuit, on trouve plus souvent ⌗, puis ⌗ et ⌗ ou ⌗ dans les textes; toutefois chaque variante nouvelle ne chasse pas les variantes précédentes. Elles se cumulent au lieu de se chasser l'une l'autre, et, dans les derniers siècles, les scribes les emploient toutes indifféremment dans l'écriture monumentale, sauf à leur attribuer à toutes la même prononciation ноүрі ou ноүре selon les dialectes. 𓏭 final était donc à cette place une voyelle pure couvrant deux phonèmes ı, є. Si maintenant nous remontons les siècles à sa suite, nous sommes amenés à nous demander jusqu'à quelle époque il a possédé cette double valeur, ou, dans le cas contraire, en quel temps il n'en avait qu'une encore des deux, Á-E ou bien ı. Les transcriptions cananéennes d'El-Amarna donnent pour la terminaison féminine presque toujours A, rarement ı. Ainsi ⌗ est rendu par eux *Amanappa*, mais aussi *Amanappı* où ⌗ a comme valeur de la terminaison féminine tantôt A, tantôt ı; ⌗ est *moua* et parfois *mououa* ou *mou* dans ⊙⌗, ⌗, ⌗, avec ⌗ = OU, avec A = Á ⌓, ou même avec suppression complète de la terminaison féminine en composition. En face de ⌗, ⌗ et ⌗, le cananéen met *namša*, *maziḳda* et *raḥta* avec A pour la flexion. En composition, ⌗ se prononce HI- dans ⌗ Hikouphtah et, par conséquent, nous fournit une valeur ı pour le féminin. Donnés les mots coptes, on voit que l'A de la transcription cananéenne correspond à є du dialecte thébain, ⌗ *Appa*-ане-паапе-опе-нооπе T., ⌗ *raḥta*-ршоре T., tandis que l'ı reproduit l'ı final féminin du dialecte memphite, ⌗ *Appı*-опı-шпı-шфı-пааопı-пашпı. Il y aurait donc eu, à ce moment-là, dans l'égyptien quelques-uns des traits qui caractérisèrent plus tard les dialectes coptes, le féminin en є pour les gens de Thèbes, et le féminin en ı pour ceux de Memphis ou du Delta en général, ce qui ne veut pas dire que ces dialectes fussent déjà constitués entièrement : les Égyptiens du second empire thébain avaient une langue moyenne, ce que nous appelons la κοινή ahmesside ou ramesside, mais dans chaque canton subsistaient, surtout pour la masse des fellahs, des habitudes phonétiques, des usages grammaticaux, des expressions locales qui leur formaient un parler spécial souvent inintelligible ou peu intelligible aux gens des cantons éloignés. Le latin était une κοινή pour les Italiens, pour les Espagnols, pour les Rhètes, pour les Daces, pour les Gaulois du IVᵉ et du Vᵉ siècle après J.-C. : si les documents s'y prêtaient plus qu'ils ne font, on retrouverait dans chacune de ces provinces romaines, à cette époque et à l'état embryonnaire, quelques-uns des traits qui se rencontrent aujourd'hui dans l'italien, dans le provençal, dans le portugais, dans l'espagnol, dans le romanche, dans le roumain, dans le français et dans leurs dialectes.

On peut achever de prouver que l'A final des transcriptions cananéennes dans certains mots correspond aux deux signes 𓇋𓇋, \\ du système hiéroglyphique, en examinant quel y est le rendu des mots égyptiens qui, selon les dialectes, finissent en copte par un ε ou par un ι; toutefois, avant d'aller plus loin, il importe de dire quelques mots du rôle que joue \\ jusqu'à cette époque. On peut poser en principe que, sauf dans deux ou trois mots, \\ ou ‖ ne se rencontre pas à l'initiale. On a cité perpétuellement des orthographes comme celle de ⸢𓈖𓇳𓉐⸣ dans les cartouches de Titus et de Trajan, ou comme \\⸢...⸣, \\⸢...⸣ dans des inscriptions des bas temps, mais les cartouches proviennent les uns d'un temple tel que celui d'Esnéh, où le décorateur a voulu avant tout varier les signes, et les autres exemples sont tellement isolés qu'on peut les considérer comme des erreurs du graveur qui a mal interprété le poncif démotique ou hiératique d'après lequel il travaillait la pierre; je ne fais d'exception que pour \\⸢...⸣ qui est trop semblable à la prononciation du terme telle que le copte ειεϩτ, ιεϩτ, nous l'enseigne, pour ne pas être voulu. Aux âges antérieurs, \\ est réservé pour le milieu des mots et surtout pour la fin. Au milieu, son emploi le plus fréquent est dans le groupe ⸢𓏤⸣ des emprunts faits à l'étranger, ⸢...⸣ בַּעַל, ⸢...⸣ אֲבִירִים ou de beaucoup de termes égyptiens, ⸢...⸣, ⸢...⸣, écrits à la mode sémitique pour y marquer la présence d'un son transitoire entre le ⸢𓂋⸣ et la voyelle inhérente à la consonne précédente. Que ce glissement vocalique existât dans la prononciation, cela est marqué par le fait que j'ai rappelé plus haut de l'introduction de 𓇋𓇋 dans nombre de mots à l'époque ramesside. Il semble avoir commencé devant ⸢𓂋⸣ R-L et d'une manière assez légère si l'on peut tirer des conclusions de la nature du signe \\ employé pour le rendre, puis il s'étendit aux autres sonnantes et à la langue en général. Comme je l'ai dit au même endroit, il a laissé beaucoup de traces en copte; quelques exemples suffiront pour ce qui est de p, ϩⲁιρι *M.*, ⲕⲁιⲣⲉ *T.* ⲕⲟιⲣι *M.* de χαρόχ, ⲙⲁιⲣⲉ *T.* ⲙⲏιⲣι *M.*, ⲥⲁιⲣⲉ, ⲥⲁⲉιⲣ *T.*, ϣⲁιⲣⲉ *T.* ϣⲁιⲣι *M. ovile*, ϣⲁιⲣι *M. adolescentula*, ϧⲟⲉιⲣⲉ, ϧⲟιⲣⲉ, ϧⲁιⲣⲉ *T.* ϧⲱιⲣⲓ, ϧⲱⲣⲓ *M.*, etc. On aura donc prononcé, à partir du second âge thébain, ⸢...⸣ *bàïri-ϩⲁιⲣⲓ*, ⸢...⸣ *sàïrit*, et ce glissement se sera étendu aux mots d'emprunt étranger, ⸢...⸣ *Bàïlou*, ⸢...⸣ *Abàïri*, et ainsi de suite. En finale, ⸢...⸣ ne substitue jamais à 𓇋𓇋 du féminin dans les noms, mais dans les verbes il accompagne quelquefois et il remplace souvent le ⸢𓏏⸣ de ce qu'on appelle couramment l'infinitif féminin, 𓇋𓇋⸢...⸣ à côté de 𓇋𓇋⸢...⸣, ⸢...⸣ à côté de ⸢...⸣. Il se met aussi en remplacement de 𓇋𓇋 derrière certains caractères ou dans certaines positions auxquelles il s'accommode mieux que 𓇋𓇋, ainsi derrière ⸢...⸣ ou ⸢...⸣ sur le dos duquel il s'intercale dans ⸢...⸣ de ⸢...⸣, ⸢...⸣, ⸢...⸣, ⸢...⸣, ⸢...⸣, ⸢...⸣, ou derrière ⸢𓂋⸣, ⸢...⸣, ⸢...⸣, ⸢...⸣, et ⸢...⸣, ⸢...⸣, ⸢...⸣, etc. Son usage le plus fréquent est, pour marquer le duel, [hiéroglyphes], [hiéroglyphes], [hiéroglyphes], [hiéroglyphes], ou les noms d'agent, [hiéroglyphes], [hiéroglyphes]. etc. Dans tous ces cas, ou bien le son couvert par \\ a disparu dans le copte comme dans ⲙⲉⲣⲓⲧ *T.* ⲙⲉⲗⲓⲧ *B.* ⲙⲉⲛⲣⲓⲧ *M.* de [hiéroglyphes], ou il a été remplacé par une terminaison grecque comme dans ⲣⲁ⳽ⲓⲧⲏⲥ *M.* de [hiéroglyphes], ou il correspond à un ⲓ ou à un ⲉ copte comme dans les rares duels qui ont persisté, ⲟⲧⲉⲣⲏⲧⲉ *T.* ⲟⲧⲉⲣⲏϯ *B.* de [hiéroglyphes], [hiéroglyphes] ⲥⲗⲟⲧⲉ, ⲥⲗⲟⲟⲧⲉ *T.*, [hiéroglyphes], ⲙ̄ⲛⲟⲧⲉ *T.* ⲙ̄ⲛⲟϯ, ⲉⲙⲛⲟϯ *M.* Quelques mots grammaticaux qui avaient un \\ pour distinguer graphiquement certain sens de celui de leurs formes en [hiéro], ont un ⲓ en copte dans tous les dialectes; [hiéro], [hiéro], [hiéro], pronoms démonstratifs, restent en copte à l'état isolé, ⲡⲁⲓ̈, ⲧⲁⲓ̈, ⲛⲁⲓ̈ *T.* ϥⲁⲓ, ⲑⲁⲓ, ⲛⲁⲓ *M.* ⲡⲉⲓ, ⲧⲉⲓ, ⲛⲉⲓ *B.*, et quand ils sont proclitiques, ⲡⲉⲓ-ⲡⲓ, ⲧⲉⲓ-ϯ, ⲡⲉⲓ-ⲛⲓ *T.* ⲡⲁⲓ, ⲧⲁⲓ, ⲛⲁⲓ *M.*, tandis que les mêmes racines, articles possessifs, s'écrivent par un [hiéro], [hiéro], [hiéro], etc., et, diphtonguant leur [hiéro] avec [hiéro] de [hiéro], résolvent la diphtongue sur ⲉ en copte, ⲡⲉⲕ, ⲡⲉϥ, ⲡⲉⲥ, etc. Dans tous les cas indiqués ci-dessus, l'histoire de \\, somme toute, est phonétiquement celle de [hiéro].

Le traitement de ces finales non féminines en [hiéro] ou en \\ est le même dans les inscriptions cananéennes, et je puis ajouter assyriennes, que celui des terminaisons féminines en [hiéro]; je ferai remarquer toutefois que, pour les terminaisons féminines, l'assyrien se sert aussi d'une variante en -ou qu'il conviendra d'expliquer. Notons d'abord que, Thèbes étant la ville dominante à l'époque de la correspondance d'El-Amarna, il y a chance pour que les scribes cananéens aient négocié principalement avec des Égyptiens de Thèbes, dont les noms se présentaient à eux sous la forme thébaine : on rencontre, il est vrai, çà et là, chez eux, des désinences qui trahissent une origine memphite, ou, si l'on veut, septentrionale, mais c'est l'exception. Prenons donc un nom de roi [cartouche] : il est rendu à Bogaz-kieui *Mi-in-pa-ḫi-[ri]-tA-ri-a Menpakḥi-tAria,* où *pakḥitA* correspond à [hiéro], [hiéro]. [hiéro], [hiéro]. Il semble bien que ce mot [hiéro] aux premiers temps de la ⲭⲟⲓⲛⲏ́ ait passé parfois pour un ancien féminin écrit [hiéro] : la variante en [hiéro] qu'on voit au cartouche le prouve. Comme en effet le [hiéro] du féminin s'était amui dès lors, la terminaison vocalique qui restait seule, vocalisée ⲉ, ⲓ, suggéra aux scribes, pour la combinaison [hiéro] + ⲉ, ⲓ, l'idée d'un duel féminin dérivé de la forme [hiéro], comme [hiéro] était un duel masculin dérivé de [hiéro], et de là vinrent les orthographes dualistiques [hiéro], [hiéro], pour écrire le nom d'agent. La transcription *pakḥita* calque exactement la vocalisation de l'orthographe pleine [hiéro] *iti* des noms de ce genre, mais avec un *-A* final qui répondrait à un ⲉ-ⲓ final : faudra-t-il donc prononcer *pakḥitÉ* dans le sud et *Pakḥitⲓ* dans le nord de l'Égypte, soit pour le nom du roi *MenpakḥitÉria* et *Menpakḥitⲓria*? Le mot s'est conservé aux basses époques sous deux formes : 1° Σεναπⲏ́ης ou en copte ⲡϣⲉⲛⲁⲡⲁ⳽ⲓ *M.* [hiéro] où [hiéro] est le féminin simple [hiéro], et 2° ⲁⲡⲁⳅⲧⲉ *T.*, en grec Ἀπⲓ̈θης où ⲛⲁⳅⲧⲉ-πⲓ̈θης est l'équivalent de la forme féminine complexe [hiéro], [hiéro]. Les noms de la reine [hiéro], [hiéro] et celui de la reine [hiéro], quoique rendus de façon différente en apparence, l'un par

Ti-î-î ou *Te-i-e*, *Teyé*, l'autre par *Na-ap-té-ra*, *Naftéra*, nous ramèneraient aux mêmes conclusions : *Teyé* serait une forme thébaine où ε est exprimé directement ⲉ, et *Naftér*ᴀ une autre forme thébaine où ε est exprimé par ᴀ cananéen, *Naftéré. Le \\ de la particule couvre ici le ε thébain, comme dans la locution ⲉⲣⲏⲧ *T.* ⲁⲣⲏⲟⲩ *M.* ⲁⲗⲏⲧ, ⲁⲗⲏⲟⲩ *B.*, il couvre ᴎ-É long. On peut déduire de ces exemples que dans ces cas ᴀ cananéen serait aux XVIIIᵉ-XIXᵉ dynasties la terminaison qui est ε *T. ι M.* sous les Ptolémées ou les Césars. Prenons ensuite des mots qui, primitivement, terminés en ⟨⟩, ont amui le son représenté par ce signe et finissent en copte par ε *T. ι M.* : ils ont dans les transcriptions cananéennes une finale en ᴀ, et dans les assyriennes du VIIᵉ siècle une finale en ι : *nât*ᴀ ou *nât*É (cf. ⲛⲟⲧⲧⲉ *T.*) nous est donné par *Pa-ḫa-am-na-t*ᴀ*-Pa-ḫe-na-t*É, *Pahamnât*ᴀ*-Paha[m]nat*É, à la XVIIIᵉ dynastie, mais le même mot donne *nût*ι, soit ⲛⲟⲩϯ *M.* dans *Zab-nu-u-t*ι-*Zabnout*ι Σεβἱννυτο; à la XXVᵉ. Les noms finissant en offrent la même alternance de ι et de ᴀ dans leurs transcriptions cananéennes : *Haramashsh*ι, *Tahmashsh*ι, *Nahramashsh*ι étaient, selon leurs finales en ι, des noms de gens du Nord, *Haramâs*ι, *Phtahmâs*ι, *Anahramâs*ι, tandis que le pharaon était thébain, on prononçait son nom *Ri-a-ma-shé-sh*ᴀ*-Riamasés*ᴀ*-*Ῥαμἱσσης. La finale ℮, que ce dernier nom possède généralement dans l'orthographe hiéroglyphique ℮, à la place même où les cunéiformes ont un ᴀ, m'oblige ici à de nouvelles recherches.

Le cas n'est pas isolé, même aujourd'hui, d'un nom égyptien se terminant en ℮, que les cunéiformes rendent avec une finale ᴀ, ᴇ ou ι. Le titre est transcrit, à El-Amarna, presque indifféremment *wē-ḫ*ᴜ, *wē-ḫ*ι, *u-e-eḫ*, *we-*ᴀ, *u-u-*ᴇ, *we-*ᴜ, *u-e-*ᴜ. Les variantes en ι final expriment, comme je l'ai dit, la prononciation du Nord, *ouē*ι, celles en ᴀ-ᴇ la prononciation méridionale *ouēé*, par endroits la finale est tombée si bien que s'est trouvé dénudé, *ou*ᴇ ; mais à quoi correspond la finale en ou? On a remarqué depuis longtemps, — et j'aurai occasion d'y revenir en traitant de , — qu'à la finale atone, le phonème, couvert par ce signe au début, s'était modifié par la suite en É puis en ᴇ et amui le plus souvent : ⲏ devient ainsi ⲛⲉ en copte, devient *sátépé* puis *sátep*, le *šatep* du prénom de Ramsès II transcrit par les Hittites, et en copte ⲥⲱⲧⲡ *T. M.* La variante *ouéhou* nous donne la prononciation pleine de *ouéou* avec le rendu ou de final, soit pour le même mot trois équivalences diverses ou, ᴀ, ι de . A dire vrai, je ne connais pas une orthographe couvrant cette orthographe cananéenne, mais des noms propres de la même époque nous fournissent un élément de connaissance inverse au cas de . La forme cananéenne *A-ma-an-ḫa-at-p*ι répond à une prononciation égyptienne *Amanhâtp*ι pour laquelle on trouve en effet quelquefois la graphie . C'est la vocalisation septentrionale du nom commun à l'Egypte entière. Les premiers scribes cananéens et assyriens qui eurent à écrire ce nom n'eurent pas, ce semble, l'occasion de l'entendre prononcer par des Thébains, et ils n'ont jamais écrit *A-ma-an-ḫa-at-p*ᴀ, et, par la suite, l'usage cristallisa l'orthographe primitive quelle que fût la prononciation de la finale. Il n'en est pas moins vrai que l'orthographe [hiéroglyphes] et surtout [hiéroglyphes] des textes hiératiques, dans laquelle [hiéroglyphes] couvre le son *pé*, se montre fréquemment à côté de la graphie [hiéroglyphes] où la voyelle finale n'est pas exprimée dans l'écriture. Le nom simple [hiéroglyphes] offre, lui aussi, les mêmes formes dialectales [hiéroglyphes], [hiéroglyphes] *hatpi* avec l'ɪ du Nord, et [hiéroglyphes] [hiéroglyphes], [hiéroglyphes] *hatpé* avec l'ou-ᴇ du Sud, qui est conservé dans la transcription grecque Ἀτπῆς, et les composés de [hiéroglyphes] et d'un nom divin présentent les mêmes traits. Au VIIe siècle avant J.-C., les Assyro-Chaldéens transcrivent le nom [hiéroglyphes], appliqué en Égypte aux hommes et aux femmes vers la même époque, par *Hatpɪmoúnou* contracté de *Hatpɪ-Amounou*, avec ce qui me semble être la terminaison septentrionale de *Hatpɪ* : en grec, cela devient Ἐτφεμοῦνις, avec le ε du Midi, comme dans Ἐτφεσοῦχος [hiéroglyphes], et dans Ἀτπαχνοῦϐις, Ἀτπεχνοῦμις [hiéroglyphes]. On trouve donc dans les transcriptions grecques [hiéroglyphes] ou-ᴇ substitué à [hiéroglyphes] ɪ-ᴇ.

Dans les documents assyro-chaldéens des VIIe-VIe siècles, nous avons également les trois formes en ᴇ, en ɪ, en ou, souvent avec variantes amuies, et cela n'a rien d'étonnant, puisque, évidemment, les groupes de dialectes coptes étaient déjà constitués à ce moment-là : je dirai donc que la forme en ou rend la prononciation archaïque conservée dans les noms propres, la forme en ᴇ appartient aux noms prononcés par les Thébains, la forme en ɪ est memphite. Si la forme en ɪ prévaut dans ces transcriptions, cela est assez naturel, car les Assyriens eurent plus souvent affaire aux gens du Delta et de Memphis qu'à ceux de la Thébaïde, bien que la dynastie prédominante à cette époque fût une dynastie éthiopienne, thébaine d'origine. Le même pronom [hiéroglyphes], [hiéroglyphes], qui termine des noms comme [hiéroglyphes], [hiéroglyphes], [hiéroglyphes], est rendu -*shou*, -*sou*, dans *Iptiḫarṭešu*, *Phtehardisou*, avec la prononciation pleine, d'un archaïsme sans doute affecté, *Amurtésᴇ*, *Amourtésᴇ*, avec la prononciation méridionale sᴇ́ où l'ou de [hiéroglyphes] s'est modifié en ᴇ́, tandis que *Tiḫutarṭésɪ*, *T^ehotartésɪ*, a l'ɪ final des dialectes du Nord et qu'enfin *Tiḫutartaïs*, *T^ehoutartaïs*, avec amuissement complet de la voyelle finale, a transformé [hiéroglyphes] en [hiéroglyphes] et amené la confusion de [hiéroglyphes], [hiéroglyphes] masculin avec [hiéroglyphes] -ᴇ du féminin; de ce côté, la gradation a été dans l'énonciation sou, sᴇ́-sɪ, -s, mais les formes grecques de [hiéroglyphes] et de [hiéroglyphes], Ἀμυρταῖος, Θοτορταῖος, n'ont que [hiéroglyphes] = s muet, et l'o de la contrefinale θοτ a produit par enharmonie l'o de l'atone ορ [hiéroglyphes]. Dans [hiéroglyphes], le signe \\ correspond à ɪ de l'assyrien, *Bukkunannipɪ-Boukounanniſɪ* (l'orthographe complète du nom égyptien serait, d'après la transcription cunéiforme, [hiéroglyphes]), autrement dit l'assyrien indique plutôt la forme memphitique ⲛⲓϭⲓ que la thébaine ⲛⲓϭⲉ. Sans pousser plus loin l'analyse, je me contenterai d'examiner les formes que revêtent chez Assourbanipal et ses contemporains les noms des deux déesses [hiéroglyphes] et [hiéroglyphes] : ils prennent l'un et l'autre la finale du féminin en ɪ, *Paṭaésɪ* [hiéroglyphes], *Paṭaniésɪ* [hiéroglyphes], en grec Πετεῆσις, Πετῆσις, Πέτισις, Πετενιῆσις, *Puṭubesti* [hiéroglyphes], [hiéroglyphes]

, en grec Πετουβᾶστις, Πετοβᾶστις, ou cette même finale en ou, *Har-sija-éshou*

, en grec Ἀρσιῆσις, *Paṭuastu* , où, pour le nom de la déesse, le copte nous donne ⲟⲩⲁⲥϯ à côté de ⲟⲩⲃⲁⲥϯ, ⲟⲩⲃⲉⲥϯ. *Éshı, Ési* nous montrent la prononciation memphitique ⲏⲥⲓ existant déjà dans l'égyptien au VIIᵉ siècle, ainsi que la prononciation *Oubastı, Obastı*, mais à quelle prononciation égyptienne peut correspondre la transcription *Éshou, Ouastou*? Les textes d'Assourbanipal nous ont conservé des noms égyptiens féminins où la finale ou correspond vraiment à un ω du grec ou du copte, ainsi *Suuṣu* , où le nom de la déesse est transcrit *Οὐτώ, *Οττω; cette terminaison en ω du féminin est, comme je l'ai indiqué jadis, le résultat d'une opération fréquente en pareil cas, *Ouȝáıt, prononciation antique de , étant devenue *oudóı* et *outó* par résolution de la diphtongue óı sur ō. Il est probable qu'il faut interpréter de façon analogue les prononciations assyriennes *Éshou, Ouashtou*, de et de . Nous possédons en effet dans les transcriptions grecques au moins deux noms propres qui présentent un féminin certain en ou qui, dans un cas, devient ω du copte, Νεφθύς et Ἡσενεφύς : NEBTHOU-Νεφθύς devient ⲚⲈⲂⲐⲰ en copte, nous avons en ce mot la progression ordinaire A-ou(ʋ)-ω, que nous connaissons déjà, et il est évident qu'on doit expliquer de même la finale -ύς de Ἡσενεφύς, Â-ʋ- qui n'a pas complété son évolution par un ω, faute d'avoir vécu assez longtemps. Le mécanisme de l'altération phonétique se comprend de soi, et , ont été prononcées à l'origine *hÀıt, nafÀıt* (cf. le masculin *nafÀ* en transcription assyrienne); le s'étant amui, l'A grave de *hÀı, nafÀı* est devenu *ôuhouí-noufouí, hôí-noufôí*, et la diphtongue ôí-ouí descendante s'est résolue sur oʋ-ô comme dans le mot ϧⲁⲓⲣⲉ-ϧⲟⲓⲣⲉ-ϧⲱⲓⲣⲓ-ϧⲱⲣⲓ, que j'ai cité plus haut, selon une règle que j'ai établie il y a longtemps. Les transcriptions assyriennes *éshou, oubashtou, uȝou*, répondent donc à des prononciations authentiques *Êsou, Oubastou, Ouȝou-Ouaȝou* de l'égyptien, que le grec aurait transcrites *Ἡσύς, *Οὐβαστνύς, *Οὐτύς, pour les faire aboutir à *Ἡσώ (cf. Ἀσώ?), *Οὐβαττώ (cf. le nom Βουβαστύς d'un bourg du Fayoum), Β-ουτώ. Il y a donc eu, à partir de la fin de l'âge ramesside, un féminin en *ouı-ôı dérivé de AI, qui s'est résolu sur ou-ô, mais qui a conservé sa forme ou-ʋ à l'état sporadique dans la langue. Si l'on refusait d'admettre cette solution, il faudrait supposer qu'à la finale égyptienne, l'articulation de la voyelle E et de la voyelle ı était assez molle pour pouvoir être confondue avec un son ou émis très légèrement : les Égyptiens auprès desquels le scribe assyrien aurait recueilli certains mots auraient prononcé tantôt pleinement ı, *Pataési, Petoubasti*, et l'Assyrien aurait enregistré l'ı, tantôt très obscurément à l'atone final, *Harsiése-oŭ*, et l'Assyrien aurait noté franchement *Harsjaéshou, Patouashtou*. L'explication est peu vraisemblable, et je préfère de beaucoup la première. Il convient de nous rappeler en tout cas qu'on rencontre en assyrien beaucoup de noms masculins égyptiens avec un son ou final, qui ont un ı dans les transcriptions grecques correspondantes : *Poushirou* pour Βουσιρις-Ⲡⲟⲩⲥⲓⲣⲓ *M.* ⲡⲟⲩⲥⲓⲣⲉ *T.*, *mhéshou* , en grec Μύσις du nom *Poutoumhéshou, Siydoutou* pour , , *Sídoutı* ⲥⲓⲟⲟⲩⲧ *T.* ⲥⲓⲱⲟⲩⲧ *M.* avec chute de la voyelle finale, *Shaptou* à côté de *Šaptı*, en grec Σῶθις, dans ⬚ *Pishaptou-Pishaptı*, *Ṣaȧnou* pour *Zâni-Tâni* ⬚, ⬚, en grec Τάνις, en copte **ⲭⲁⲁⲛⲉ** *T.* **ⲭⲁⲛⲏ**, **ⲭⲁⲛⲓ** *M.*, etc.

Pour en revenir à la question de la valeur phonétique de ⬚, \\\\, l'examen des transcriptions cananéennes aura montré, je crois, qu'au temps de la XVIIIe dynastie déjà, ces caractères couvraient les sons ı et ɛ́ caractéristiques des deux principaux dialectes de l'âge copte, le son ɛ se trouvant généralement rendu par un ᴀ^e dans des transcriptions. Il faut chercher maintenant à savoir si l'on ne peut pas remonter plus haut dans l'étude par les seuls moyens égyptiens, les autres nous faisant défaut. A l'initiale, ⬚ est très rarement employé dans l'écriture aux premières époques thébaines et à l'époque memphite. On le rencontre pourtant à cette place dès la VIe dynastie, chez Papi II ou Mirinrî, ⬚ (*M.*, l. 299, *Papi II*, l. 662) *oh!*, ⬚ (? l. 249), dans le nom mystique ⬚ (? cf. *Teti*, l. 333, *Papi Ier*, l. 826, *Papi II*, l. 703, où le parallélisme semble bien indiquer l'existence de deux mots) à côté de ⬚ et de ⬚; toutefois, il ne s'est guère vulgarisé à cette époque que pour le verbe qui signifie *aller*, écrit ⬚, ⬚ (*Ounas*, l. 220), ⬚ (*Ounas*, l. 133), assez rarement, mais dont l'orthographe courante ⬚ (*Papi II*, l. 660), ⬚, ⬚ (*Papi II*, l. 137), puis ⬚ (*Papi II*, l. 687), ⬚, ⬚ (*Ounas*, l. 322), nous montre le premier ⬚ pris dans sa valeur de ⬚, lié à son déterminatif idéographique ⌄, comme ⬚, ⬚, ⬚, ⬚ de ⬚, ⬚, ⬚, ⬚, et devenant un véritable syllabique. Je ne sais comment résoudre la graphie ⬚ d'un passage de Papi II (*l. 859*), ⬚, où Papi Ier (l. 164) porte en variante ⬚, on pourrait à la rigueur considérer ⬚ comme l'équivalent du verbe ⬚ *être*, mais celui-ci est plutôt le verbe ⬚, ce qui nous amène à considérer ⬚ comme une variante rare, mais significative de ⬚. On aurait alors un ⬚ final, venant après un ⬚ initial, le tout formant la diphtongue ᴀ́ı, qui, par ɛ́ı, serait arrivé au copte **ⲉⲓ** *T.* **ⲓ** *M.*; la forme ⬚ aurait été prononcée ᴀ́ou puis ɛ́ouıou, et elle ne s'est pas perpétuée dans le copte. Il pourrait bien en être de même du ⬚ qu'on rencontre chez Ounas (*l. 215*) et pour lequel Nafîrou, reproduisant le texte à la XIe dynastie, admet ⬚ : on a probablement là une variante ⬚, ⬚ du mot ⬚, ⬚, avec la nuance *malheur qui vient du mauvais œil, fascination*. Le ⬚ médian est rare aux mêmes temps anciens, et il faudrait chercher longtemps avant de rencontrer à l'âge memphite des formes telles que ⬚, ⬚, ⬚, ⬚ que nous offre le second empire thébain. A la finale il se rencontre assez souvent, mais il échange avec ⬚ ou bien il disparaît entièrement de l'orthographe sans que le son qu'il exprime s'amuisse pour cela, comme le prouvent les nombreuses variantes des Pyramides, ⬚ (*Papi Ier*, l. 164 = *Papi II*, l. 860) = ⬚ (*Ounas*, l. 97), ⬚ (*Ounas*, l. 478) = ⬚ (*Teti*, l. 747), ⬚ (*Ounas*, l. 492) = ⬚ (*Papi II*, l. 945), ⬚ (*Ounas*, l. 493) = ⬚

(*Papi II*, l. 945), [hiéroglyphes] (*Ounas*, l. 433) = [hiéroglyphes] (*Teti*, l. 248), [hiéroglyphes] (*Ounas*, l. 441) = [hiéroglyphes] (*Teti*, l. 251), [hiéroglyphes] (*Papi I*er, l. 66, *Mirinrî*, l. 195, *Papi II*, l. 34) = [hiéroglyphes] (*Papi I*er, l. 67), [hiéroglyphes] (*Papi I*er, l. 98, *Mirinrî*, l. 67), [hiéroglyphes] (*Papi II*, l. 885), [hiéroglyphes] (*Ounas*, l. 598) = [hiéroglyphes] (*Teti*, l. 65, et avec divers déterminatifs, *Ounas*, l. 187, *Mirinrî*, l. 226), etc.; au duel on a souvent \\ ou plutôt ıı, le chiffre 2, [hiéroglyphes] (*Ounas*, l. 190), mais parfois [hiéroglyphes], ainsi [hiéroglyphes] (*Teti*, l. 70, *Mirinrî*, l. 224, *Papi II*, l. 602), etc. Si l'on veut remonter plus haut que les textes des Pyramides, on trouvera des formes telles que [hiéroglyphes], dès la IIIe dynastie, ce qui nous oblige à faire remonter au moins jusqu'à la période thinite la création par les Égyptiens du signe [hiéroglyphe] final pour rendre une nuance de son qui leur avait paru jusqu'alors marquée suffisamment par [hiéroglyphe] unique. Toutefois, les variantes en [hiéroglyphe] final se montrent régulièrement à côté des variantes en [hiéroglyphe] pour un même mot à la même époque, on peut conjecturer qu'à chacune des orthographes répondait une valeur différente, A-E pour [hiéroglyphe] et ı pour [hiéroglyphe], ıı. On aurait donc, pour le signe [hiéroglyphe] et le signe [hiéroglyphe], l'histoire suivante : au début, [hiéroglyphe] existait seul et rendait le son Á, au commencement, au milieu et à la fin des mots. Le jeu des accents, qui maintient plus fortement les sons initiaux des syllabes que les sons finals, modifia le son du signe [hiéroglyphe] en terminale et l'affaiblit en É, donnant pour un nom [hiéroglyphes] au lieu de la valeur *mara*-A une valeur *mara*-É; cette prononciation E de la finale exigea un signe nouveau, et comme le phonème É procédait d'un Á, on redoubla le caractère qui avait couvert le son primitif Á, et l'on eut [hiéroglyphes], soit *mara*-ÉÉ, *mara*-É à côté de [hiéroglyphes]. Ce serait le procédé de l'orthographe anglaise où, pour marquer un E long du moyen anglais, on redouble le signe orthographique SEE*d* = s̄*de*. Le É = EE s'étant tourné en [hiéroglyphes], [hiéroglyphes] se prononça *mara*-î, et par choc en retour [hiéroglyphe] devint É-I à la finale et devant voyelle. J'aurai occasion de reprendre cette hypothèse plus loin, par exemple à propos du pronom suffixe de la première personne du singulier. Pour le moment, il vaut mieux ne pas la pousser plus loin que je n'ai fait : la seule chose qui paraisse résulter de l'examen des rares documents de cet âge, c'est que la création du signe [hiéroglyphe] correspond à ce moment de la langue où, le signe [hiéroglyphe] ayant déjà cessé de couvrir un phonème unique, on jugea nécessaire de trouver une expression graphique nouvelle pour couvrir la valeur nouvelle qu'il avait prise à la fin des mots. On eut désormais les valeurs suivantes : [hiéroglyphe] initial devant occlusive non troublante, à la tonique ou à l'atone = A-*a*; [hiéroglyphe] initial devant sonnante ou voyelle = A-E-I; [hiéroglyphe] final ou [hiéroglyphe] = E-I (ε-ı selon les dialectes)[1].

---

1. Le manuscrit finit ici. Les papiers laissés par M. Maspero ne renferment aucune note qui permette de donner un aperçu, même fragmentaire, de la thèse que l'éminent auteur se proposait de développer dans la suite de ce mémoire, — le dernier qu'il ait écrit. (É. C.)

TABLE DES MATIÈRES

CHALON-SUR-SAÔNE, IMPRIMERIE FRANÇAISE ET ORIENTALE E. BERTRAND. 17087

...RAPHIE D'ÉLIE-BAR-SINAYA... diplôme de l'École des Hautes Études... du Musée Britannique. In-8°...

CLERMONT-GANNEAU (C.). Études d'archéologie orientale... photogravures hors texte.

DARMESTETER (J.). Études iraniennes. 2 vol. in-8°.

Haurvatât et Ameretât. Essai sur la mythologie de l'Avesta...

...mazd et Ahriman. Leurs origines et leur histoire. Gr. in-8°.

...DE TELL-MAHRÉ. Chronique, 4e partie. Texte syriaque publié... Bibliothèque Vaticane, accompagné d'une traduction française... historiques et philologiques par J.-B. Chabot. 1 fort vol. gr. in-8°.

DERENBOURG (H.). Essai sur les formes des pluriels arabes. Gr. in-8°.

Deux versions hébraïques du livre de Kalîlah et Dimnah. In-8°.

DUSSAUD (R.). Histoire et religion des Nosairîs. Gr. in-8°.

DUVAL (R.). Traité de grammaire syriaque. Gr. in-8°.

Les dialectes Néo-Araméens de Salamâs. Textes sur l'état actuel... publiés avec une traduction française. In-8°.

...UCAL. Description de Palerme au milieu du Xe siècle de l'ère... traduit par M... In-8°.

FINOT. Les lapidaires indiens. In-8°.

GAYET (A.-J.). Musée du Louvre. Stèles de la XIIe dynastie, 60 pl. avec... In-4°.

GRÉBAUT (E.). Hymne à Ammon-Ra des papyrus égyptiens du Musée de Boulaq, traduit et commenté. Gr. in-8°.

GUIEYSSE (P.). Rituel funéraire égyptien, chapitre 64. Textes comparés, traduction et commentaires d'après les Papyrus du Louvre et de la Bibliothèque Nationale. In-4°, pl.

JÉQUIER (G.). Le livre de savoir ce qu'il y a dans l'Hadès. Gr. in-8°.

JEAN DE CAPUA. Directorium vitae humanae alias parabola antiquorum sapientium. Version latine du livre de Kalîlah et Dimnah, publiée et annotée par J. Derenbourg. 2 vol. gr. in-8°.

JORET (C.). Les plantes dans l'antiquité et au moyen âge. Histoire, usage et symbolisme. 1re partie: Les plantes dans l'Orient classique. Tome Ier: Égypte, Chaldée, Assyrie, Judée, Phénicie. In-8°.

Le même ouvrage. Première partie, Tome II: L'Iran et l'Inde. Un fort vol. In-8°.

La Flore dans l'Inde. In-8°.

LEDRAIN (E.). Les monuments égyptiens de la Bibliothèque Nationale (cabinet des médailles et antiques). 3 livraisons. In-4°.

LEFEBURE (E.). Le Mythe Osirien. Première partie: Les Yeux d'Horus. In-4°.

Deuxième partie: Osiris. In-4°.

LEGRAIN (Léon). Catalogue des Cylindres orientaux de la collection Louis Cugnin. In-4°, 54 pages et 6 planches en phototypie comprenant 71 cylindres. Tiré à 250 exempl. numérotés.

LEPSIUS (C.-R.). Les métaux dans les inscriptions égyptiennes, traduit de l'allemand par W. Berend, avec notes et corrections de l'auteur. In-4°, avec 2 planches.

LÉVI (S.). Quid de Graecis veterum Indorum monumenta tradiderint. In-8°.

LIEBLEIN (J.). Index alphabétique de tous les mots contenus dans le Livre des Morts publié par R. Lepsius d'après le Papyrus de Turin. In-8°.

MACLER (F.). Histoire de saint Azazaïl, texte syriaque, introd. et trad. française, précédée des actes grecs de saint Pancrace. In-8°, avec 2 planches.

MARIETTE-PACHA. Denderah. Description générale du grand temple de cette ville, 4 vol. in-f° et suppl. contenant 339 pl., acc. d'un vol. de texte in-4°.

Monuments divers recueillis en Égypte et en Nubie. 28 liv. in-f°.

Les Papyrus égyptiens du Musée de Boulaq publiés en fac-simile. Tomes I à III, Papyrus 1 à 20. 3 vol. in-f° ornés de 121 planches.

Le Sérapéum de Memphis. Nouvelle édition publiée d'après le manuscrit de l'auteur par G. Maspero. Vol. 1 avec un atlas in-f° et un supplément.

Les Mastaba de l'Ancien Empire. Fragments de son dernier ouvrage, publiés d'après le manuscrit par G. Maspero. 9 livr.

MARTIN (F.). Textes religieux assyriens et babyloniens. Transcription, traduction et commentaire. Gr. in-8°, avec 1 planche.

Lettres néo-babyloniennes. Introduction, transcription et traduction. In-8°.

MASPERO (G.). Essai sur l'inscription dédicatoire du temple d'Abydos et la jeunesse de Sésostris. In-4°.

Hymne au Nil, publié et traduit d'après les deux textes du Musée britannique. In-4°.

De Carchemis oppidi situ et historia antiquissima. Accedunt nonnulla de Pedaso Homeri. Gr. in-8°, avec 3 cartes.

Mémoire sur quelques Papyrus du Louvre. In-4°, orné de 14 planches et fac-similes.

Rapport à M. Jules Ferry, ministre de l'Instruction publique, sur une mission en Italie. In-4°.

Les inscriptions des Pyramides de Saqqarah. Un fort vol. gr. in-8°.

MASPERO (H.). Les finances de l'Égypte sous les Lagides, 1905. In-8° de 252 p.

MÉLANGES d'archéologie égyptienne et assyrienne. 3 vol. in-4°. Chaque.

MÉLANGES DE LA FACULTÉ ORIENTALE [Université Saint-Joseph (Beyrouth)]. Tome... II, 18 fr.; III, 1re partie, 22 fr.; IV (1910)...

Le Temps des Rois d'Ur

Recherche sur la société suménique d'après des textes nouveaux

SOTTAS

... la Propriété funéraire dans l'ancienne Égypte

... de formules d'imprécations .... 7 fr. 50

www.ingramcontent.com/pod-product-compliance
Ingram Content Group UK Ltd.
Pitfield, Milton Keynes, MK11 3LW, UK
UKHW021226140726
13695UKWH00002B/783